SCHRIFTENREIHE

DER STIFTUNG

DER HESSISCHEN

RECHTSANWALTSCHAFT


BAND 14

# Ziviler Ungehorsam im 21. Jahrhundert

## Wie weit bewegen sich Aktivisten noch im Rahmen der geltenden Gesetze?

BEITRÄGE VON

Fynn Wenglarczyk

Sebastian Tober

Gioia Großmann

Paul Dittrich und Georg Roeder

Deborah Zeh

**Bibliografische Information der Deutschen Bibliothek**
Die Deutsche Bibliothek verzeichnet diese Publikation in der Deutschen Nationalbibliografie; detaillierte bibliografische Daten sind im Internet über http://dnb.ddb.de abrufbar.

Herausgeber: Stiftung der Hessischen Rechtsanwaltschaft
Reihe: Schriftenreihe der Stiftung der Hessischen Rechtsanwaltschaft
Band 14

**Fynn Wenglarczyk / Sebastian Tober / Gioia Großmann / Paul Dittrich /
Georg Roeder / Deborah Zeh**
Ziviler Ungehorsam im 21. Jahrhundert: Wie weit bewegen sich Aktivisten
noch im Rahmen der geltenden Gesetze?
ISBN 978-3-86376-276-6

Hinweis: Die Arbeit gibt ausschließlich die persönliche Ansicht der Autoren wieder.

**Alle Rechte vorbehalten**
1. Auflage 2024
© SIEVERSMEDIEN, COBURG
URL: www.sieversmedien.com
Printed in EU
Papier ist FSC zertifiziert (holzfrei, chlorfrei und säurefrei,
sowie alterungsbeständig nach ANSI 3948 und ISO 9706)

# Vorwort des Herausgebers

Dieses Buch beinhaltet Beiträge, die im 2023 von uns ausgeschriebenen Aufsatzwettbewerb „Ziviler Ungehorsam im 21. Jahrhundert: Wie weit bewegen sich Aktivisten noch im Rahmen der geltenden Gesetze?" eingereicht und bei der Preisverleihung im Mai 2024 mit einem Preis ausgezeichnet wurden.

Die Stiftung hatte das Thema des diesjährigen Aufsatzwettbewerbs in ihrer Ausschreibung wie folgt umrissen:

„Manche Auseinandersetzungen innerhalb einer Zivilgesellschaft werden schnell sehr emotional geführt und ziviler Ungehorsam wird als probates und/oder (einzig?) effektives Mittel zum Erreichen oder zur Abwehr bestimmter Ziele angesehen. Hierfür stehen etwa die „68er", „Brokdorf", „Gorleben", „Hambacher Forst", „Black Lives Matter", „Fridays for Future" und ganz aktuell die Aktionen der „Letzten Generation". Personen mit unterschiedlichen Wertvorstellungen begegnen sich nicht nur friedlich und unvoreingenommen im Diskurs. Die Grenzen des Rechtsstaats werden ausgetestet. Doch wo verlaufen sie? Wahrnehmung berechtigter Interessen durch friedliche Sitzblockade auf Bäumen, Gleisen oder Kreuzungen – oder Durchsetzung eigener Vorstellungen als kriminelle Vereinigung? Heiligt der Zweck das Mittel? Die Formen der Auseinandersetzung sind fließend und führen zur Frage: Welchen Rahmen setzt das Grundgesetz für Aktivisten?"

Die Schriftenreihe der Stiftung der Hessischen Rechtsanwaltschaft spiegelt die Probleme, mit denen sich die Jurisprudenz in den letzten Jahren auseinanderzusetzen hatte, wider. Ein Blick auf die in dieser Reihe abgehandelten Themen erlaubt es, sowohl einen gesellschaftlichen als auch einen geschichtlichen Bezug herzustellen. Nach „Die deutsche Juristenausbildung unter dem Einfluss des Bologna-Prozesses" (Band 1), „Elektronische Fußfessel – Fluch oder Segen der Kriminalpolitik" (Band 2), „Schwimmen mit Fingerabdruck" (Band 3), „Kulturflatrate, Kulturwertmark oder Three Strikes and you are out: Wie soll mit Kreativität im Internet umgegangen werden?" (Band 4), „Von der Kontrolle des Gerichts zur Befriedigung des Informationsbedürfnisses der Gesellschaft – Gibt es einen Funktionswandel der ‚Öffentlichkeit des Gerichtsverfahrens' (§ 169 GVG)?" (Band 5), „Deals im Strafverfahren – Darf sich ein Angeklagter im Strafverfahren „freikaufen"?" (Band 6), „Ist das derzeitige Versammlungsgesetz noch zeitgemäß?" (Band 7), „Die Internetkriminalität boomt – Braucht das Strafgesetzbuch ein Update?" (Band 8), „Hilfe – meine Richterin trägt eine Burka" (Band 9), „Vorschläge zur Reform des Asylrechts in Deutschland" (Band 10), „Viel Rauch um nichts? Ein Feuerwerk an Argumenten zu Kollektivstrafen im Sport" (Band 11), „Legal Tech – Fluch oder Segen für die Anwaltschaft?" (Band 12), „Englisch, Gender-Deutsch oder Maschinen-Code – brauchen wir eine neue Rechtssprache?" (Band 13) beleuchtet die Stiftung der Hessischen Rechtsanwaltschaft mit dem vorliegenden Band 14 ihrer Schriftenreihe wieder einen aktuellen Brennpunkt der Diskussion.

Wir freuen uns, dass es uns auch in diesem Jahr wieder geglückt ist, Studenten aus allen Regionen der Republik für das von uns ausgewählte Thema zu begeistern. Dass Teilnehmer von bestimmten Lehrstühlen häufiger anzutreffen sind als von anderen, dürfte sowohl daran liegen, dass an einigen Universitäten eine Beschäftigung mit dem jeweils ausgewählten Thema besonders intensiv stattfindet, als auch daran, dass der Aufsatzwettbewerb der Stiftung an manchen Orten besonders intensiv beworben wurde. Auch aus diesem Grunde freut sich die Stiftung besonders darüber, wenn der Wettbewerb einer noch größeren Aufmerksamkeit zugeführt wird. Insofern rufen wir alle Teilnehmer an unserem Aufsatzwettbewerb, alle Leser dieses Buches, aber natürlich auch alle anderen Freunde der Stiftung dazu auf, diesen Wettbewerb noch bekannter zu machen und unter potenziell infrage kommenden Teilnehmern zukünftiger Wettbewerbe zu verbreiten.

Wir haben uns in letzter Zeit verstärkt mit einem Thema beschäftigt, welches ganz aktuell einen kaum zu überschätzenden Einfluss auf die Rechtswissenschaft genommen hat und noch nehmen wird: Künstliche Intelligenz. Wie bereits dargestellt, kam dem Thema Legal-Tech bereits in Band 12 der Schriftenreihe eine besondere Aufmerksamkeit zu. Nun aber betrifft dieses Thema plötzlich auch uns, denn der seit Jahren ausgeschriebene Aufsatzwettbewerb könnte durch den Einsatz Künstlicher Intelligenz viel mehr beeinflusst werden, als uns lieb ist: Durch Künstliche Intelligenz ist es schließlich inzwischen ohne weiteres möglich, über bestimmte Themen zu referieren und zu schreiben, ohne dass man selbst die geringste eigene Forschungsleistung dafür erbracht hätte. Instrumente wie ChatGPT erlauben es jedem Nutzer, Texte zu einem bestimmten Thema zu erstellen (genauer: erstellen zu lassen), ohne diese selbst verfasst zu haben und als eigene Leistung zu deklarieren.

Für die Stiftung ergibt sich daraus schlicht und einfach die Frage, wie wir mit dieser Problematik umgehen wollen. Unseren ersten Gedanken, allen Einsendern aufzuerlegen, eine eidesstattliche Versicherung dahingehend abgeben zu lassen, das Thema ohne Hilfe Künstlicher Intelligenz eigenständig behandelt zu haben, haben wir ganz schnell wieder verworfen, denn was sollte verwerflich daran sein, sich jeder Hilfe zu bedienen, die zur Durchdringung eines Themas nützlich und hilfreich sein könnte? Warum sollte ein Autor nicht durch Anregungen inspiriert werden, welche Künstliche Intelligenz vermittelt?

Nähert man sich dieser Thematik auf juristischem Wege, so kommt man schnell zu dem Punkt, an dem man das, was man früher als „Abschreiben" bezeichnete, ausschließen will, aber ein gewisses Maß an nützlicher Zuhilfenahme doch tolerieren möchte. Wo aber ist die Grenze zum Plagiat erreicht?

In bestimmten Bereichen der Wissenschaft werden bereits Instrumente eingesetzt, die in der Lage sein sollen, aufzudecken, ob eine Arbeit in eigener wissenschaftlicher Verantwortung oder durch Abschreiben beziehungsweise die Verwendung nicht kenntlich gemachter Zitate „angereichert" wurde. Inzwischen scheint es auch bereits Werkzeuge zu geben, welche die Verwendung von Texten, welche durch ChatGPT oder Ähnliches erstellt wurden, nachweisen können.

Die Stiftung hat sich zunächst für einen sehr pragmatischen Weg entschieden, mit dieser Problematik umzugehen: mit der Einreichung seines Beitrages musste der Einreicher dieses Jahr erstmals versichern, dass er seinen Beitrag „eigenverantwortlich verfasst" hat. Damit haben

3

wir versucht, einerseits die Zuhilfenahme von Künstlicher Intelligenz zu erlauben und einzugrenzen, und auf der anderen Seite den eigenverantwortlichen Teil der Einreichung zu betonen und damit die wissenschaftliche Bearbeitung des Themas unter Heranziehung aller zur Verfügung stehenden Möglichkeiten zu ermöglichen.

Dies kann jedoch nur ein Zwischenschritt sein. Alle Institutionen, welche wissenschaftliche Beiträge zu einem bestimmten Thema erwarten, müssen sich mit diesem Thema auseinandersetzen. Jeder Professor, der eine Klausur stellt oder eine Hausarbeit ausschreibt, jeder Verlag, der ein Buch zu einem bestimmten Thema veröffentlicht, jedes Medium wie etwa eine Zeitung, die einen bestimmten Sachverhalt darstellen will, muss nicht nur die Wahrscheinlichkeit einer fremdverfassten Darstellung in Betracht ziehen, sondern ganz genau prüfen, wie authentisch ein Beitrag ist. Dies stellt alle Beteiligten vor enorme Probleme, ob Universitäten, Medien oder auch unsere Stiftung. Insofern sind wir selbst gespannt darauf, wie wir mit diesem Phänomen in Zukunft umgehen werden, um den Kern unseres Aufsatzwettbewerbs aufrecht zu erhalten.

Was uns abgesehen von diesen – eher technischen – Sachverhalten auch weiterhin motiviert, ist der kaum zu unterschätzende Spaßfaktor. Es erfüllt uns mit Stolz, dass es uns immer wieder gelingt, unsere Zielgruppe dazu zu bewegen, an unserem Aufsatzwettbewerb teilzunehmen, und auch noch Spaß dabei zu haben, trotz des immer stärker werdenden Leistungsdrucks und unter Inkaufnahme des Risikos, viel Zeit mit der Anfertigung einer Arbeit verbracht zu haben, welche es dann vielleicht nicht in den Olymp der Preisträger schafft. Immer wieder stellen wir bei unseren Preisverleihungen fest, dass die Beschäftigung mit einem bestimmten Thema außerhalb des universitären Umfelds Teilnehmer durchaus beflügeln kann. Das war keine verplemperte Zeit!

Natürlich erfüllt es uns auch mit einer gewissen Genugtuung, wenn die von uns gewählten Themen und deren wissenschaftliche Bearbeitung auch über unser Umfeld hinaus Beachtung finden. Immer öfter erreichen uns Nachfragen nach früheren Büchern unserer Stiftungsreihe, welche sich mit einem – wieder aktuell gewordenen – Thema beschäftigen. Insofern freut es uns, dass nicht nur die aktuellen, sondern auch die vorherigen Titel unserer Stiftungsreihe sämtlich beim Verlag bestellt werden können. Überhaupt sind wir sehr glücklich über die professionelle und reibungslose Zusammenarbeit mit dem Hause Sieversmedien.

Unser Dank gilt allen Teilnehmern des Aufsatzwettbewerbs, die mit ihren Beiträgen Farbkleckse auf der Palette des großen Themas „Ziviler Ungehorsam im 21. Jahrhundert" hinterlassen und zu einem runden Gesamtbild beigetragen haben. Unser Trost gilt dem Teilnehmer, dessen Beitrag erst weit nach dem Einsendeschluss bei uns einging und deshalb nicht berücksichtigt werden konnte.

Bedanken möchten wir uns wiederum bei der Frankfurter Allgemeinen Zeitung, welche allen Teilnehmern des Wettbewerbs einen Zugang zu ihrem Online-Magazin F.A.Z. Einspruch ermöglichte und den Preisträgern auch in diesem Jahr ein weiteres Forum für ihre Beiträge eröffnete. Die Kooperation funktioniert!

Schließlich möchten wir uns ganz besonders herzlich bedanken bei unserem diesjährigen Juror, Herrn Dr. Rainald Gerster, Präsident des Verwaltungsgerichts Frankfurt am Main, der das Thema angeregt und die Beiträge mit großer Sorgfalt durchgesehen und bewertet und die hier abgedruckten besten Beiträge sowohl in seinem nachfolgenden Vorwort als auch in seiner Laudatio anlässlich der Preisverleihung in der ehrwürdigen Villa Bonn kenntnisreich adressiert hat.

Wir hoffen, dass dieses Buch eine breite Leserschaft findet.

Frankfurt am Main, im Mai 2024

**Dr. Mark C. Hilgard**

Rechtsanwalt

Vorstandsvorsitzender

# Vorwort des Jurors

Vor dem Hintergrund des Klimawandels und der Frage, wie ihm am besten entgegengewirkt werde, hat die „Letzte Generation" mit verschiedenen Aktionen die öffentliche Aufmerksamkeit erlangt und für kontroverse Diskussion – auch und gerade im juristischen Bereich – gesorgt. Hierum dürfte es ihr auch gegangen sein. „Klimaterroristen" war das Unwort des Jahres 2022. Nur: Wie ist dieses Verhalten rechtlich zu bewerten? Fügt es sich in die Rechtsordnung doch irgendwie ein oder müsste diese weiterentwickelt werden? Vermag die Orientierung an einer höheren Zielsetzung ein Verhalten zu legitimieren oder zumindest zu entschuldigen, das die Rechtsordnung eigentlich missbilligt? Wie hat sie darauf zu reagieren? Denkt man über ein juristisches Vorgehen und rechtliche Folgen nach, steht unweigerlich der Gedanke an den zivilen Ungehorsam im Raum, womöglich gar der des Widerstandsrechts, erscheint es doch unabweislich, dass jetzt etwas geschehen müsse, um nicht Kipppunkte zu überschreiten, die weitere Entwicklungen irreversibel werden lassen könnten. Daher hat sich der Aufsatzwettbewerb der Stiftung der Hessischen Rechtsanwaltschaft diesmal des Themas „Ziviler Ungehorsam im 21. Jahrhundert: Wie weit bewegen sich Aktivisten noch im Rahmen der geltenden Gesetze?" angenommen und, wie ich meine, mit guter Resonanz.

Geht es um höhere Ziele, an denen orientiert das gesetzte Recht als Unrecht erscheint, stößt man recht schnell auf Henry David Thoreau, der den 23. Juli 1846 im Gefängnis verbringen musste, da er sich geweigert hatte, die Kopfsteuer zu begleichen, mit der der Bundesstaat Massachusetts die amerikanische Regierung im Krieg gegen Mexiko (1846 bis 1848) sowie die Sklaverei unterstützte und seinen Essay „Civil Disobedience", der auch als Schrift „The Resistance to Civil Government" veröffentlicht ist: „Under a government which imprisons any unjustly, the true place for a just man is also a prison." Auf freien Fuß kam Thoreau übrigens dadurch, dass seine Steuerschulden von dritter Seite beglichen wurden. Seine Gedanken wirkten auf andere ein, etwa Mahatma Gandhi und Martin Luther King Jr., und wurden ebenso von

John Rawls oder Jürgen Habermas philosophisch aufgenommen. Doch was ist der eigentliche Kern des zivilen Ungehorsams? Er ist, folgt man Rawls, „a public, nonviolent, conscientious yet political act contrary to law usually done with the aim of bringing about a change in the law or policies of the government" (A Theory of Justice, 1971/1999. p. 320). Es geht also um eine kalkulierte Rechtsgutverletzung eher symbolischen Charakters, die auf eine Weiterentwicklung des Rechts hin angelegt ist. Darin liegt der tiefere Unterschied zum Widerstandsrecht im Sinne des Artikels 20 Absatz 4 GG, das durch das Siebzehnte Gesetz zur Änderung des Grundgesetzes vom 24. Juni 1968 (BGBl. I S. 709) konstituiert worden ist, also Teil der Notstandsgesetzgebung war und bewahrenden Charakter hat, soll mit ihm doch „[z]ur Wiederherstellung der verfassungsmäßigen Ordnung ... der Widerstand des Staatsvolkes im Verfassungstext nunmehr ausdrücklich zugelassen" werden (BT-Drucks. V/2873, S. 9). Die Zielrichtungen sind also verschiedene.

Überschreitungen der geltenden Gesetze können unterschiedliche Folgen haben: Zunächst fällt das Strafrecht ein. Nötigt die „Letzte Generation" im Sinne von § 240 StGB? Wie ist das Tatmittel der Gewalt zu sehen, gerade im Hinblick auf die „Zweite-Reihe-Rechtsprechung" (BGHSt 41, 182)? Bietet die Verwerflichkeitsklausel über die allgemeine Frage eines rechtfertigenden Notstandes hinausgehende Rechtfertigungsmöglichkeiten? Und müssen „Fernziele" wirklich erst bei der Strafzumessung nach § 46 Abs. 2 StGB berücksichtigt werden? Weitere Diskussionspunkte bietet die Personenvereinigung als solche. Folgen Rechtfertigungen aus dem Grundrecht der Versammlungsfreiheit? Oder liegt hier umgekehrt gar eine kriminelle Vereinigung im Sinne des § 129 StGB vor, zumindest bei „Rädelsführern oder Hintermännern"? Welche anderen Straftaten können in Betracht kommen? Schließlich hat auch der Politikbetrieb mit Reaktionen nicht lange auf sich warten lassen und beantragte die Fraktion der CDU/CSU unter dem 8. November 2022 „Straßenblockierer und Museumsrandalierer härter bestrafen – Menschen und Kulturgüter vor radikalem Protest schützen" (BT-Drucks. 20/4310). Weiter ist an das Zivilrecht zu denken, die unerlaubte Handlung, mit der möglichen Rechtsfolge des Schadenersatzes.

Thematische Anknüpfungen bestanden somit reichlich. Ebenso breit gefächert stellt sich der Kreis derjenigen dar, die Arbeiten eingereicht hatten: von Studierenden im dritten Fachsemester über Rechtsreferendare bis zu Doktoranden als Promotionsstudenten. Und da begann nun für mich das Problem mit der Bewertung. Sollten Anforderungen erhöht werden, je weiter der Stand der Ausbildung – auch und gerade in wissenschaftlicher Hinsicht – vorangeschritten war? Oder sollten alle Arbeiten streng gleichbehandelt werden, vielleicht hinsichtlich einzelner Merkmale wie dem Zitat von Sekundär- oder Primärliteratur, äußerlichen Formalien oder anderen Kriterien mit einer Bonus-Malus-Gewichtung? Oder sollte es auf die Originalität des Ansatzes und der Argumentation ankommen? Auch wenn mir, ungeachtet des Austauschs mit anderen, insoweit wohl ein Beurteilungsspielraum zuzubilligen wäre, sollte das Ergebnis doch vertretbar erscheinen, vermöchte es auch nicht unbedingt allseits Zustimmung zu finden. Auf meine persönliche Ansicht kam es dabei nicht an. Recht schnell zeigte sich mir, dass mein ursprünglicher Vorsatz, aus Gründen des Papierverbrauchs die mir elektronisch übermittelten Arbeiten nicht auszudrucken und in Dateiform zu belassen, nicht die einfachste Vorgehensweise war und so legte ich einen Aktenordner an, in den ich die Ausdrucke in alphabetischer Reihenfolge ablegte. Deren Lektüre, verbunden mit Notizen in elektronischer Form, nahm mehr Zeit in Anspruch, als ich zunächst angenommen hatte. Nachdem ich so einen Überblick mit erster Gewichtung erlangt hatte, war die Frage zu beantworten, welche Arbeiten nun mit einem Preis ausgezeichnet und veröffentlicht werden sollten. Es konnten ja nicht sämtliche sein und ich gebe offen zu, dass bei denjenigen, die nicht ausgezeichnet sind, mir immer wieder sehr starke Momente begegneten. Da waren etwa die Verbindung „[v]om Hambacher Fest zum Hambacher Forst" oder die Fokussierung auf den Ansatz des Amtsgerichts Mönchengladbach-Rheydt in dessen Urteil vom 14. März 2022 – 21 Cs - 721 Js 44/22 -69/22 – mit der Rechtfertigung des durch das Betreten eines Tagesbaugeländes begangenen Hausfriedensbruchs mit der Wahrnehmung der Grundrechte oder die Notwehrfähigkeit des Klimas oder die Einschränkung der Versammlungsfreiheit mittels All-

9

gemeinverfügung, wonach „[i]m Stadtgebiet ... alle nicht angemeldeten Versammlungen verboten" sind. All Ihnen zunächst mein Dank für Ihre Arbeiten! Ich habe sie mit großer Aufmerksamkeit gelesen und hoffe, dass Sie bei der Aufarbeitung Ihres thematischen Ansatzes für sich selbst und Ihr juristisches Fortkommen Gewinn gezogen haben.

Die Frage, wer auszuzeichnen sei – und wer, trotz aller Qualität zurückzustehen habe –, war, wie gesagt, nicht leicht zu beantworten. Bei der Bearbeitung von Deborah Zeh „Der sog. ‚zivile Ungehorsam' – eine strafrechtliche Betrachtung mit dem Schwerpunkt der Rechtfertigung" sprach mich (unbeschadet der Doppelung durch sogenannt und Anführungszeichen) ein stringenter Aufbau besonders an, wobei die Schlussfolgerung, ziviler Ungehorsam müsse zwar in der Schwebe zwischen Legalität und Legitimität bleiben, dabei werde aber das Spannungsverhältnis zwischen dem Fortbestehen der Demokratie und der Bewahrung der Lebensgrundlagen in den kommenden Jahren kontinuierlich größer, die zentrale Problematik trefflich charakterisiert und die – politische – Handlungsnotwendigkeit unterstreicht. Ähnlich bemerkenswert fand ich von Paul Dittrich und Georg Roeder „Zivilrecht gegen zivilen Ungehorsam?" mit im Schwerpunkt deliktsrechtlichen Betrachtungen als einem Aspekt, der im öffentlichen Diskurs gern hinter dem Strafrecht zurückgestellt wird. Einen interessanten Einstieg wählte Gioia Großmann in ihrer drittplatzierten Arbeit „Die Konformität zivilen Ungehorsams im 21. Jahrhundert – eine Analyse gesetzlichen und übergesetzlichen Rechts" mit Sophokles' „Antigone". Auch sie gelangt zu dem Schluss, dass ziviler Ungehorsam über wichtiges politisches und gesellschaftliches Potential verfüge, ihn indes einerseits gerade seine Illegalität ausmache, während er andererseits zum Wohle der Allgemeinheit gedacht werden und verständliche Mittel im Sinne aller wählen müsse. Bei der zweitplatzierten Arbeit von Sebastian Tober „Ziviler Ungehorsam – eine undemokratische und instrumentalisierte Praxis?" hatte ich mich offengesagt vor ihrer Bewertung sehr lange gefragt, ob der Fußnotenapparat nicht zu überladen ist. Indes fand ich sie, auch wenn ihr letzter Satz lautet, „[h]ier sind noch einige Fragen zu klären", inhaltlich bemerkenswert, mag ihr Ansatz – insofern vielleicht Thoreau folgend

– auch einen Schwerpunkt im Steuerlichen haben und damit anders liegen als andere Arbeiten. Erstplatziert ist Fynn Wenglarczyk mit „Klima-Proteste: Gedanken zu den Grenzen der Grenzen des Strafrechts", der die Klima-Proteste als eine „ambivalente Angelegenheit" begreift und schließlich zu der Folgerung gelangt, dass ziviler Ungehorsam und Klima-Proteste zwar legitime Ziele verfolgten und für die Existenz eines demokratischen Rechtsstaats wichtige Funktionen übernähmen, indes die dabei begangenen Straftaten nicht rechtfertigten und strafbar bleiben müssten. Sichtweisen wie „Recht müsse Recht bleiben" oder „Gesetz sei Gesetz" verharrten freilich auf Positionen, die den Blick auf die Grenzen, die auch gewichtigen staatstheoretischen Prinzipien gesetzt seien, als Grenzen-Grenze entlang der sachlogischen Strukturen des Klimawandels und der Klimakrise als intergenerationellem Demokratieproblem in ihrer Zeitlichkeitsdimension versperrten.

So wünsche ich Ihnen ein aufgewecktes Interesse und vielleicht auch die eine oder andere neue Inspiration bei der Lektüre der hier veröffentlichten Arbeiten.


Frankfurt am Main, im April 2024

Dr. Rainald Gerster

# Inhaltsübersicht

### Fynn Wenglarczyk

#### Klima-Proteste – Gedanken zu den Grenzen der Grenzen des Strafrechts

### Sebastian Tober

#### Ziviler Ungehorsam – eine undemokratische und instrumentalisierende Praxis?

### Gioia Großmann

*Die Konformität zivilen Ungehorsams
im 21. Jahrhundert*

### Paul Dittrich und Georg Roeder

*Zivilrecht gegen zivilen Ungehorsam?*

## Deborah Zeh

*Der sog. „zivile Ungehorsam" – eine strafrechtliche Betrachtung
unter besonderer Berücksichtigung der Rechtfertigung*

# Inhaltsverzeichnis

### Fynn Wenglarczyk
Klima-Proteste – Gedanken zu den
Grenzen der Grenzen des Strafrechts

*Sebastian Tober*

*Ziviler Ungehorsam – eine undemokratische
und instrumentalisierende Praxis?*

### Gioia Großmann

*Die Konformität zivilen Ungehorsams
im 21. Jahrhundert*

## Paul Dittrich und Georg Roeder

*Zivilrecht gegen zivilen Ungehorsam?*

**Deborah Zeh**

*Der sog. „zivile Ungehorsam" – eine strafrechtliche Betrachtung*
*unter besonderer Berücksichtigung der Rechtfertigung*

Beitrag von

# Fynn Wenglarczyk

# Klima-Proteste – Gedanken zu den Grenzen der Grenzen des Strafrechts

## A. Klima-Proteste – Eine ambivalente Angelegenheit

Sitzblockaden im Straßenverkehr durch Festkleben der Hände auf dem Asphalt, *glue-ons* in Museen oder das Besprühen des Brandenburger Tors mit Farbe. Die Meinungen über Klima-Proteste gehen weit auseinander. Die einen werfen Klima-Aktivistinnen und Klima-Aktivisten[1] eine „kontinuierliche Desavouierung demokratisch legitimierter Entscheidungen"[2] vor, eine „Verhöhnung der Verfassung"[3] oder einen „abfällige[n] Blick auf die althergebrachten Kommunikationsformen der Demokratie"[4] und sehen in der Bewegung „Letzte Generation" schließlich das Wirken einer kriminellen Vereinigung. Die anderen sehen in den Protesten eine junge Generation, die „eine Vision für eine

---

1 Ab hier all genders included.
2 *R. Müller*, Der Traum von einem anderen Reich, F.A.Z. (online), 11.1.2023.
3 *R. Müller*, Ein gefährlicher Glückskeks, F.A.Z. Nr. 206 v. 5.9.2023, S. 8.
4 *Kaube*, Im Gefängnis der Erwartungen, F.A.Z. Nr. 225, v. 27.9.2023, S. 9.

‚bessere' normative Zukunft vorlebt"[5] und eine aktive Form politischer Teilhabe, ja ein Beispiel gelebter Demokratie.[6] Dass die Meinungen in dieser Weise auseinandergehen, ist kein Zufall. Denn die Klima-Proteste bringen vor dem Hintergrund eines der drängendsten Probleme unserer Zeit, dem Klimawandel, Kernfragen des Rechts zum Vorschein: Wann und unter welchen Bedingungen entfällt im demokratischen Rechtsstaat die Pflicht zum Rechtsgehorsam? Darf eine Gruppe junger Menschen an den rechtlichen Verfahren vorbei ihre Anliegen und ihre Forderungen in der Öffentlichkeit vorbringen und gewissermaßen unter Instrumentalisierung anderer Menschen das Recht in die eigenen Hände nehmen? Kann die Pflicht zum Rechtsgehorsam im demokratischen Rechtsstaat überhaupt entfallen? Welche Reaktionen sieht das Recht vor?

Die Klima-Proteste bringen diese Kernfragen durch eine politische Praxis auf die Tagesordnung, die als ziviler Ungehorsam bezeichnet wird und eine ambivalente Angelegenheit darstellt. Ambivalent, weil es beim zivilen Ungehorsam im Kern um die gezielte und zumeist strafbare Missachtung des Rechts durch symbolisch inszenierte Rechtsbrüche in der Öffentlichkeit geht, diese Rechtsbrüche aber ein Mittel zur Erreichung (angeblich) legitimer Ziele darstellen sollen. Im Falle der Klima-Proteste geht es darum, auf eine (möglicherweise) verfassungswidrige Klimaschutzpolitik und den daraus resultierenden Gefahren für Umwelt und Mensch aufmerksam zu machen und zu einer politischen Kurskorrektur zu bewegen.

Diese Konfliktlage zwischen der Missachtung des Rechts und gleichzeitiger Verfolgung (möglicherweise) legitimer Anliegen ist es, die die *Stiftung der Hessischen Rechtsanwaltschaft* im Jahr 2023 adressiert, wenn

---

5   *Akbarian*, in: *Bönnemann (Hrsg.)*, Kleben und Haften, 2023, S. 51, und siehe zudem ihre Dissertation, in der sie das Verständnis zivilen Ungehorsams als demokratische Praxis der Verfassungsinterpretation umfassend darlegt, *dies.,* Ziviler Ungehorsam als Verfassungsinterpretation, 2023, passim.

6   Zu den rechtlichen und politischen Kontroversen um ein angemessenes Verständnis und eine angemessene Reaktion auf den zivilen Ungehorsam der Klima-Proteste siehe zudem den Beitrag von *Bönnemann*, in: Kleben und Haften (Fn. 5), S. 11 ff. und die anderen Beiträge in diesem Sammelband.

sie im Rahmen eines Aufsatzwettbewerbes die Frage stellt, wie weit sich Aktivisten noch im Rahmen der geltenden Gesetze halten, wo die Grenzen des Rechtsstaats verlaufen und welchen Rahmen das Grundgesetz für Aktivisten setzt.[7] Der vorliegende Beitrag ist um Antworten aus der Perspektive des Straf- und Strafverfassungsrechts bemüht und knüpft damit an den Befund von *Gärditz* an, demzufolge die „reichhaltige Debatte über den Umgang mit ‚Klimaklebern' im Koordinatensystem von Verfassungs- und Strafrecht" zeige, dass noch „einige Rechtsfragen zu klären sind."[8] Dabei wird sich der Beitrag zunächst dem Gegenstand der Überlegungen – ziviler Ungehorsam, Klima-Proteste und Funktionen von zivilem Ungehorsam im demokratischen Rechtsstaat – widmen, um dann entlang der Frage nach dem strafrechtlichen Unrecht der Klima-Proteste zu beantworten, wo die Grenzen entsprechender Verhaltensweisen verlaufen. Er wird auf offene Fragen im Zusammenhang mit der Nötigungsstrafbarkeit hinweisen und die Bedingungen, unter denen die Pflicht zum Rechtsgehorsam entfallen kann, entlang der Notstandsdogmatik anhand der Frage aufzeigen, ob Klima-Proteste wegen eines rechtfertigenden (Klima-)Notstands gerechtfertigt sein können. Dabei wird sich zeigen, dass Klima-Proteste zwar als Maßnahmen zur Abwehr von Gefahren (für das Klima) interpretiert werden können, einer Rechtfertigung solcher Maßnahmen zur Abwehr von Gefahren für die Allgemeinheit aber Grenzen durch das Demokratie- und Rechtsstaatsprinzip gesetzt sind, die zu unterlaufen jedenfalls für ein rechtsstaatlich gesetzes Recht (derzeit) unmöglich sind.[9] Dass diesen Grenzen aber ihrerseits Grenzen gesetzt sind, ist schließlich die zur weiteren straf- und verfassungsrechtswissenschaftlichen Diskussion gestellte Erkenntnis dieses Beitrags.

---

7  Die Ausschreibung ist abrufbar unter: https://ra-stiftung-hessen.org/cms/images/downloads/2023-06-20-Call_for_Papers.pdf.

8  *Gärditz*, in: Kleben und Haften (Fn. 5), S. 37.

9  Zu den Gefahren einer Politisierung der Dogmatik siehe *Kubiciel*, JZ 2024, 167, der von einem „Kampf um das Strafrecht spricht" und anzudeuten scheint, dass in der Debatte um die rechtliche Einordnung eine an politischen Zielen orientierte Strafrechtsinterpretation betrieben werde (beachte, dass der Aufsatz von *Kubiciel* nach Einreichung dieses Manuskriptes erschienen ist und dementsprechend hier nachträglich verarbeitet wurde).

# B.  Gegenstand der Überlegungen

## I.  Begriff des zivilen Ungehorsams

Als zivilen Ungehorsam lassen sich – von allen Unterschieden zwischen den rechtsphilosophischen, politischen und rechtswissenschaftlichen Definitionsansätzen im Detail abgesehen – Proteste bezeichnen, bei denen auf Grundlage einer persönlichen (moralischen) Überzeugung durch gezielte und meist strafbare, aber im physischen Sinne gewaltlose Rechtsbrüche in der Öffentlichkeit auf gesellschaftliche Missstände oder Ungerechtigkeiten hingewiesen werden soll und bei denen die Protestierenden für die persönlichen, (straf-)rechtlichen Folgen des Protestes einzustehen bereit sind.[10] Die Rechtsbrüche haben einen symbolischen Charakter. Sie stehen als Zeichen stellvertretend für das – zunächst im untechnischen Sinne gesprochen – Unrecht (gesellschaftliche Missstände, Ungerechtigkeiten, rechtswidriges Staatshandeln etc.), gegen das sich der Protest richtet. In dieser Bezugnahme auf ein anderes Unrecht liegt die Bedeutung des zivilen Ungehorsams.[11] Als „moralische Grundlage des Protestes" hat *Habermas* zudem die Voraussetzung bezeichnet, auch für die rechtlichen Folgen des Protestes einzustehen. Erst dieses Einstehen verleihe dem Protest seine Symbolkraft.[12]

---

10  Siehe zum Begriff *Habermas*, in: *Glotz* (Hrsg.), Ziviler Ungehorsam im Rechtsstaat, 1983, S. 29, 34 ff.; *Rawls*, Theorie der Gerechtigkeit, 1975, S. 30 ff.; *Akbarian*, Ziviler Ungehorsam als Verfassungsinterpretation, S. 1 ff.; *Roxin*, in: Festschrift Schüler-Springorum, 1993, S. 441 f.; *Hassemer*, in: Festschrift Wassermann, 1985, S. 325, 327 f.; *Jahn/Wenglarczyk*, JZ 2023, 885 f.

11  Zur Bedeutung von Symbolen siehe etwa *Günther*, in: Festschrift Lüderssen, 2002, S. 205, 207.

12  Vgl. auch *Jahn*, JuS 2023, 82, 84 (mit Verweis auf *Habermas*, in: Ziviler Ungehorsam [Fn. 10], S. 29, 35): „Ziviler Ungehorsam lebt vom begrenzten Regelbruch. Erst dieser eröffnet dem symbolischen Protest in der öffentlichen Wahrnehmung die Dimension des Existentiellen, ‚er verlangt die Bereitschaft, für die rechtlichen Folgen der Normverletzung einzustehen'".

Neben der lexikalischen Bedeutung des Begriffs sind aber vor allem die Funktionen bedeutsam, die dem Gebrauch des Begriffs im Kontext politischer und öffentlicher Auseinandersetzungen zukommen. Die Verwendung des Begriffs hat in der Regel nämlich weniger die analytisch-deskriptive Funktion, das soziale Phänomen „ziviler Ungehorsam" zu beschreiben, als vielmehr, die mit Rechtsbrüchen einhergehenden Proteste zu rechtfertigen.[13] Allerdings geht es dabei nicht um eine Rechtfertigung im rechtlichen oder sogar strafrechtsdogmatischen Sinne, sondern um eine politische und/oder moralische Rechtfertigung der Proteste. Zu einem Rechtsbegriff hat sich ziviler Ungehorsam nämlich auch infolge seines Aufgreifens durch das *BVerfG* im Jahr 1986 in der ersten Sitzblockadeentscheidung nie verdichten können.[14] Dort hatte das *Gericht* zivilen Ungehorsam als das „Widerstehen des Bürgers gegenüber einzelnen gewichtigen staatlichen Entscheidungen […] [bezeichnet], um einer für verhängnisvoll und ethisch illegitim gehaltenen Entscheidung durch demonstrativen, zeichenhaften Protest bis zu aufsehenerregenden Regelverletzungen zu begegnen."[15] Welche verfassungsrechtsdogmatischen Konsequenzen sich an dieses Verständnis anschließen könnten, brauchte der *Erste Senat* seinerzeit allerdings nicht mehr auszubuchstabieren, weil es infolge der nicht zum Verdikt der Verfassungswidrigkeit führenden Stimmengleichheit im Senat darauf für die Entscheidung nicht (mehr) ankam.[16]

Dass es sich beim zivilen Ungehorsam nicht um einen subsumtionsbereiten Rechtsbegriff, sondern im Ausgangspunkt nur um einen Sachverhalt handelt, bedeutet andererseits nicht, dass ziviler Ungehorsam einen „pseudo-philosophischen Wohlfühlbegriff"[17] darstellt, als den ihn *Reinhard Müller* (F.A.Z.) diskreditiert hat – im Gegenteil. Wie *Jahn* und *der Verfasser* zu zeigen versucht haben, ist ziviler Ungehorsam

---

13  Vgl. *Akbarian*, in: Kleben und Haften (Fn. 5), S. 51, und – eingehend – *dies., Ziviler Ungehorsam als Verfassungsinterpretation*, S. 1 ff.

14  *Jahn/Wenglarczyk*, JZ 2023, 885, 886; *Heinig*, NK 2023, 231, 236: „kein Rechtsbegriff im engeren Sinne".

15  BVerfGE 73, 206, 250.

16  Hierzu *Jahn/Wenglarczyk*, JZ 2023, 885.

17  *R. Müller*, Ein gefährlicher Glückskeks, F.A.Z. Nr. 206, S. 8.

nicht lediglich ein Sachverhalt, den man als grundrechtliche Freiheitsausübung nur den Begriffen und der Dogmatik des einfachen (Straf-)
Rechts subsumieren müsste. Ziviler Ungehorsam ist aktive Partizipation am politischen Leben.[18] Die unter dem Schutz der Kommunikationsgrundrechte der Art. 5 Abs. 1, Art. 8 Abs. 1 GG, der Menschenrechte in
Art. 10 Abs. 1, Art. 11 Abs. 1 EMRK sowie der Art. 11 Abs. 1, 12 GrCH
stehenden Protestformen[19] sind eine Freiheitsausübung, in denen die
Grund- und Menschenrechte nicht nur ihre abwehrrechtliche Funktion
als „Freiheit vom Staat" – und seinem Strafrecht – entfalten, sondern
sind eine „Freiheit im" oder sogar „zum Staat" hin und damit in einen
Funktionszusammenhang der demokratischen Staatsstruktur eingebettet, den *Rudolf Smend* als *status politicus* bezeichnet hat.[20] Das hat straf-
verfassungsrechtliche Konsequenzen, die die „Ungehorsamsfolgenleh-
re als angewandtes Strafverfassungsrecht" diskutabel machen.[21]

## II. Klima-Proteste im Kontext

Klima-Proteste lassen sich diesem Verständnis von zivilem Ungehorsam problemlos subsumieren: Sitzblockaden im Straßenverkehr durch
Festkleben der Hände auf dem Asphalt, sonstige *glue-ons* in Museen
an Gemälden oder das Besprühen von Wahrzeichen mit Farbe sind zunächst einmal gezielte, regelmäßig strafrechtlich relevante Rechtsbrüche.[22] Dabei stellen sie die Form dar, in der protestiert wird und indem

---

18  *Jahn/Wenglarczyk*, JZ 2023, 885, 888.

19  Vgl. *Scholz*, in: *Dürig/Herzog/Scholz*, GG, Stand: 100. EL 08/2023,
   Art. 9 Rn. 35; *Glotz*, in: Ziviler Ungehorsam (Fn. 10), S. 7, 9. Allgemein
   zum Topos „Freiheit zum Staat" *Dreier*, JZ 1994, 741 f. unter Hinweis auf
   BVerfGE 21, 362, 369: „Die Grundrechte sollen in erster Linie die Freiheits-
   sphäre des Einzelnen gegen Eingriffe der staatlichen Gewalt schützen und
   ihm insoweit zugleich die Voraussetzungen für eine freie aktive Mitwirkung
   und Mitgestaltung im Gemeinwesen sichern".

20  *Smend*, in: Staatsrechtliche Abhandlungen und andere Aufsätze, 1955, S. 309,
   316. Zum Kontext *Lhotta*, in: *M. W. H. Möllers/van Ooyen (Hrsg.)*, Verfassungs-Kultur, 2016, S. 83, 85 ff.

21  *Jahn/Wenglarczyk*, JZ 2023, 885 (zum Zitat 886).

22  Zur strafrechtlichen Einordnung unten C. III. 1.

die Aktionen nicht im Verborgenen, sondern öffentlich sicht- und identifizierbar erfolgen, stehen die Protestierenden auch für die rechtlichen Konsequenzen ihres Protestes ein. Dass sie teilweise gegen strafgerichtliche Verurteilungen Rechtsmittel einlegen oder sich auf einen rechtfertigenden Klimanotstand berufen, spricht nicht zwingend dagegen. Worauf es ankommt, ist, eine staatliche Inkulpation und die Verwicklung in ein Straf-, Bußgeld- oder Zivilverfahren – mit offenem Ausgang – zu ermöglichen.[23] Und das tun sie, denn die Aktionen sind stets öffentlich und finden nicht anonym und im Verborgenen statt.

Wirft man zudem einen Blick auf die Webseite von „Letzte Generation", die für den überwiegenden Teil der genannten Aktionen verantwortlich sind, finden sich dort explizite Hinweise auf die Beweggründe für die Proteste. Dabei zeigt sich, dass es den Klima-Aktivisten denn auch tatsächlich um die Beseitigung gesellschaftlicher Missstände geht, die aus Sicht der Klima-Aktivisten staatliches Unrecht darstellen. Es geht der „Letzten Generation" nämlich um eine unzureichende Klimaschutzpolitik, die, so „Letzte Generation", unweigerlich dazu führen werde, dass „unsere" Lebensgrundlagen unwiederbringlich vernichtet würden.[24] Dabei verweist „Letzte Generation" nicht nur auf naturwissenschaftliche Erkenntnisse aus der klimaphysikalischen Forschung, sondern bedient sich auch rechtlicher Topoi. Behauptet wird ein im Widerspruch zu den im wegweisenden Klima-Beschluss des *BVerfG*[25] aufgestellten Vorgaben zum $CO_2$-Emissionsreduktionspfad stehendes Verhalten der Bundesregierung. Die Ausführungen auf der Webseite von „Letzte Generation" werden mit der Überschrift betitelt: „Klimakatastrophe zulassen = Verfassungsbruch" und sind gerahmt von einem Farbfoto einer Urteilsverkündung des *BVerfG*.[26] Die dahinterstehende Argumentation zielt im Kern auf eine gegenwärtige Verletzung aus intertempo-

---

23  Siehe unten C. III. 2. a) und *Kupczik/Wenglarczyk*, FLR 2024 [im Erscheinen].
24  Letzte Generation, Wer wir sind, abrufbar unter: https://letztegeneration.org/wer-wir-sind/.
25  BVerfGE 157, 30.
26  Letzte Generation, Verfassungsbruch, abrufbar unter: https://letztegeneration.org/verfassungsbruch/.

raler Freiheitssicherung erwachsender staatlicher Schutzpflicht ab. Damit meint „Letzte Generation" nunmehr einen verfassungsrechtlichen Schluss ziehen zu können, den das *BVerfG* in seinem Klima-Beschluss im Jahr 2021 noch nicht zu ziehen vermochte. Denn jedenfalls eine Schutzpflichtverletzung konnte das *BVerfG* seinerzeit *noch nicht* feststellen.[27] Die an der Rechtsfigur der intertemporalen Freiheitssicherung orientierten Signalwörter im Klima-Beschluss („derzeit"[28], „aktuell"[29], „jedenfalls gegenwärtig"[30]), die *es* im Zusammenhang mit der Prüfung verwendet hat, ob der Gesetzgeber mit dem Klimaschutzgesetz (KSG) seinen Spielraum zur Vornahme von Schutzvorkehrungen für Leben und körperliche Unversehrtheit überschritten hat, deuten aber darauf hin, dass dies in Zukunft bei weiterer Verfehlung von völkerrechtlichen und in innerstaatliches Recht transformierten Pflichten zum Klimaschutz anders bewertet werden könnte.[31] Das ist freilich nicht sicher, liegt aber schon angesichts gewichtiger fachlicher Stellungnahmen wie dem Zweijahresgutachten[32] und der Stellungnahme zum Entwurf für ein Klimaschutzprogramm 2023[33] des *Expertenrats für Klimafragen* sowie des Projektionsberichts 2023 des *Umweltbundesamtes*[34] nicht fern, denen zufolge Deutschland die auf das Jahr 2030 bezogenen verfassungsrechtlichen Vorgaben auf der Grundlage der derzeit beschlossenen

---

27  BVerfGE 157, 30, 122 (Rn. 168).
28  Ebd.
29  BVerfGE 157, 30, 119 (Rn. 163).
30  BVerfGE 157, 30, 120 (Rn. 165).
31  In diese Richtung auch *Dießner*, StV 2023, 547, 550.
32  *Expertenrat für Klimafragen*, Zweijahresgutachten 2022, S. 29 Rn. 47: „Eine Fortschreibung der beobachteten Entwicklung in die Zukunft belegt für nahezu alle Sektoren wie auch für die Emissionen insgesamt, dass die Ziele des Klimaschutzgesetzes für das Jahr 2030 bei gleichbleibender Minderungsrate signifikant verfehlt würden".
33  *Expertenrat für Klimafragen*, Stellungnahme zum Entwurf des Klimaschutzprogramms 2023, S. 33 Rn. 22: „Der Expertenrat stellt [. . .] fest, dass das vorgelegte Klimaschutzprogramm 2023 nicht die Anforderungen des Bundes-Klimaschutzgesetzes an ein Klimaschutzprogramm [. . .] erfüllt".
34  *Umweltbundesamt*, Projektionsbericht 2023 für Deutschland, S. 23: „Das Ziel der Netto-Treibhausgasneutralität bis 2045 wird [. . .] deutlich verfehlt".

Klimaschutzmaßnahmen verfehlen wird.[35] Vor diesem Hintergrund hat auch die *Deutsche Umwelthilfe* mit den Beschwerdeführern im Verfahren des Klima-Beschlusses erneut eine Verfassungsbeschwerde beim *BVerfG* anhängig gemacht, mit der das durch das am 4. Oktober 2023 nach § 9 Abs. 1 KSG beschlossene Klimaschutzprogramm mit Blick auf die Verletzung des Gebots der intertemporalen Freiheitssicherung gerügt wird.[36] Auch die Entscheidungen des *OVG Berlin-Brandenburg* vom 30. November 2023[37] mag man in diesem Sinne als ein Signal in diese Richtung deuten.[38] Das *OVG* entschied, dass die bisherigen Sofortmaßnahmen, die nach § 8 KSG dann notwendig werden, wenn die für einen Sektor zulässigen Mengen von Klimagasen in einem Jahr überschritten werden, nicht ausreichten und verpflichtete die Bundesregierung dazu, zusätzliche Sofortmaßnahmen zu beschließen. Das Urteil ist freilich noch nicht rechtskräftig.

## III. Militante Klima-Aktivisten oder „Hüter der Legitimität"?

Ob „Letzte Generation" mit ihren Anliegen verfassungsgerichtlich Recht bekommt, bleibt abzuwarten. Erkennbar wird mit der soeben erfolgten Einordnung jedenfalls, dass zumindest „Letzte Generation" die Verfassung des demokratischen Rechtsstaats nicht nur anerkennt, sondern in der speziellen Konzeption des intertemporalen Freiheitsschutzes des Grundgesetzes gegen ein gegenwärtiges staatliches Unterlassen

---

35 In diese Richtung auch *Dießner*, StV 2023, 547, 550 f.

36 Die Verfassungsbeschwerdeschrift ist hier abrufbar: https://www.duh.de/fileadmin/user_upload/download/Projektinformation/Klimaschutz/Klimaklagen/Verfassungsbeschwerde_KSP_geschwärzt.pdf.

37 OVG Berlin Brandenburg, Urt. v. 30.11.2023 – 11 A 11/22, 11 A 27/22, 11 A 1/23.

38 Die Entscheidungen sind noch nicht veröffentlicht, vgl. aber die Darstellung bei beck-aktuell, Gericht verpflichtet Regierung zu zusätzlichen Klima-Maßnahmen, 30.11.2023, abrufbar unter: https://rsw.beck.de/aktuell/daily/meldung/detail/ovg-berlin-brandenburg-gericht-verpflichtet-regierung-zu-zusaetzlichen-klima-massnahmen.

auch explizit in Schutz nimmt.[39] Die mit den Protesten einhergehenden Regelbrüche stellen vor diesem Hintergrund eine – freilich unter dem Risiko des (Rechts-)Irrtums – stehende Anfrage an die Richtigkeit einer Verfassungsinterpretation dar.[40] Genau hier verläuft denn auch die Grenze, die den zivilen Ungehorsam der Klimaschutzbewegung von anarchistischen Konzeptionen zivilen Ungehorsams[41] oder solchen Protestbewegungen abgrenzt, die, wie etwa die „Reichsbürgerszene"[42], den Staat und die verfassungsmäßige Ordnung im Wesentlichen ablehnen. Insofern ist auch die Rede von „militanten" Klima-Aktivisten[43] oder der Entstehung einer „Klima-RAF"[44] verfehlt und unangemessen, weil diese damit als eine außerhalb der gesetzten verfassungsrechtlichen Ordnung stehende Bewegung diskreditiert werden und ein „Feindbild Klimaaktivismus"[45] erzeugt wird.[46]

Dabei nehmen Klima-Aktivisten und allgemein zivilen Ungehorsam Übende, ganz im Gegenteil, Aufgaben wahr, die für die (Fort-)Existenz einer freiheitlichen demokratischen Grundordnung bedeutsam sind. *Habermas* hat dies in einem Aufsatz vor rund 40 Jahren unter dem Titel „Ziviler Ungehorsam – Testfall für den demokratischen Rechtsstaat"[47] mit den Worten umschrieben, Ungehorsam Übende seien die „Hüter der Legitimität", deren paradoxe Aufgabe darin bestehe, das Misstrauen der

---

39    *Jahn/Wenglarczyk*, JZ 2023, 885, 888.

40    Siehe zu dieser Konzeption von zivilem Ungehorsam grundlegend *Akbarian*, Ziviler Ungehorsam als Verfassungsinterpretation, S. 163 und passim.

41    Vgl. hierzu *Akbarian*, Ziviler Ungehorsam als Verfassungsinterpretation, S. 33 f.

42    Siehe hierzu *Goertz/Goertz-Neumann*, Politisch motivierte Kriminalität, 2021, S. 233 ff.

43    *Goertz*, Kriminalistik 2023, 467.

44    Diese Äußerung tätigte der CSU-Landesvorsitzende *Dobrindt* gegenüber der Bild am Sonntag; Online-Artikel, abrufbar unter: https://www.bild.de/politik/inland/politik-inland/knallhart-kurs-gegen-klima-chaoten-union-will-knast-statt-geldstrafen-81844836.bild.html.

45    *Wenglarczyk*, Feindbild Klimaaktivismus, Verfassungsblog, 10.11.2022, abrufbar unter: https://verfassungsblog.de/feindbild-klimaaktivismus/.

46    So auch *Höffler*, in: Kleben und Haften (Fn. 5), S. 81; *Wenglarczyk*, in: Kleben und Haften (Fn. 5), S. 109.

47    *Habermas*, in: Ziviler Ungehorsam (Fn. 10), S. 29.

Bürger „gegen ein in legalen Formen auftretendes Unrecht [zu] schützen und wach[zu]halten", obwohl es institutionell gesicherte Formen nicht annehmen könne.[48] Gemeint ist damit, dass Proteste, auch und gerade weil sie mit Regelbrüchen einhergehen, für Formen des auch im demokratischen Rechtsstaats möglichen staatlichen Unrechts sensibel machen sollen. Das Paradoxe ist darin zu sehen, dass ein „in legalen Formen auftretendes Unrecht" formal eigentlich kein Unrecht ist, weil es eben in der Form des Rechts auftritt und Recht im Rahmen einer positivistischen Rechtsbegründung Recht ist, wenn es als Recht gesetzt wird. Ziviler Ungehorsam ist in diesem Sinne ein Instrument, auf dieses gewissermaßen legale Unrecht aufmerksam zu machen. *Habermas* zufolge könne dieses Instrument nun aber keine *rechtliche* Anerkennung erfahren. Denn vor dem Hintergrund, dass Recht für sein eigenes „Unrecht" blind ist, weil Recht, wie gesagt, schlicht das ist, was in der Form des Rechts Recht ist, muss die Irritation für „in legalen Formen auftretendes Unrecht" notwendigerweise von einer außerhalb des Rechts liegenden Position aus erfolgen.

Setzt man die Klima-Proteste dazu ins Verhältnis, lässt sich festhalten, dass deren Aufgabe darin besteht, darauf aufmerksam zu machen, dass das, was derzeit möglicherweise noch als „legale" Klimaschutzpolitik gelten kann, nicht legal sein *sollte*. Es geht den Klima-Protesten darum, auf eine Mehrheitsentscheidung Einfluss zu nehmen, die zwar möglicherweise legal ist, weil sie politisch und verfahrensmäßig zustande gekommen ist, aber gleichwohl ein Unrecht darstellen könnte, dass im demokratischen Rechtsstaat so nur nicht heißen kann.

Freilich ist damit nur unscharf beschrieben, welche Funktionen ziviler Ungehorsam im demokratischen Rechtsstaat grundsätzlich übernehmen kann.[49] Jedenfalls ergibt sich aus dieser Überlegung, dass der Rechtsbruch eine notwendige Bedingung von zivilem Ungehorsam darstellt,

---

48  *Habermas*, in: Ziviler Ungehorsam (Fn. 10), S. 29, 38 f. Zum zivilen Ungehorsam als politischer Handlung ausführlicher *Akbarian*, Ziviler Ungehorsam als Verfassungsinterpretation, S. 99 ff., 290.

49  Vgl. *Akbarian,* Ziviler Ungehorsam als Verfassungsinterpretation, S. 99 ff., 167 ff.

da eine Irritation der Mehrheitsmeinung und Sensibilisierung für das „legale Unrecht" mangels Symbolkraft anderenfalls kaum möglich wäre.[50] Wo genau allerdings der Rechtsbruch beginnt und wo er endet, wo also die *Grenzen zivilen Ungehorsams* verlaufen, ist Gegenstand der nachfolgenden Überlegungen.

## C. Strafrechtliche Grenzen zivilen Ungehorsams

### I. Welche Grenzen?

Die Rede von Klima-Aktivisten als „Hüter der Legitimität" macht auf die für die nachfolgenden Überlegungen methodisch bedeutsame Unterscheidung zwischen Legitimität und Legalität der Klima-Proteste aufmerksam. [51] Wenn ziviler Ungehorsam und Klima-Proteste das Misstrauen der Bürger gegen ein, wie *Habermas* es bezeichnet, „in legalen Formen auftretendes Unrecht schützen und wachhalten" können sollen, dann kann das nicht in den Begriffen *von* und auch nicht *als Recht* erfolgen. Das Recht ist für „in legalen", also in *seinen* Formen „auftretendes Unrecht" blind. Die Kontrolle muss, wie angedeutet, gewissermaßen aus einem außerhalb des Rechts und damit der Legalität angesiedelten Bereich erfolgen. Diesen Bereich kann man als Legitimität beschreiben.[52] Freilich werden im Zusammenhang mit zivilem Ungehorsam und den Klima-Protesten sowohl Fragen der Legalität als

---

50 Vgl. *Jahn/Wenglarczyk*, JZ 2023, 885, 890.
51 Explizit auf diese Unterscheidung bereits im Titel abzielend *Gätsch*, KlimR 2023, 141 („Legitimität und Legalität von zivilem Ungehorsam im Kampf gegen die Klimakrise").
52 *Habermas* selbst spricht davon, ziviler Ungehorsam müsse „zwischen Legitimität und Legalität in der Schwebe bleiben", vgl. *dens.*, in: Ziviler Ungehorsam (Fn. 10), S. 29, 43.

auch der Legitimität virulent.[53] Wenn man aber nach den (verfassungs-) rechtlichen und insbesondere strafrechtlichen Grenzen zivilen Ungehorsams fragt, kann es aber allein um die Legalität der Proteste gehen. Zwar hat das positive Recht seine internen Beziehungen zu Moral und Politik nicht vollständig gekappt.[54] Der Geltungsgrund von Recht ist heute aber in seiner positiven Setzung als Ergebnis eines regelgeleiteten Verfahrens zu sehen. Die Geltung des Rechts und „seine" Legitimität speist sich dementsprechend nicht aus der Übereinstimmung mit anderen Normensystemen, wie etwa der Sittenordnung oder der Moral. Recht und Moral sind kategorial getrennt.[55]

Das ist für den vorliegenden Zusammenhang also insoweit bedeutsam, als dass es mit der Frage, wie weit sich Aktivisten noch im Rahmen der geltenden Gesetze halten, allein auf die Legalität ankommen kann, nicht aber auf die Frage, wie die Anliegen der Klima-Aktivisten moralisch, ethisch oder sittlich zu bewerten sind.

## II. Zur Maßgeblichkeit des strafrechtlichen Unrechtsurteils

Die Legalität der Klima-Proteste soll im Folgenden anhand der dogmatischen Kategorie des *Unrechts* entsprechender Verhaltensweisen untersucht werden. Das lässt zunächst offen, auf welche Art von Unrecht es zur Einordnung von Klima-Protesten als legal oder illegal ankommen soll. Denn Unrecht kann in verschiedenen Formen auftreten: Eine Sitzblockade im Straßenverkehr (als eine der zentralen Aktionsformen der Klima-Proteste) beispielsweise kann gegen Vorschriften des allgemeinen oder besonderen Ordnungsrechts oder auch gegen konkrete polizeiliche Anordnungen (Verwaltungsakte) verstoßen. In diesen Fällen handelt es sich um Verwaltungsunrecht. Die Sitzblockade kann in Form verbotener Eigenmacht aber auch zivilrechtliches Unrecht darstellen,

---

53  Siehe etwa die Beiträge von *Eidam*, JZ 2023, 224; *Gätsch*, KlimR 2023, 141.
54  *Habermas*, KJ 1987, 1.
55  Vgl. etwa im Kontext des Verbotsirrtums NK-StGB/*Neumann*, 6. Aufl. 2023, § 17 Rn. 13.

wenn Autofahrer an der Weiterfahrt gehindert werden und dadurch im Sinne von § 858 Abs. 1 BGB in ihrem Besitz gestört sind. Schließlich kann die Sitzblockade strafrechtliches Unrecht (Strafunrecht) darstellen, wenn dabei ein Straftatbestand verwirklicht und das entsprechende Verhalten von der Rechtsordnung nicht erlaubt, also nicht durch einen von der Rechtsordnung anerkannten Erlaubnissatz (Rechtfertigungsgrund) gedeckt ist.

Für die Einordnung der Klima-Proteste im Sinne eines rechtsordnungsübergreifenden Unrechtsurteils kommt es dabei auf die strafrechtliche (Il-)Legalität an. Begründen lässt sich das anhand der Überlegung, dass strafrechtliches Unrecht immer auch zivilrechtliches Unrecht oder Verwaltungsunrecht bedeutet, umgekehrt aber zivilrechtliches Unrecht oder Verwaltungsunrecht nicht zwingend zu einem strafrechtlichen Unrechtsurteil führen muss.[56] Diese Einordnung ist freilich umstritten. Die herrschende Lehre geht von einer *Einheit der Rechtswidrigkeit* aus und gesteht den verschiedenen Rechtsgebieten nur die Möglichkeit abweichender Rechtsfolgeregelungen zu.[57] Die Ansicht der herrschender Lehre widerspricht aber nicht dem Gedanken, dass jedenfalls das Strafrecht nur ausnahmsweise zum Zuge kommt und die Regel aufgestellt werden kann, dass, was zivilrechtlich oder verwaltungsrechtlich erlaubt ist, strafrechtlich nicht verboten sein kann, dass aber umgekehrt, was strafrechtlich erlaubt ist, gleichwohl zivilrechtlich oder verwaltungsrechtlich durchaus verboten sein kann.[58]

Diese Sonderstellung des Strafrechts und Maßgeblichkeit der strafrechtlichen Bewertung für die Einordnung der Klima-Proteste ergibt sich zudem aus der Erwägung, dass das Strafrecht im System unserer Rechtsordnung eine Besonderheit darstellt, die sich von anderen Formen des Rechts abhebt. Dabei kann dahinstehen, ob das Strafrecht in Form der Androhung von Strafen über die Inkulpation und Verwicklung in ein Strafverfahren bis zum Ausspruch eines Schuldurteils und

---

56  So jedenfalls *Roxin/Greco*, Strafrecht AT I, 5. Aufl. 2020, § 14, Rn. 3 (aE), 31 ff.

57  Vgl. etwa LK-StGB/*Hirsch*, 11. Aufl. 2021, Vor § 32 Rn. 10: „Unterschiedlich nach Rechtsgebieten sind nur die Rechtsfolgen".

58  In diese Richtung auch *Roxin/Greco*, Strafrecht AT I, § 14 Rn. 33 ff.

schließlich der Vollstreckung von Strafe als herkömmlicher Grundrechtseingriff einzuordnen ist[59] oder auf die qualitativen Besonderheiten des Strafrechts in Abgrenzung zu anderen Sanktionsformen oder Ausübung staatlicher Gewalt zu pochen ist.[60] Denn unbestritten dürfte sein, dass das Strafrecht die Beziehungen zwischen Bürger und Staat ausschnittweise grell ausleuchtet[61] und etwa vom Strafprozessrecht und den strafprozessualen Eingriffsbefugnissen zu Recht vom „Seismograph der Staatsverfassung"[62] gesprochen werden kann. Schließlich ist zu berücksichtigen, dass sich auch der Gang der öffentlichen Kommunikation im Zusammenhang mit gesellschaftlichen Konflikten wie den Klima-Protesten häufig an den Begriffen des Strafrechts und der strafrechtlichen Bewertung orientiert. Als „Grundgesetz für den Bürger"[63] ist das strafrechtliche Unrechtsurteil im Sinne von „strafbar", „illegal", „kriminell" ein für die kollektive Einordnung gesellschaftlicher Konflikte, Ereignisse, Unglücksfälle oder Skandale ein maßgeblicher Anhaltspunkt.[64] So würde man die Klima-Proteste wohl auch kaum so kontrovers diskutieren, wenn es sich lediglich um zivilrechtliches oder Verwaltungsunrecht handelte. Diese Sonderstellung und der kommunikative Überschuss des Strafrechts rechtfertigen es, für die Legalität bzw. Illegalität gerade das Strafunrecht in den Fokus zu nehmen.

---

59    So beispielsweise *Appel*, Verfassung und Strafe, 1998, S. 431 ff.

60    So *Roxin/Greco*, Strafrecht AT I, § 2 Rn. 1h.

61    Zum Sonderstatus des Strafrechts siehe auch *Jahn/Wenglarczyk*, in: Festschrift Ignor, 2023, S. 159, 166 m.w.N.

62    *Roxin/Schünemann*, Strafverfahrensrecht, 30. Aufl. 2023, § 2 Rn. 1.

63    Zu diesem Topos im Hinblick auf die Frage, ob ein „transkulturelles Strafrecht" existiert siehe etwa *Brodowski*, Die Evolution des Strafrechts, 2023, S. 297 f.

64    Zur Symbolik des Strafrechts siehe etwa *Kunz*, in: Festschrift Schöch, 2010, S. 353.

## III. Klima-Proteste im Lichte des Strafrechts

Das Strafunrecht setzt sich aus der Tatbestandsmäßigkeit und der Rechtswidrigkeit eines Verhaltens als gemeinsamen Unrechtstatbestand zusammen. Fragen der Rechtswidrigkeit und einer möglichen Rechtfertigung sind der Tatbestandsmäßigkeit damit notwendigerweise nachrangig.

### 1. Tatbestandliche Anknüpfungspunkte

#### a) Hausfriedensbruch, Sachbeschädigung und Bildung einer kriminellen Vereinigung im Kontext

Verhaltensweisen im Rahmen der aus den vergangenen Monaten bekannten Klima-Proteste erfüllen regelmäßig Tatbestände von Strafgesetzen, vor allem die der §§ 240 Abs. 1, 303, 305, 123 Abs. 1 StGB.[65] Dass das Eindringen und Besetzen von Privatgeländen, wie Tagebaugeländen oder Universitätshörsälen Hausfriedensbruch gem. § 123 StGB[66], das Beschmieren oder Beschädigen von Wahrzeichen oder Gemälden in Museen oder auch das Aufhämmern von Straßen zur Ablösung der Hände vom Asphalt (in mittelbarer Täterschaft durch Polizisten) eine (gemeinschädliche) Sachbeschädigung im Sinne der §§ 303, 304 StGB darstellen kann, bedarf kaum der Erwähnung.[67] Umstritten ist dieser

---

65  Ausgehend von einer Entscheidung des LG Berlin (KlimR 2023, 218), das einen Aktivisten mit Blick auf die „durch das Auftragen des Sekundenklebers bewirkte Kraftäußerung des Angeschuldigten", dass „das Wegtragen durch die Polizei" erschwert habe (Rn. 35) wegen des Widerstands gegen Vollstreckungsbeamte gem. § 113 StGB verurteilt hat, wird diskutiert, ob § 113 StGB einschlägig sein kann, vgl. *Schmidt*, KlimR 2023, 210; *Heger*, Zum Gewalt-Begriff von § 113 StGB, Verfassungsblog, 15.6.2023, abrufbar unter: https://verfassungsblog.de/zum-gewalt-begriff-von-§-113-stgb/.

66  Zur strafrechtlichen Bewertung der Besetzung eines Universitätshörsaals im Lichte der Versammlungsfreiheit siehe *Ramson/Wenglarczyk*, Besetze Orte, Verfassungsblog, 13.12.2022, abrufbar unter: https://verfassungsblog.de/besetzte-orte/.

67  Siehe zur tatbestandlichen Einordnung der Klima-Proteste etwa *Preuß*, NVZ 2023, 60; *Bohn*, HRRS 2023, 225; *Erb*, NStZ 2023, 577; *Homann*, JA 2023, 545 (erster Teil); *dies.*, JA 2023, 649 (zweiter Teil).

Zeiten hingegen, ob sich Mitglieder insbesondere von „Letzte Generation" wegen der Beteiligung als Mitglied an einer kriminellen Vereinigung gem. § 129 StGB strafbar machen. Das *LG München* I hatte die Annahme des *AG München* in einem Durchsuchungsbeschluss, in Bezug auf einige Mitglieder von „Letzte Generation" liege der Anfangsverdacht des Unterstützens als Mitglied an einer kriminellen Vereinigung (§ 129 Abs. 1 S. 1, 2. Alt. StGB) vor, erst im November bestätigt.[68] Im strafrechtlichen Schrifttum mehren sich hingegen die Stimmen, die davon ausgehen, der Tatbestand müsse strafverfassungsrechtskonform ausgelegt und in seiner Anwendung eingeschränkt werden.[69] Wie *Jahn* und *der Verfasser* zu zeigen versucht haben, stehen der Strafverfolgung von Mitgliedern von „Letzte Generation" wegen des Verdachts des Beteiligens an einer kriminellen Vereinigung in der Demokratietheorie wurzelnde Bedenken entgegen, die auf der Ebene der Verhältnismäßigkeit staatlicher Reaktionen bislang noch keine ausreichende Beachtung gefunden haben.[70] Darüber hinaus wird angenommen, dass der Tatbestandsausschluss des § 129 Abs. 3 Nr. 1 StGB einschlägig sei und dabei als ungeschriebenes Merkmal voraussetze, dass die begangenen Straftaten eine erhebliche Gefahr für die öffentliche Sicherheit bedeuten.[71]

---

68 LG München I, Beschluss v. 16.11.2023 - 2 Qs 14/23. Der Beschluss ist – Stand 31.12.2023 – nicht veröffentlicht, vgl. aber die Wiedergabe des Inhalts bei beck-aktuell, abrufbar unter: https://rsw.beck.de/aktuell/daily/meldung/detail/lg-muenchen-i-staatsanwaltschaft-darf-gegen-letzte-generation-wegen-verdachts-krimineller-vereinigung-ermitteln.

69 Siehe *Singelnstein/Winkler*, NJW 2023, 2815, 2818 ff.; *Jahn/Wenglarczyk*, JZ 2023, 885, 892 ff.; *Kuhli/Papenfuß*, KriPoZ 2023, 71, 75 und *Heger/Huthmann*, KriPoZ 2023, 259 mit rechtspolitischem Reformvorschlag.

70 Siehe hierzu *Jahn/Wenglarczyk*, JZ 2023, 885, 892 ff., die argumentieren, dass im Zusammenhang mit Strafverfolgungsmaßnahmen wegen des Verdachts der Bildung einer kriminellen Vereinigung Abschreckungseffekte (chilling effects) berücksichtigt werden müssen, die die Eingriffsintensität in die durch Kommunikationsgrundrechte geschützten Freiheitsbereiche politischen Wirkens der Bewegungen erhöhen und zu einer verfassungskonformen Einschränkung der Auslegung und Anwendung des § 129 Abs. 1 StGB hinführen.

71 Siehe hierzu etwa *Kuhli/Papenfuß*, KriPoZ 2023, 71, 74 f.

## b) Offene Fragen der Nötigungsstrafbarkeit bei Sitzblockaden

Im Zentrum der strafrechtswissenschaftlichen Debatte um die rechtliche Einordnung von Klima-Protesten steht neben der Diskussion um § 129 StGB weiterhin die Frage, ob Sitzblockaden eine strafbare Nötigung anderer Verkehrsteilnehmer darstellen.[72] Dabei liegt der Fokus mit Blick auf die konsentierte „Zweite-Reihe-Rechtsprechung"[73] heute nicht mehr so sehr auf der den Tatbestand betreffenden Frage, ob das Blockieren Gewalt im Sinne des § 240 Abs. 1 StGB darstellt. Denn das tut es jedenfalls nach der Konstruktion einer mittelbaren Täterschaft, bei der die als Tatmittler instrumentalisierte erste Fahrzeugreihe die zweite, dahinter heranfahrende Fahrzeugreihe nicht nur psychisch, sondern auch physisch am Weiterfahren hindert. Vielmehr geht es um die Frage der Verwerflichkeit der Nötigung im Sinne des § 240 Abs. 2 StGB, also um die Frage, ob Nötigung „zu dem angestrebten Zweck als verwerflich anzusehen ist". Umstritten ist insoweit, ob die (moralisch anerkennungswürdigen) politischen Anliegen und Ziele, die mit der als tatbestandliche Nötigung auftretenden Sitzblockaden-Proteste verfolgt werden, als Zweck berücksichtigt werden können.[74] Während der *BGH* davon ausgeht, dass im Rahmen der Verwerflichkeitprüfung als Zweck lediglich der in Absatz 1 beschriebene Nötigungserfolg als „Nahziel" berücksichtigt werden dürfe, während politische Fernziele außer Acht bleiben müssen und allein im Rahmen der Strafzumessung berücksichtigt werden können,[75] gehen einige Autoren von einer wertungsfähigen Berücksichtigung auch politischer Fernziele aus.[76] Die verfassungsgerichtliche Rechtsprechung fordert indes jedenfalls für das Zusammenspiel von Versammlungsfreiheit und Ver-

---

72  Vgl. hierzu nur die Beiträge von *Zimmermann/Griesar*, JuS 2023, 401; *Schmidt*, ZJS 2023, 875; *ders.*, KlimR 2023, 210; *Preuß*, NVZ 2023, 60; *Fischer*, JoJZG 2023, 53; *Erb*, NStZ 2023, 577; *Lund*, NStZ 2023, 198.

73  BGH, NJW 1995, 2643.

74  Siehe hierzu *Zimmermann/Griesar*, JuS 2023, 401.

75  BGH, NJW 1988, 1739.

76  *Roggemann*, JZ 1988, 1108, 1109 ff.; vgl. auch *Kaufmann*, NJW 1988, 2581, 2583 f.

werflichkeitsklausel im Falle politischer Blockadeaktionen gewissermaßen als „vermittelnde Lösung"[77] eine Gesamtabwägung, bei der das „kommunikative Anliegen der Versammlung" berücksichtigt werden soll, „ohne dass dem Strafgericht eine Bewertung zusteht, ob es dieses Anliegen als nützlich und wertvoll einschätzt oder es missbilligt"[78] und insoweit Abwägungsgrundsätze entwickelt, die in der Folge durch die Rechtsprechung und Literatur ausdifferenziert wurden.[79] Danach sind je nach Lage des Falles eine Vielzahl von Umständen, wie unter anderem die „Dauer und die Intensität der Aktion, deren vorherige Bekanntgabe, Ausweichmöglichkeiten über andere Zufahrten, die Dringlichkeit (…), aber auch der Sachbezug zwischen den in ihrer Fortbewegungsfreiheit beeinträchtigten Personen und dem Protestgegenstand" einzubeziehen, sodass die Nötigungsstrafbarkeit im Zusammenhang mit Sitzblockaden in hohem Maße eine Frage des Einzelfalls darstellt und von „der" Nötigungsstrafbarkeit nicht allgemein gesprochen werden kann.

Trotz vereinzelnd abweichender Entscheidungen unterer Instanzgerichte[80] lässt sich gleichwohl eine klare Tendenz in der Rechtsprechung erkennen, nach der die Strafgerichte bei „Klima-Klebern" regelmäßig von strafbarer Nötigung ausgehen.[81] Dabei wird die Eröffnung des Schutzbereichs des Art. 8 GG teilweise mit dem Hinweis versagt, dass die „instrumentalisierende Beeinträchtigung Unbeteiligter (…) ein generell inakzeptables Mittel der Meinungskundgabe"[82] sei.[83] In der Tat ist vor dem Versuch, die unter dem Schutz der Versammlungsfreiheit stehenden kommunikativen Anliegen der Protestierenden mit den Interessen blockierter Autofahrer im Wege praktischer Konkordanz in ein

---

77  *Zimmermann/Griesar*, JuS 2023, 401, 408.
78  BVerfG, NJW 2011, 3020, 3023.
79  Ebd.
80  Exemplarisch AG Freiburg, KlimR 2023, 59; LG Berlin, KlimR 2023, 218 (bei gleichzeitiger Annahme des § 113 StGB).
81  Exemplarisch BayObLG, NStZ 2023, 747; AG Berlin-Tiergarten, NStZ 2023, 239; AG München, BeckRS 2022, 43645; AG München, BeckRS 2022, 43646.
82  AG München, BeckRS 2022, 43645 (Rn. 13).
83  So auch *Fischer*, JoJZG 2023, 53, 54.

angemessenes Verhältnis zu setzen, zu prüfen, ob ein solches kommunikatives Anliegen überhaupt vorhanden ist bzw. im Vordergrund steht und damit, ob die seit der Wackersdorf-Entscheidung des *BVerfG* für die Frage der Verwerflichkeit der Gewaltausübung mit Blick auf die nach Art. 8 GG zu berücksichtigenden „demonstrationsspezifischen Umstände" einer Sitzblockade überhaupt in jedem Fall maßstäblich sind. Nach der Rechtsprechung des *BVerfG* schützt Art. 8 Abs. 1 GG nämlich nur „die Teilhabe an der Meinungsbildung, nicht aber die zwangsweise oder sonst wie selbsthilfeähnliche Durchsetzung eigener Forderungen."[84] Für die Eröffnung des Schutzbereichs des Art. 8 GG reiche es nicht aus, „dass die Teilnehmer bei ihrer gemeinschaftlichen kommunikativen Entfaltung durch einen beliebigen Zweck verbunden sind. Vorausgesetzt ist vielmehr zusätzlich, dass die Zusammenkunft auf die Teilhabe an der öffentlichen Meinungsbildung gerichtet ist."[85]

Hier zeigen sich in der strafrechtswissenschaftliche Diskussion um die „Klima-Kleber" bislang kaum beachtete Leerstellen.[86] Denn dass es Klimaaktivisten gerade um die selbsthilfeähnliche Durchsetzung von Forderungen geht, könnte angesichts der konkreten, an die Bundesregierung adressierten Forderungen von „Letzte Generation" – 9-Euro-Tikket, Tempolimit, Gesellschaftsrat – durchaus naheliegen. *Nielsen* etwa will in diesem Zusammenhang die „Blockade als Selbstzweck", die als selbsthilfeähnliche Durchsetzung von Forderungen einzuordnen sei und das „demonstrationsspezifische Nahziel" voneinander abgrenzen, wobei *er* davon ausgeht, dass der Nötigung bei Letzterem eine *„dienende Funktion für die Versammlung"* zukomme und keine selbsthilfeähnliche Durchsetzung von Forderung bedeute. Da „Klima-Kleber" Autos stoppten, „um symbolisch und öffentlichkeitswirksam auf die Thematik hinzuweisen" und der Nötigung damit eine dienende Funktion zukomme,

---

84  BVerfG, NJW 2002, 1031.
85  BVerfGE 104, 92, 105.
86  Siehe hierzu aber *Akbarian*, Ziviler Ungehorsam als Verfassungsinterpretation, S. 155 ff. Siehe auch *Nielsen*, Sitzblockaden, Nötigung und die Versammlungsfreiheit, JuWissBlog, 21. 4. 2023, abrufbar unter: https://www.juwiss. de/21-2023/.

zieht *Nielsen* den Schluss, die Versammlung ordne sich damit gerade in den demokratischen Willensbildungsprozess außerhalb des Parlaments ein, statt diesen zu ersetzen und sei vom Schutzbereich des Art. 8 GG erfasst.[87] In einem Fall hingegen, bei dem es um eine „Blockadeaktion der Roma und Sinti" ging, die darauf abzielte, „nach Verweigerung der Einreise in die Schweiz dennoch unbedingt ein Gespräch mit dem Hohen Flüchtlingskommissar in Genf zu erreichen und dafür die Einreise zu erzwingen"[88] meint *Nielsen* hingegen, dass es dort „zwar *auch* um Erregung von Aufmerksamkeit" gegangen sei, „*primär* sollte aber solange Druck aufrechterhalten werden, *bis* das Gespräch stattfindet."[89] Hier sei die Eröffnung des Schutzbereichs mangels kommunikativen Bezugs zur öffentlichen Meinungsbildung abzulehnen.

Diese Differenzierung erscheint problematisch. Zunächst einmal liegt es in der Natur von – allen – Protesten, Forderungen an die Politik oder Entscheidungsträger zu adressieren und dies potentiell auch wiederholt so lange zu tun, *bis* diese Forderungen erfüllt werden. Ein kollektiv-intentionales Moment der Willensbeugung dürfte jedem Protest immanent zu sein. Es leuchtet dabei nicht ein, dass es für die Frage, ob sich die Nötigung als selbsthilfeähnliche Durchsetzung von Forderungen darstelle, darauf ankommen soll, ob der Protest bzw. die Blockade unterbrochen wird oder ohne Unterbrechung so lange aufrechterhalten werden soll, bis die Forderungen erfüllt werden. In beiden Fällen wird öffentlich Druck zum Handeln erzeugt. Darüber hinaus schleicht sich in diese Differenzierung die Gefahr einer (sach-)themenbezogenen Diskriminierung ein. Denn einige Forderungen oder gesellschaftliche Konflikte lassen sich durch kurzfristiges Handeln und Entscheiden erfüllen bzw. lösen, andere erst durch einen politischen Prozess, bei dem die Entscheidung nicht auf das Handeln einzelner Individuen, sondern dasjenige kollektiver und korporativer Akteure zurückgeführt werden kann. Ein Protest, der in Form einer Blockadeaktion auf einen gesellschaftlich-ökonomischen Bewusstseinswandel abzielt, lässt sich

---

87 A.a.O.
88 BVerfGE 104, 92, 105.
89 A.a.O.

naturgemäß schlecht so lange aufrechterhalten, *bis* diese Forderung erfüllt ist. Aber warum sollte dieser Protest grundrechtlich schützenswerter sein als ein Protest, der sich gegen die Erhöhung von kommunalen Nutzungsgebühren richtet und dessen Forderung durch punktuelles, politisch-exekutives Entscheiden erfüllt werden kann?

## 2. Rechtfertigungsfähigkeit

Für die übergeordnete Frage nach dem Strafunrecht von Klima-Protesten ist zu berücksichtigen, dass der Umstand, dass die Nötigungsstrafbarkeit rund um die Verwerflichkeitsprüfung als Spezialfall der Rechtswidrigkeitsfeststellung im Zentrum der Diskussion steht, zufallsbedingt ist. Zwar mag im Zusammenhang mit zivilem Ungehorsam eine gewisse historische Kontinuität von Sitzblockaden als Erscheinungsform erkennbar sein, aber Sitzblockaden sind nicht die notwendige Form zivilen Ungehorsams. Allgemeine Maßstäbe des Strafunrechts von zivilem Ungehorsam und Klima-Protesten lassen sich daher nicht allein anhand der positiven Rechtswidrigkeitsprüfung im Sinne des § 240 Abs. 2 StGB entwickeln.[90] Soweit auch andere Verhaltensweisen als Protestformen von zivilem Ungehorsam in Betracht kommen und andere Straftatbestände erfüllen können, ist die Rechtfertigungsperspektive zu weiten und grundsätzlich nach den Möglichkeiten zu fragen, unter denen die durch die Tatbestandsmäßigkeit aufgestellte Vermutung der Rechtswidrigkeit[91] im Einzelfall widerlegt werden kann.

Die zu Beginn einführend als „Kernfrage des Rechts" bezeichnete Fragestellung, ob und unter welchen Bedingungen im demokratischen Rechtsstaat die Pflicht zum Rechtsgehorsam entfallen kann, äußert sich aus der Perspektive der das Strafunrecht kennzeichnenden Rechtswid-

---

90  Freilich stellt sich die Frage, ob verfassungsrechtliche Maßstäbe, die im Zusammenhang mit der Auslegung des § 129 StGB zu berücksichtigen sind oder im Rahmen der Anwendung des § 34 StGB relevant werden, auch im Rahmen der Verwerflichkeitsprüfung zu berücksichtigen sind.

91  Dass die Verwirklichung eines Straftatbestandes die Rechtswidrigkeit des Verhaltens indiziert und damit eine gesetzliche Vermutung aufgestellt wird, ergibt sich gesetzessystematisch aus § 11 Abs. 1 Nr. 5 StGB.

rigkeit in der Möglichkeit, ein tatbestandliches Verhalten als gerechtfertigt und damit im Ergebnis als erlaubt anzusehen. Hier, im Rahmen der Rechtswidrigkeit, wird das rechtsordnungsübergreifende Unrechtsurteil gefällt. Die Pflicht zum Rechtsgehorsam entfällt ausnahmsweise dann, sofern das (tatbestandsmäßige) Verhalten vom Recht im Einzelfall erlaubt wird.

## a) Rechtfertigung als (begrifflicher) Widerspruch?

Die Möglichkeiten einer Rechtfertigung von zivilem Ungehorsam und entsprechenden Verhaltensweisen im Rahmen von Klima-Protesten auszuloten, erscheint insbesondere vor dem Hintergrund des oben in Abschnitt B. Gesagten zunächst widersprüchlich. Wenn ziviler Ungehorsam nämlich Protest sein soll, für dessen strafrechtliche Konsequenzen die Protestierenden wegen der Symbolwirkung einzustehen haben, muss der Protest eben auch strafbar sein.[92]

Eine Rechtfertigung von Akten zivilen Ungehorsams scheint sich mit diesen Auffassungen schon grundsätzlich nicht zu vertragen.[93] Insoweit erscheint es auch widersprüchlich, wenn sich Klima-Aktivisten im Zusammenhang mit ihren Protesten auf die rechtfertigende Funktion des Begriffs des zivilen Ungehorsams berufen, teilweise aber zugleich annehmen, der Protest sei wegen eines (Klima-)Notstandes oder des verfassungswidrigen Regierungs- bzw. Staatshandelns gerechtfertigt und damit im Ergebnis straflos.[94]

Aber es handelt sich nur auf den ersten Blick um einen Widerspruch, zivil ungehorsam zu sein und gleichzeitig Straffreiheit zu fordern oder auch Rechtsmittel gegen seine Verurteilung einzulegen. Wie schon *Roxin* zur Frage der Rechtfertigungsfähigkeit von zivilem Ungehorsam

---

92    Siehe oben B. I.

93    Vgl. etwa *Jahn*, JuS 2023, 82, 84: „Ziviler Ungehorsam lebt vom begrenzten Regelbruch. Erst dieser eröffnet dem symbolischen Protest in der öffentlichen Wahrnehmung die Dimension des Existentiellen, „er verlangt die Bereitschaft, für die rechtlichen Folgen der Normverletzung einzustehen'. (…) Damit ist das Pochen auf eine Rechtfertigung unverträglich."

94    Hierzu auch *Kupczik/Wenglarczyk*, FLR 2024 [im Erscheinen].

auf den Punkt brachte, handelt es sich um eine „Definitionsfrage".[95] Natürlich, so *Roxin*, könne man den „Regelverstoß, soweit er das Strafrecht betrifft, als tatbestandsmäßiges Verhalten (...) bestimmen, dieses aber wegen der von den Protestierenden verfolgten höherrangigen Interessen für gerechtfertigt (...) erklären."[96] Von juristischen Laien und daher von (den meisten) Klima-Aktivisten kann nicht erwartet werden, dass sie sich juristisch exakt ausdrücken. Auch mit einer anderen Überlegung setzt das Begriffsmerkmal des Einstehens für die strafrechtlichen Konsequenzen nicht zwingend die Strafbarkeit des Protestes im Sinne eines tatbestandsmäßigen, rechtswidrigen und schuldhaften Handelns voraus. *Einstehen* für die strafrechtlichen Konsequenzen als Voraussetzung einer moralischen oder politischen Rechtfertigung der Proteste können Protestierende nämlich auch dadurch, dass sie sicht- und identifizierbar vor Ort sind, um eine staatliche Inkulpation, also die Einleitung eines Strafverfahrens, zu ermöglichen.[97] Denn bereits mit einem (drohenden) Strafverfahren sind Strafwirkungen und persönliche Konsequenzen verbunden, deren Inkaufnahme die Dimension des Existentiellen des Protestes zu eröffnen geeignet ist. Ohnehin ist zu bedenken, dass die Frage nach der Strafbarkeit in der Praxis eine Frage des Einzelfalls ist und erst im Anschluss an ein Strafverfahren durch Schuld- oder Freispruch festgestellt werden kann. Auf „die" Strafbarkeit im Moment des Protestes muss es damit nicht zwingend ankommen.

### b) (Klima-)Notstand als Ausnahme der Pflicht zum Rechtsgehorsam

Die Frage, ob ziviler Ungehorsam Strafunrecht darstellt oder ob entsprechende Verhaltensweisen erlaubt und legal sein können, äußert sich im Kontext der Klima-Proteste im Wesentlichen in den Möglichkeiten, einen rechtfertigenden (Klima-)Notstand im Sinne des § 34 StGB anzunehmen. Dieses Notstandsrecht lässt sich als punktuelle Ausnahme von dem Grundsatz einordnen, dass die Anwendung von Gewalt dem Staat

---

95    *Roxin*, in: Festschrift Schüler-Springorum, S. 441, 443.
96    A.a.O.
97    Siehe bereits oben B. I.

vorbehalten ist und Bürger ihre Rechte und Interessen nicht selbstständig im Wege der Selbsthilfe durchsetzen dürfen, sondern auf staatliche Hilfe und rechtlich geregelte Verfahren verwiesen sind.[98]

### aa) Klima-Protest als Gefahrenabwehr

Auch wenn die Rechtfertigungsfähigkeit von Akten zivilen Ungehorsams als Ausnahme von der Pflicht zum Rechtsgehorsam seit jeher weit überwiegend abgelehnt[99] wird, werden im Zusammenhang mit den Klima-Protesten in der Strafrechtswissenschaft aktuell die Möglichkeiten eines rechtfertigenden (Klima-)Notstandes im Sinne des § 34 StGB (neu) diskutiert.[100] Dass man überhaupt auf diese Idee kommen kann, liegt im Ausgangspunkt daran, dass sich die Klima-Proteste aus einer Perspektive der Notstandsdogmatik als Maßnahmen zur Abwehr der vom Klimawandel ausgehenden Gefahren für das Klima und in der Folge für die Individualrechtsgüter Leben und körperliche Unversehrtheit begreifen lassen bzw. interpretiert werden können. Mit den Klima-Protesten soll nämlich auf diese Gefahren aufmerksam gemacht und zu einem gesellschaftlichen und politischen Bewusstseinswandel angeregt werden. Verhaltensweisen im Rahmen von Klima-Protesten befinden

---

98 *Hummler*, Staatliches Gewaltmonopol und Notwehr, 1998, S. 1 f.; vgl. im Kontext der Notstandsdogmatik *Bock*, ZStW 131 (2019), 555, 557 f.

99 Vgl. etwa *Scholz*, NJW 1983, 705; *Karpen*, JZ 1984, 249; *Isensee*, in: Festschrift *Eichenberger*, 1982, S. 23; *Prittwitz*, JA 1987, 17; *Hassemer*, in: Festschrift Wassermann, S. 325; *Roxin*, in: Festschrift Schüler-Springorum, S. 441.

100 Siehe nur die Beiträge von *Erb*, NStZ 2023, 577; *Homann*, JA 2023, 649; *Horter/Zimmermann*, GA 2023, 440; *Schmidt*, KlimR 2023, 16; *Rönnau*, JuS 2023, 112; *Jahn*, JuS 2023, 82; *Engländer*, JZ 2023, 255; *Wolf*, Klimaschutz als rechtfertigender Notstand, Verfassungsblog, 14.11.2022, abrufbar unter: https://verfassungsblog.de/klimaschutz-als-rechtfertigender-notstand/; dies., Flensburger Einhorn, Verfassungsblog, 16.12.2022, abrufbar unter: https://verfassungsblog.de/flensburger-einhorn/; *Diekjobst*, Klimanotstand über Gewaltenteilung?, Verfassungsblog, 11.12.2023, https://verfassungsblog.de/klimanotstand-uber-gewaltenteilung/; *Wolf/Wenglarczyk*, Klima-Proteste: Ziviler Ungehorsam zwischen demokratischen Grenzen und grenzenloser Rechtfertigung, JuWissBlog, 3.2.2023, abrufbar unter: https://www.juwiss.de/2-2023/. Kritisch hierzu aus der strafrechtswissenschaftstheoretischen Perspektive *Kubiciel*, JZ 2024, 167.

sich damit im Relevanzbereich des § 34 StGB, der die Voraussetzungen aufstellt, unter denen in als Notstandslagen bezeichneten Gefahrensituation eine Gefahrenabwehr durch Privatpersonen anstelle des Staates möglich ist.

### bb) Klimawandel als Notstandslage und Geeignetheit der Klima-Proteste zur Gefahrenabwehr

Was die von § 34 StGB vorausgesetzte Notstandslage mit Blick auf Klima-Proteste betrifft, ist zunächst festzustellen, dass das Klima als notstandsfähiges „anderes Rechtsgut" i.S.d. § 34 S. 1 StGB als Kollektivrechtsgut von der h.M. anerkannt wird, das entlang der vom *BVerfG* im Klima-Beschluss geschaffenen Rechtsfigur der intertemporalen Freiheitssicherung vor dem Hintergrund der sich aus Art. 20a GG ableitbaren Schutzpflichten auch individual-grundrechtliche Relevanz entfalten kann.[101] Zudem lässt sich durchaus vertreten, dass eine gegenwärtige Gefahr für dieses Rechtsgut bzw. diese individualrechtlichen Rechtsgüter i.S.d. § 34 S. 1 StGB vorliegt, auch wenn konkrete, zurechenbare Schäden für die Umwelt und die Menschen durch den Klimawandel möglicherweise erst in ein paar Jahren eintreten, der Schadenseintritt also noch nicht unmittelbar bevorsteht.[102] Es ist nämlich anerkannt, dass eine Gefahr auch dann gegenwärtig ist, wenn zwar der weitere Schadenseintritt nicht unmittelbar bevorsteht, er jedoch nur durch sofortiges Handeln abgewendet werden kann.[103] Das ist mit Blick auf klimaphysikalische Erkenntnisse, nach denen bestimmte Prozesse nach Überschreiten einer bestimmten Erwärmungsgrenze durch $CO_2$-Emissionen nicht mehr aufzuhalten sind und zwar selbst dann nicht, wenn später keine Treibhausgase mehr emittiert werden, der Fall. Wie das *OLG Schleswig* hierzu ausführte, müsse „jetzt gegengesteuert werden", da anderenfalls der Klimawandel und die dauerhafte Erderwär-

---

101  So zuletzt auch das OLG Schleswig, BeckRS 2023, 24319.
102  *Jahn*, JuS 2023, 82, 83 f.
103  *Roxin/Greco*, Strafrecht AT I, § 16 Rn. 20; *Fischer*, StGB, 71. Aufl. 2024, § 34 Rn. 7.

mung nach Erreichen von Kipppunkten oder Kaskadeneffekten nicht mehr aufzuhalten wäre.[104]

Mit Blick auf die Notstandshandlung und konkret die Geeignetheit stellen die Gerichte in aller Regel auf den unmittelbaren Wirkungszusammenhang von Protestaktion und Reduktion von $CO_2$-Ausstoß ab, der regelmäßig gegen 0 geht.[105] Aber es ist nicht ausgeschlossen, auf einen mittelbaren Zusammenhang abzustellen, bei dem der Protest die Beeinflussung der öffentlichen Mehrheitsmeinung mit dem Ziel der politischen Veränderung hin zu mehr Klimaschutz vermittelt.[106] Freilich wäre dann näher in den Blick zu nehmen, ob der Versuch der Einwirkung auf die Mehrheitsmeinung denn auch tatsächlich erfolgsgeeignet ist.[107] Das ist allerdings eine empirische Frage, deren Beantwortung politikwissenschaftlicher Forschung bedarf.

Auch wenn die Geeignetheit von symbolisch wirkenden Handlungen damit nicht *per se* als Notstandshandlung ausgeschlossen werden kann, stellt sich schließlich die Frage, ob sich die potenzielle Geeignetheit derartiger Handlungen nicht (irgendwann) durch Unmaß verbrauchen

---

104 OLG Schleswig, KlimR 2023, 314, 315 (Rn. 28).

105 Exemplarisch OLG Celle, NStZ 2023, 113, das im Zusammenhang mit einer symbolisch inszenierten Verunreinigung der Fassade einer Universität ausführt, es sei „offenkundig, dass auch eine Vielzahl von Beschädigungen der Fassade von Universitätsgebäuden ebenso wenig wie eine einzelne Beschädigung durch den Angekl. Auswirkungen auf den Klimawandel haben können" (Rn. 6). Differenzierend hingegen das OLG Schleswig, KlimR 2023, 314, 316 f., das die Geeignetheit des Besetzens eines Baumes, um diesen vor Abholzung zu schützen bejaht.

106 So auch *Magnus*, JR 2024, 9, 11 f.

107 Sehr kritisch zu diesem Ansatz *Kubiciel*, JZ 2024, 164, 172: „Die Konsequenz einer derart reduzierten Prüfung des Eignungserfordernisses liegt auf der Hand. Bei solch niedrigen Anforderungen ist beinahe jede Tat geeignet, solange ihr nur optimistische Annahme über mögliche Folge- und Fernwirkungen unterlegt werden können. Damit nicht genug. Wird dieser normative Einlassfilter des rechtfertigenden Notstands derart erweitert, kann jede noch so gravierende Straftat gerechtfertigt werden, solange in die Abwägung nur ein hinreichend gewichtiges Erhaltungsgut eingespeist wird."

kann.[108] Denn in der Logik etwa der Klima-Proteste soll Gefahrenabwehr durch kommunikative Einwirkung auf den Prozess gesellschaftlicher und politischer Meinungsbildung erfolgen. Dementsprechend muss es einen Kipppunkt geben, von dem an dieses Ziel als erreicht oder nicht mehr ernsthaft erreichbar gelten kann. Die Aufmerksamkeit, die vor allem „Letzte Generation" in den vergangenen beiden Jahren bereits erfahren hat und die durchaus auch politische Wirkungen entfalten konnte, lässt es als nicht fernliegend erscheinen, dass dieser Kipppunkt bereits überschritten wurde.

### cc) Gewaltmonopol und Demokratieprinzip als Grenzen zivilen Ungehorsams

### (1) Vorrang staatlicher Gefahrenabwehr

Mag eine Notstandslage i.S.d. § 34 StGB im Zusammenhang mit Klima-Protesten auch erkennbar und die Geeignetheit von symbolischen Klima-Protestaktionen nicht ausgeschlossen sein: Einer Abwehr von Gefahren des Klimawandels durch Privatpersonen und allgemein von symbolisch wirkenden Akten zivilen Ungehorsams sind Grenzen gesetzt, die im Kontext eines größeren staats- und demokratietheoretischen Zusammenhangs verständlich werden. Sie kommen in den Anforderungen an die Erforderlichkeit und Angemessenheit der Notstandshandlung zum Ausdruck.

Eine dieser Grenzen besteht zunächst darin, dass mit Blick auf die Abwehr von Gefahren, die für Individualrechtsgüter oder Rechtsgüter der Allgemeinheit drohen, der Grundsatz des Vorrangs staatlicher Gefahrenabwehr und des Gewaltmonopols gilt und rechtliche Konfliktlösungsmechanismen dementsprechend eine Sperrwirkung entfalten.[109]

---

108  So schon *Dreier*, in: Ziviler Ungehorsam (Fn. 10), S. 54, 68.

109  Siehe BVerfG, NJW 1993, 2432; OLG Schleswig, NStZ 2023, 740, 744 (Rn. 60); MüKo-StGB/*Erb*, Bd. 1, 4. Aufl. 2020, § 34 Rn. 254; *Kühne/Kühne* StV 2023, 560, 565; *Honer*, JuS 2023, 408, 413; Siehe *Bock*, ZStW 131 (2019), 555, 567; *Jahn*, Das Strafrecht des Staatsnotstandes, 2004, S. 461 f., 483; speziell zur „LG" *Wolf/Wenglarczyk*, Klima-Proteste: Ziviler Ungehorsam zwischen demokratischen Grenzen und grenzenloser Rechtfertigung, JuWissBlog v. 3.2.2023 (Fn. 100).

Der Selbstbindung des Staates über den Vorbehalt des Gesetzes korrespondiert die Selbstbindung der Privatpersonen, die Verfolgung überindividueller Zwecke und Rechtsgüter den dazu legitimierten Organen zu überlassen.[110] Zwar stellen die Notwehr- und Notstandsrechte gerade Ausnahmen von diesem Vorrang staatlicher Gefahrenabwehr dar, indem sie eine Selbsthilfe durch Privatpersonen und dementsprechend Eingriffe in Rechte Dritter zur Abwehr von Gefahren gestatten.[111] Aber diese Ausnahmen sind auf eng umgrenzte Sonderfälle beschränkt, in denen sich eine Gefahr in atypischer Weise so zuspitzt, dass der Staat nicht rechtzeitig und effektiv zur Hilfe kommen kann, was im Zusammenhang mit der Abwehr von Gefahren für die Allgemeinheit kaum denkbar ist.[112] Mit der pragmatischen Einsicht, dass der Staat nicht in jeder Situation rechtzeitig zur Hilfe gerufen werden kann bzw. rechtzeitig Hilfe leisten kann, bestätigen die Ausnahmen der Notwehr- und Notstandsrechte das Gewaltmonopol damit genau genommen, ohne es in diesen Fällen zu dispensieren. Denn in den Situationen, die tatbestandlich der Notstandslage etwa des § 34 StGB entsprechen, kann der Staat nichts anderen tun, als seine Schutzpflichten zu delegieren und den Betroffenen zur Leistung eines Sonderopfers zu verpflichten.[113] Der Notstandstäter agiert in diesen Fällen gewissermaßen als verlängerter Arm der Behörde, die grundsätzlich zur Gefahrenabwehr zuständig wäre. Die Delegation von Schutzpflichten als Ausnahme von der Pflicht zum Rechtsgehorsam lässt sich aber eben nur dann rechtfertigen, wenn sie sich auf kurzzeitige und punktuelle Hilfe in akuten Notsituationen beschränkt.[114]

Die Betonung dieser Grenze ist denn auch einer der maßgeblichen Gründe, warum im Zusammenhang mit der neuartigen, existentiellen

---

110 *Jahn/Wenglarczyk*, JZ 2023, 885, 890.
111 Vgl. *Bock*, ZStW 131 (2019), 555, 557 f.
112 *Bock*, ZStW 131 (2019), 555, 571, 574.
113 Vgl. *Joerden*, in: Solidarität im Strafrecht, 2013, S. 49, 51; *Nestler*, Jura 2020, 695, 700 ff.
114 Deshalb überzeugte es übrigens auch nicht, Solidaritätspflichten während der Corona-Pandemie durch straf- und bußgeldrechtliche Pflichten durchzusetzen, vgl. hierzu *Jahn/Schmitt-Leonardy/Wenglarczyk*, JZ 2022, 63, 70 f.

Problemlage des Klimawandels und den davon ausgehenden Gefahren ein zur Rechtfertigung führender, rechtfertigender (Klima-)Notstands i.S.d. § 34 StGB sowohl von der Rechtsprechung[115] als auch vom weit überwiegenden Teil des Schrifttums[116] abgelehnt wird. Eine zu einiger Bekanntheit gekommene Entscheidung des *AG Flensburg*[117], das einen Klima-Aktivisten, der einen Baum auf einem Privatgelände besetzte, um ihn vor Abholzung zu schützen, vom Vorwurf des Hausfriedensbruch unter Annahme eines rechtfertigenden Notstands freigesprochen hatte, wurde vom *OLG Schleswig* in der Revision unter anderem mit der am staatlichen Gewaltmonopol orientierten Argumentation aufgehoben: „Die Angemessenheit entfällt, wenn die Rechtsordnung für die Lösung eines Interessenkonflikts abschließende Sonderregelungen, insbesondere ein geordnetes gerichtliches Verfahren, vorsieht (…). In diesem Fall liegt eine sogenannte Sperrwirkung rechtlicher geordneter Verfahren vor (…). Diese Sperrwirkung greift auch dann ein, wenn das gerichtliche Verfahren im Einzelfall eine Gefahrenabwehr nicht ermöglicht (…), weil andernfalls die in dem rechtlichen Verfahren zum Ausdruck kommenden Wertungen unterlaufen würden."[118]

Im Fall der Klima-Proteste und hinsichtlich der Abwehr von Gefahren des Klimawandels durch klimaschädliche Verhaltensweisen kommt eine Vielzahl an Verfahren in Betracht, insbesondere Verwaltungsverfahren etwa auf Grundlage des BImSchG, aber im Hinblick auf die rechtliche Grundlagen zum Klimaschutz auch die Verfahren politischer Partizipation in Form der Bundes- oder Landtagswahl und sonstigen Möglichkeiten, sich in den politischen Diskurs und Meinungsbildungsprozess einzubringen. In letzter Konsequenz können klimaschädliche Akte öf-

---

115 Siehe hierzu nur die beiden obergerichtlichen Entscheidungen des OLG Celle, NStZ 2023, 113; OLG Schleswig, NStZ 2023, 740.

116 Siehe hierzu etwa die Beiträge von *Engländer*, JZ 2023, 255; *ders.*, NStZ 2023, 745; *Schmidt*, KlimR 2023, 16; *Erb*, NStZ 2023, 577; *Rönnau*, JuS 2023, 112; a.A. *Magnus*, JR 2024, 9; *Bönte*, HRRS 2021, 124; vermittelnd *Wolf/Wenglarczyk*, Klima-Proteste: Ziviler Ungehorsam zwischen demokratischen Grenzen und grenzenloser Rechtfertigung, JuWissBlog, 3.2.2023 (Fn. 100).

117 AG Flensburg, KlimR 2023, 25.

118 OLG Schleswig, NStZ 2023, 740, 744 (Rn. 60).

fentlicher Gewalt vor dem *BVerfG* mit der Verfassungsbeschwerde auf ihre Verfassungsmäßigkeit überprüft werden. Diese rechtlich geregelten Konfliktlösungsmechanismen genießen grundsätzlich Vorrang und schließen eine Rechtfertigung aus.

## (2) Vorrang der Mehrheitsentscheidung

Eine weitere Grenze zivilen Ungehorsams, die notstandsdogmatisch im Merkmal der Angemessenheit zum Ausdruck kommt, stellt das Demokratieprinzips in seiner Ausprägung des Mehrheitsprinzips dar. Der Sinn des Mehrheitsprinzips ist in der Notwendigkeit der Anerkennung einer Entscheidungsregel in einem demokratischen System zu sehen, das allen Interessen und Positionen den gleichen Status zuweist.[119] Soweit für jedes Problem eine Vielzahl möglicher Entscheidungen bzw. Lösungen in Betracht kommt, die wiederum auf unterschiedlichsten Interessen beruhen können, muss dabei *eine* für eine bestimmte Dauer als verbindlich angesehen werden können.[120] Der Vorzug dieser Begründung einer Verbindlichkeit der *Mehrheits*entscheidung liegt darin, dass sie die Minderheitspositionen dabei nicht diskriminiert, sondern für die Dauer der Geltung der Mehrheitsentscheidung lediglich zurückstellt und ihnen danach die Möglichkeit gibt, zur Mehrheitsentscheidung zu werden.[121]

Vor dem Hintergrund der Verbindlichkeit der Mehrheitsentscheidung wäre eine Rechtfertigung von Akten zivilen Ungehorsams und konkret etwa der Klima-Proteste widersprüchlich und stellte eine Missachtung der Mehrheitsposition dar. Denn jedenfalls die *gesetzlichen* Maßnahmen zum Klimaschutz (oder deren legislatives Unterlassen) sind Ausdruck einer in formal ununterbrochener Legitimationskette auf den Willen der Mehrheit rückführbaren Entscheidung. Soweit der Staat die Missachtung dieser Entscheidung durch (strafbare) Rechtsbrüche durch eine (strafrechtliche) Rechtfertigung anerkennt, setzte er sich damit selbst in

---

119  Vgl. *Frankenberg*, JZ 1984, 266, 273.
120  Ebd.
121  Ebd.

Widerspruch.[122] Die strafrechtliche Rechtfertigung zivilen Klimaschutzungehorsams als Unterfall der Staatsnotstandshilfe wäre, mit *Roxin* gesprochen, „eine Selbstaufgabe der Demokratie, ein Verzicht auf die Durchsetzung der Mehrheitsregel".[123] In diesem Sinne hat auch das *OLG Schleswig* im Kontext einer klimaaktivistischen Straftat zuletzt ausgeführt, dass der Staat es nicht legitimieren könne, „dass Entscheidungen, die durch rechtmäßige Mehrheitsbeschlüsse zustande gekommen sind, von einer Minderheit mit rechtswidrigen Mitteln (der Begehung von Straftatbeständen) untergraben werden (…). Der Verzicht auf die Durchsetzung der Mehrheitsregel führte zu einer Desavouierung der Rechtsordnung, die letztlich den Rechtsfrieden gefährdete, was letztlich auch zu einem Verstoß gegen das Demokratieprinzip führte."[124]

### dd) Grenzen der Grenzen zivilen Ungehorsams

Mit Blick auf diese Prinzipien lässt sich ziviler Ungehorsam und lassen sich die Klima-Proteste, verstanden als Maßnahmen zur Abwehr von Gefahren des Klimawandels, also nicht rechtfertigen und lassen anti-rechtsstaatliche und anti-demokratische Tendenzen erkennen. Allerdings ist – was in der gegenwärtigen Diskussion freilich selten betont wird – zu berücksichtigen, dass diese als Grenzen bezeichneten Prinzipien ihrerseits nicht absolut gelten. Die Geltung des staatlichen Gewaltmonopols ist ebenso wie das Demokratieprinzip in der Ausformung des Vorrangs der Mehrheitsentscheidung von bestimmten Bedingungen abhängig und Ausnahmen unterworfen. Soweit diese Beschränkungen den „Grenzen" des zivilen Ungehorsams ihrerseits „Grenzen" setzen, werden sie im Folgenden als Grenzen-Grenzen bezeichnet.[125]

---

122 *Roxin/Greco*, Strafrecht AT I, § 16 Rn. 55.; vgl. auch *Wolf/Wenglarczyk*, Klima-Proteste: Ziviler Ungehorsam zwischen demokratischen Grenzen und grenzenloser Rechtfertigung, JuWissBlog, 3.2.2023 (Fn. 100).

123 *Roxin*, in: Festschrift Schüler-Springorum, S. 441, 448; siehe auch *dens./Greco*, Strafrecht AT I, § 16 Rn. 55 m.w.N. Hierauf stellt auch das außerordentlich differenzierte Urteil des OLG Schleswig, Urt. v. 9.9.2023 – 1 ORs 4 Ss 7/23, BeckRS 2023, 24319 Rn. 71, ab.

124 OLG Schleswig, NStZ 2023, 740, 745 (Rn. 71).

125 Terminologisch erfolgt damit eine Annäherung an den verfassungsdogmatischen Begriff der Schranken-Schranke, die Einschränkungen der Beschränkungsmög-

## (1) Normativer Kipppunkt der Schutzpflichtverletzung im Zusammenhang mit Klimaschutz

Wie soeben erörtert, folgt aus der Anerkennung des staatlichen Gewaltmonopols, dass eine Rechtfertigung ausgeschlossen ist, wenn zur Gefahrenabwehr staatliche Hilfe rechtzeitig in Anspruch genommen werden kann. Das ist bereits im Zusammenhang mit der Abwehr von Gefahren für Individualrechtsgüter zu beachten, gilt für den Schutz von Rechtsgütern der Allgemeinheit aber umso mehr, als es sich dabei in besonderem Maße um eine originär staatliche Aufgabe handelt.[126] Für den Schutz von Allgemeinrechtsgütern hat der Staat in Formen rechtlicher Verfahren „ausdifferenzierte Konfliktlösungsmechanismen"[127] entwickelt, die eine weitgehende Sperrwirkung privater Rettungshandlungen entfalten.

Diese Sperrwirkung lässt sich allerdings nur so lange und so weit rechtfertigen, als dass diese Konfliktlösungsmechanismen auch grundsätzlich dazu in der Lage sind, Gefahren für die Allgemeinheit abzuwehren. Soweit der Staat seine synallagmatisch mit der Monopolisierung der Gewalt verbundene Gegenleistung nicht erbringt, entfällt auch die Pflicht zum Rechtsgehorsam.[128] Verfassungsrechtlich lässt sich dieser Gedanke in der Dogmatik grundrechtlicher Schutzpflichtverletzungen ausdrücken und näher konturieren: Wie *Bock* es im Zusammenhang mit einer Entscheidung des *OLG Naumburg*[129] ausdrückte, das drei Tierschutzaktivisten freisprach, die in eine Tierzuchtanlage eindrangen, um dort unzureichende und tierschutzrechtswidrige Haltungsbedingungen filmisch zu dokumentieren, ist die Grenze des bürgerlichen Rechtsgehorsams dann

---

lichkeiten (Schranken) von Grundrechten bezeichnen. Die Verwendung dieses Topos ist inspiriert von den Aufsätzen von *Stuckenberg*, ZStW 135 (2023), 904; *Brunhöber*, ZStW 135 (2023), 872 und den Vortrag von *Klaus Günther* im Rahmen des Dienstagsseminars der Goethe-Universität am 9.6.2020 mit dem Titel „Demokratische Grenzen des Strafrechts" (Nachweis abrufbar unter: https://www.jura.uni-frankfurt.de/74246295/ContentPage_74246295), der in der Veröffentlichung Günther, RG 2020, 120, aufgegangen ist.

126 *Bock*, ZStW 131 (2019), 555, 567.
127 Ebd.
128 *Bock*, ZStW 131 (2019), 555, 574.
129 OLG Naumburg, NStZ 2018, 472.

– aber auch nur und erst dann – erreicht, wenn der Staat beim Schutz von Rechtsgütern in einer Weise versagt, die einer Verletzung grundrechtlicher Schutzpflichten gleichkommt.[130] Dass das im Gegensatz zur akuten Bedrohung hochrangiger Individualrechtsgüter bei der Gefährdung von Allgemeinrechtsgütern kaum denkbar ist, wie *Bock* weiter annimmt,[131] mag im Grundsatz richtig sein. Allerdings ist mit Blick auf den Klimawandel und die Klima-Proteste in Erinnerung zu rufen, dass das *BVerfG* eine Schutzpflichtverletzung im Zusammenhang mit den durch das KSG geregelten Klimaschutzmaßnahmen im Jahr 2021 eben „nur" *derzeit, aktuell* und *gegenwärtig* nicht zu erkennen vermochte.[132] Diese als *Signalwörter* bezeichneten Temporaladverbien deuten auf ein zeitliches Kontinuum hin und implizieren, dass in der Zukunft die dogmatische Anerkennung normativer Kipppunkte denkbar ist, ab deren Erreichen eine weitere Verfehlung von Klimaschutzzielen in grundrechtliche Schutzpflichtverletzungen umschlagen kann.[133] Soweit sich bereits jetzt projizieren lässt, dass im Verkehrssektor die Ziele des KSG auf Grundlage der bisher ergriffenen Maßnahmen bis 2030 laut des *Umweltbundesamtes* „jährlich verfehlt" werden und sich eine „Emissionsminderungslücke in der Höhe von 210 Mio t $CO_2$-Äq."[134] aufbaut, wird in Zukunft darüber nachzudenken sein, welche Folgerungen hieraus für die Rechtfertigung von Akten zivilen Ungehorsam von Klima-Aktivisten als private Gefahrenabwehrmaßnahmen zu ziehen sind.[135]

---

130  *Bock*, ZStW 131 (2019), 555, 573.
131  Ebd.
132  Siehe zur „Verfassungsbruch"-Argumentation von „Letzte Generation" oben B. II.
133  *Ronen Steinke* hat diesen Gedanken in einem Artikel für die Süddeutsche Zeitung im April 2023 aufgegriffen. Im Untertitel seines Artikels führt er aus: „Deutschland verfehlt die Klimaziele, und die Bundesregierung ignoriert ihre Verpflichtungen. Der Protest muss sich dennoch an Grenzen halten – *noch*" [*Herv. d. Verf.*], vgl. *Steinke*, Alles, was Recht ist, Süddeutsche Zeitung, Jg. 2023, Nr. 92 v. 22.4.2023, S. 9.
134  *Umweltbundesamt*, Projektionsbericht 2023 für Deutschland, S. 23.
135  Auch das mehrfach zitierte OLG Schleswig (BeckRS 2023, 24319) deutet derartige normative Kipppunkte und Konsequenzen für die Notstandsdogmatik an, wenn es im Hinblick auf das das Notstandsrecht begrenzende Demokratie- und Mehrheitsprinzips in Rn. 72 insoweit ausführt, „dass (...) das

## (2) Reversibilität demokratischer Entscheidungen

Vor dem Hintergrund der Verbindlichkeit der Mehrheitsentscheidung stellt ziviler Ungehorsam in der Tat eine „kontinuierliche Desavouierung demokratisch legitimierter Entscheidungen"[136] dar. Was aber insoweit verschwiegen wird, ist, dass der Geltung des Mehrheitsprinzips auch im demokratischen Rechtsstaat Grenzen gesetzt sind. Zwar bringt Art. 79 Abs. 3 i.V.m. Art. 20 Abs. 2 GG zum Ausdruck, dass selbst existentielle Fragen im demokratischen Prozess unseres Gemeinwesens unabänderlich der Mehrheitsregel unterworfen sind.[137] Paradoxerweise beweist die durch die Ewigkeitsklausel des Art. 79 Abs. 3 GG angeordnete Unabänderlichkeit aber eben zugleich, *dass* einige Fragen der Disposition der Mehrheit entzogen sind.

Gewichtiger scheint jedoch die Überlegung, dass es gerade auch eine Mehrheitsentscheidung sein kann, die undemokratisch ist, wenn und soweit sie nämlich Regeln prozeduraler Gleichheit verletzt, die dem Mehrheitsprinzip als Geltungsbedingungen zugrunde liegen.[138] Namentlich *Frankenberg* hat diese Regeln im Zusammenhang mit den politischen Auseinandersetzungen der 1980er-Jahre unter anderem im Zusammenhang mit der Stationierung amerikanischer Pershing-II-Raketen und Cruise Missiles auf deutschem Boden und der Frage, ob ziviler Ungehorsam undemokratisch sei, ausbuchstabiert.[139] *Er* weist zunächst darauf hin, dass die Verbindlichkeit der Mehrheitsentscheidung einen politischen Prozess voraussetzt, „dessen rechtliche Organisation und Struktur jeder Auffassung die gleiche Chance gewährleistet, Mehrheit zu werden."[140] Daraus ergibt sich unter anderem das Verbot, irre-

---

BVerfG die *derzeitige* Rechtslage insbesondere auch mit Blick auf die irreversiblen Klimafolgen und der ökologischen Rechtzeitigkeitsgebot [sic] für verfassungsgemäß hält" [*Herv. d. Verf.*].

136  Vgl. oben A. und Fn. 2.

137  Vgl. so *Jahn/Wenglarczyk*, JZ 2023, 885, 890 mit Verweis auf BVerfGE 1, 199, 315; 29, 154, 165.

138  *Jahn/Wenglarczyk*, JZ 2023, 885, 890 in Anknüpfung an *Frankenberg*, JZ 1984, 266, 273 f.

139  *Frankenberg*, JZ 1984, 266, 273 f.

140  *Frankenberg*, JZ 1984, 266, 274.

versible Entscheidungen zu treffen, da diese der Mehrheitsposition „de facto den Charakter der einzig möglichen" verleihen und Minderheiten „in permanente zu transformieren" geeignet sind.[141]

Dass die jetzt jungen – und erst zukünftig existierenden – Generationen als derzeitige parlamentarische Minderheit auf Dauer intergenerationell diskriminiert werden, liegt im Zusammenhang mit Klimaschutz nicht fern und wurde auch vom *BVerfG* im Klima-Beschluss erkannt: Vor dem Hintergrund, dass das $CO_2$-Restbudget endlich ist, bedeutet jede Emission von $CO_2$ nach gegenwärtigen naturwissenschaftlich-technischen Möglichkeiten, eine irreversible Verringerung dieses Restbudgets. Das *BVerfG* hat mit der intertemporalen Freiheitssicherung insoweit eine Rechtsfigur geschaffen, die dieses Problem der Zeitlichkeit in die Verhältnismäßigkeitsprüfung integriert: Die Verhältnismäßigkeitsanforderungen an Freiheitsbelastungen durch aktuelle Regelungen zulässiger Emissionsmengen müssen danach als Gebot einer angemessenen Verteilung *über die Zeit* und über die Generationen hinweg verstanden werden, weil die Zumutbarkeit *künftiger Belastung* nur durch schonenden Umgang mit dem Restbudget in der Gegenwart gesichert werden kann.[142]

Zwar ist – erneut – zu berücksichtigen, dass das *BVerfG* die derzeitige Rechtslage auch mit Blick auf bereits gegenwärtig irreversible Klimafolgen für verfassungsgemäß hält und die Verbindlichkeit der Mehrheitsentscheidung damit noch nicht dispensiert werden kann. Jedoch ist wiederum nicht ausgeschlossen, dass beim Überschreiten klimaphysikalischer Kipppunkte und sich anschließender Kaskadeneffekte in Zukunft von einer Situation auszugehen ist, die die „*Offenheit* des

---

141 Beide Zitate bei *Frankenberg*, JZ 1984, 266, 274. *Frankenberg* weist zudem noch darauf hin, dass dieser Grundsatz und die Regeln prozeduraler Gleichheit der Disposition der Mehrheit entzogen sind, „weil eine Mehrheit es sonst in der Hand hätte, die Regeln für die Konkurrenz um politische Unterstützung so zu ändern, daß bestimmte Positionen auf Dauer majorisiert wären" (a.a.O.).

142 Vgl. die Ausführungen in dem im Nachgang zum Klima-Beschluss veröffentlichen Aufsatzes der Berichterstatterin des Verfahrens *Britz* veröffentlichten Aufsatz, *dies.*, NVwZ 2022, 825, 832. Zur Zeitlichkeitsdimension der Freiheit *Günther*, Merkur 2021, 18.

Prozesses der Mehrheitsbildung"[143] in Frage stellt und normative Kipppunkte definiert werden könnten, deren Erreichen die Verbindlichkeit der Mehrheitsentscheidung in Frage stellen.

Nach alledem kann man mit *Bönnemann* sagen, dass die Klimakrise eben auch eine „Krise der politischen Institutionen" darstellt und insbesondere der Verweis an Überzeugungskraft verliert, „sich doch an die regulären Mechanismen politischer Willensbildung zu halten, (…) sind es doch gerade jene Mechanismen, die für die strukturelle Verfestigung von Ungleichgewichten oder gar die weitere Eskalation der Klimakrise verantwortlich gezeichnet werden."[144]

# D. Schlussbemerkung

Ziviler Ungehorsam und Klima-Proteste mögen legitime Ziele verfolgen und für die Existenz eines demokratischen Rechtsstaats wichtige Funktionen übernehmen. Rechtfertigen lassen sich die dabei begangenen Straftaten indes nicht und müssen strafbar bleiben. Die Grenzen, die einer mit den Klima-Protesten verfolgten Gefahrenabwehr auch durch das Strafrecht gesetzt sind, verlaufen einerseits entlang der Anerkennung des staatlichen Gewaltmonopols und dementsprechend dem Vorrang staatlicher Gefahrenabwehr und andererseits dem Vorrang und der Verbindlichkeit der Mehrheitsentscheidung als demokratischer Entscheidungsregel, die missachtet würde, wenn man Straftaten, die sich gegen eine auf legalem Wege zustande gekommene Mehrheitsentscheidung richten, als gerechtfertigt ansähe. Jedoch verstellen Sichtweisen, die auf der Position „Recht muss Recht bleiben"[145] oder „Gesetz ist Gesetz"[146] verharren, den Blick auf die Grenzen, die auch gewichtigen

---

143 *Frankenberg*, JZ 1983, 266, 274.
144 *Bönnemann*, in: Kleben und Haften (Fn. 5), S. 11.
145 *Jahn/Wenglarczyk*, Der blinde Fleck, Verfassungsblog, 19.10.2023, abrufbar unter: https://verfassungsblog.de/der-blinde-fleck-2/.
146 Vgl. *Akbarian*, in: Kleben und Haften (Fn. 5), S. 51.

staatstheoretischen Prinzipien gesetzt sind. Auf diese Grenzen-Grenzen entlang der sachlogischen Strukturen des Klimawandels und der Klimakrise als „intergenerationelles Demokratieproblem"[147] in ihrer Zeitlichkeitsdimension aufmerksam zu machen, ist Anliegen der vorstehenden Überlegungen gewesen.

# Literaturverzeichnis

**Akbarian, Samira:** Ziviler Ungehorsam als Verfassungsinterpretation, Tübingen 2023.

**Dies.:** Gesetz ist Gesetz?, Verfassungsblog, 2.6.2023, abrufbar unter: https://verfassungsblog.de/gesetz-ist-gesetz/.

**Appell, Ivo:** Verfassung und Strafe: zu den verfassungsrechtlichen Grenzen staatlichen Strafens, Berlin 1998.

**Bock, Stefanie:** Straftaten im Dienste der Allgemeinheit – Notwehr- und Notstandsrechte als polizeiliche Generalklauseln für jedermann?, ZStW 131 (2019), S. 555–575.

**Bohn, André:** Aktuelle Protestformen der Klima(schutz)bewegung – Eine strafrechtliche Würdigung, HRRS 2023, S. 225–240.

**Bönnemann, Maxim:** Ziviler Ungehorsam in der Klimakrise. Eine Einleitung, in: ders. (Hrsg.), Kleben und Haften. Ziviler Ungehorsam in der Klimakrise, Berlin 2023, S. 11–20.

**Bönte, Mathis:** Ziviler Ungehorsam im Klimanotstand, HRRS 2021, S. 164–173.

**Britz, Gabriele:** Klimaschutz in der Rechtsprechung des Bundesverfassungsgerichts, NVwZ 2022, S. 825–835.

---

147 *Wolf/Wenglarczyk*, JuWissBlog, 3.2.2023 (Fn. 100).

**Brodowski, Dominik:** Die Evolution des Strafrechts: Strafverfassungs-rechtliche, europastrafrechtliche und kriminalpolitische Wirkungen auf Strafgesetzgebung, Baden-Baden 2023.

**Brunhöber, Beatrice:** Grenzen der Grenzen des Strafrechts – Demokratische Grenzen kriminalpolitischer Leitlinien, ZStW 135 (2023), S. 872–903.

**Diekjobst, Rouven:** Klimanotstand über Gewaltenteilung?, Verfassungsblog, 11.12.2022, abrufbar unter: https://verfassungsblog.de/klimanotstand-uber-gewaltenteilung/.

**Dießner, Annika:** Überlegungen zur Rechtswidrigkeit der „Klimaproteste", StV 2023, S. 547–559.

**Dreier, Ralf:** Widerstandsrecht und ziviler Ungehorsam im Rechtsstaat, in: Glotz, Peter (Hrsg.), Ziviler Ungehorsam im Rechtstaat, Berlin 1983, S. 54–75.

**Ders.:** Das Demokratieprinzip des Grundgesetzes, JZ 1997, S. 249–257.

**Eidam, Lutz:** Klimaschutz und ziviler Ungehorsam, JZ 2023, S. 224–230.

**Engländer, Armin:** Anmerkung zu OLG Schleswig, Urt. v. 9.8.2023 – 1 ORs 4 Ss 7/23, NStZ 2023, S. 745–748.

**Erb, Volker:** „Klima-Kleber" im Spiegel des Strafrechts, NStZ 2023, S. 577–576.

**Expertenrat für Klimafragen:** Zweijahresgutachten 2022. Gutachten zu bisherigen Entwicklung der Treibhausgasemissionen, Trends der Jahresemissionsmengen und Wirksamkeit von Maßnahmen (gemäß § 12 Abs. 4 Bundes-Klimaschutzgesetz), abrufbar unter: https://expertenrat-klima.de/content/uploads/2022/11/ERK2022_Zweijahresgutachten.pdf.

**Ders.:** Stellungnahme zum Entwurf des Klimaschutzprogramms 2023. Gemäß § 12 Abs. 3 Nr. 3 Bundes-Klimaschutzgesetz, abrufbar unter: https://expertenrat-klima.de/content/uploads/2023/09/ERK2023_Stellungnahme-zum-Entwurf-des-Klimaschutzprogramms-2023.pdf.

**Fischer, Thomas:** Klima und Freiheit, JoJZG 2023, S. 53–55.

**Ders.:** Strafgesetzbuch Kommentar, 71. Auflage, München 2024.

**Frankenberg, Günther:** Ziviler Ungehorsam und rechtsstaatliche Demokratie, JZ 1984, S. 266–275.

**Gätsch, Cäcilia:** Legitimität und Legalität von zivilem Ungehorsam im Kampf gegen die Klimakrise, KlimR 2023, S. 141–146.

**Gärditz, Klaus Ferdinand:** Aus der Mottenkiste politischer Theorie, in: Bönnemann, Maxim (Hrsg.), Kleben und Haften. Ziviler Ungehorsam in der Klima-Krise, Berlin 2023, S. 37–50.

**Goertz, Stefan:** (Militante) Klimaaktivisten, Kriminalistik 2023, S. 467–475.

**Ders. / Goertz-Neumann, Martina:** Politisch motivierte Kriminalität und Radikalisierung, 2. Auflage, München Heidelberg 2021.

**Günther, Klaus:** Die symbolisch-expressive Bedeutung der Strafe, in: Prittzwitz, Cornelius / Baurmann, Michael / Günther, Klaus / Kuhlen, Lothar / Merkel, Reinhard / Nestler, Cornelius / Schulz, Lorenz (Hrsg.) Festschrift für Klaus Lüderssen, Baden-Baden 2002, S. 205–219.

**Ders.:** Demokratische Transformationen des Strafrechts der Moderne?, RG 2020, S. 121–131.

**Ders.:** Die Zeitlichkeit der Freiheit, Merkur 2021, S. 18–25.

**Habermas, Jürgen:** Ziviler Ungehorsam – Testfall für den demokratischen Rechtsstaat, in: Glotz, Peter (Hrsg.), Ziviler Ungehorsam im Rechtsstaat, Berlin 1983, S. 29–53.

**Ders.:** Wie ist Legitimität durch Legalität möglich?, KJ 1987, S. 1–16.

**Hassemer, Winfried:** Ziviler Ungehorsam – ein Rechtfertigungsgrund?, in: Broda, Christian / Deutsch, Erwin / Schreiber, Hans L. / Vogel, Hans J. (Hrsg.), Festschrift für Rudolf Wassermann zum sechzigsten Geburtstag, Neuwied 1985, S. 325–350.

**Heinig, Hans Michael:** Heiligt der Zweck die Mittel? Zum Umgang mit zivilem Ungehorsam im demokratischen Rechtsstaat, NK 2023, S. 231–248.

**Heger, Martin:** Zum Gewalt-Begriff von § 113 StGB, Verfassungsblog, 15.6.2023, abrufbar unter: https://verfassungsblog.de/zum-gewalt-begriff-von-§-113-stgb/.

**Ders. / Hutmann, Lukas:** Diskussion um § 129 StGB: braucht Deutschland einen eigenen Tatbestand für schwerkriminelle Vereinigungen? – ein rechtspolitischer Vorschlag, KripoZ 2023, S. 259–266.

**Herzog, Roman / Scholz, Rupert / Herdegen, Matthias / Klein, Hans H. (Hrsg.):** Grundgesetz Kommentar, Werkstand 102. EL August 2023 (zit.: Bearbeiter, in: Dürig/Herzog/Scholz, 102. EL 08/2023, Art. … Rn. …).

**Höffler, Katrin:** „Ziviler Ungehorsam – Testfall für den demokratischen Rechtsstaat", in: Bönnemann, Maxim (Hrsg.), Kleben und Haften. Ziviler Ungehorsam in der Klimakrise, S. 23, Berlin 2023.

**Homann, Vanessa:** Heiligt der Zweck alle Mitte? – Die Strafbarkeit der „Letzten Generation" im Rahmen ihrer Klimaproteste – Teil I: Einzelne Straftatbestände, JA 2023, S. 554–559.

**Honer, Mathias:** Ziviler Ungehorsam in der freiheitlichen Demokratie des Grundgesetzes, JuS 2023, S. 408–415.

**Horter, Tillmann / Zimmermann, Till:** Die Rechtfertigung der Verwirklichung von Straftatbeständen zum Schutz des Klimas durch die allgemeinen Notrechte (Teil 1), GA 2023, S. 440–456.

**Hummler, Alexander Josef:** Staatliches Gewaltmonopol und Notwehr. Grenzverschiebungen in Rechtsprechung und Literatur, Tübingen, 1998.

**Ders.:** Heiligt der Zweck alle Mitte? – Die Strafbarkeit der „Letzten Generation" im Rahmen ihrer Klimaproteste – Teil II: Mögliche Rechtfertigungsgründe, JA 2023, S. 649–657.

**Isensee, Josef:** Die Friedenspflicht der Bürger und das Gewaltmonopol des modernen Staates, in: Müller, Georg (Hrsg.), Staatsorganisation und Staatsfunktionen im Wandel: Festschrift für Kurt Eichenberger zum 60. Geburtstag, S. 23–41.

**Jahn, Matthias:** Strafrecht AT: Klimaaktivismus und rechtfertigender Notstand, JuS 2023, S. 82–85.

**Ders.:** Das Strafrecht des Staatsnotstandes, Frankfurt am Main 2004.

**Ders. / Wenglarczyk, Fynn:** Organisierte Klimaproteste und Strafverfassungsrecht, JZ 2023, S. 885–894.

**Dies.:** Die einstweilige Anordnung in Strafsachen durch das Bundesverfassungsgericht, in: Bertheau, Camilla / Beulke, Werner / Jahn, Matthias / Müller-Jacobsen, Anke / Schmitt-Leonardy, Charlotte (Hrsg.), Strafrecht und Strafverteidigung in Geschichte, Praxis und Politik. Festschrift für Alexander Ignor zum 70. Geburtstag, Heidelberg 2023, S. 161–176.

**Dies.:** Der blinde Fleck, Verfassungsblog, 19.10.2023, abrufbar unter: https://verfassungsblog.de/der-blinde-fleck-2/.

**Dies. / Schmitt-Leonardy, Charlotte:** Komplikationen des Pandemiestrafrechts, JZ 2022, S. 62–72.

**Joerden, Jan C.:** Solidarität und Kontraktualismus, in: von Hirsch, Andreas/Ulfrid, Neumann/Seelmann, Kurt (Hrsg.), Solidarität im Strafrecht. Zur Funktion und Legitimation strafrechtlicher Solidaritätspflichten, S. 49–60.

**Karpen, Ulrich:** Ziviler Ungehorsam im demokratischen Rechtsstaat JZ 1984, S. 249–262.

**Kaube, Jürgen:** Im Gefängnis der Erwartungen, Frankfurter Allgemeine Zeitung, Jg. 2023, Nr. 225, S. 9.

**Kaufmann, Arthur:** Der BGH und die Sitzblockade, NJW 1988, S. 2581–2584.

**Kelsen, Hans:** Reine Rechtslehre, in: Jestaedt, Matthias (Hrsg.), Reine Rechtslehre. Studienausgabe, 2. Auflage 1960, Tübingen 1960.

**Kindhäuser, Urs / Neumann, Ulfrid / Paeffgen, Hans-Ullrich / Saliger, Frank (Hrsg.):** Strafgesetzbuch, 6. Auflage, Tübingen 2023 (zit.: NK-Bearbeiter, § … Rn. …).

**Kunz, Karl-Ludwig:** Zur Symbolik des Strafrechts, in: Dölling, Dieter / Götting, Bert / Meier, Bernd-Dieter / Torsten, Verrel (Hrsg.), Verbrechen – Strafe – Resozialisierung. Festschrift für Heinz Schöch zum 70. Geburtstag am 20. August 2010, Berlin 2010, S. 353–368.

**Kuhli, Milan / Papenfuß, Judith:** Warum die „Letzte Generation" (noch) keine kriminelle Vereinigung ist, KriPoZ 2023, S. 71–77.

**Kühne, Hans-Heiner / Kühne, Armin:** Rechtfertigung durch Moral? Die „Letzte Generation" und die Rettung der Welt, StV 2023, S. 560–565.

**Kupczik, Philipp / Wenglarczyk, Fynn:** Klima-Proteste, strafrechtliche Rechtfertigung und Unrechtsbewusstsein, Frankfurt Law Review 2023 [erscheint voraussichtlich im März 2023].

**Laufhütte, Heinrich Wilhelm / Tiedemann, Klaus / Rissing-van Saan, Ruth (Hrsg.):** Leipziger Kommentar Strafgesetzbuch: StGB Band 2: §§ 32-55, 12. Auflage, Berlin New York 2006 (zit.: LK-StGB/Bearbeiter, § … Rn. …).

**Lhotta, Roland:** Die kinetische Verfassung: Verfassungstheorie und Verfassungsbegriff bei Peter Häberle und Rudolf Smend, in: Ooyen, Robert Chr. Van / Möllers, Martin H. W. (Hrsg.), Verfassungs-Kultur: Staat, Europa und pluralistische Gesellschaft bei Peter Häberle, S. 83–104.

**Lund, Nils:** Zur Strafbarkeit der Straßenblockaden von Klimaaktivisten, NStZ 2023, S. 198–203.

**Magnus, Dorothea:** Notstandsrechtfertigung für Klimaaktivisten?, JR 2024, S. 9–17.

**Müller, Reinhard:** Ein gefährlicher Glückskeks, Frankfurter Allgemeine Zeitung, Jg. 2023, Nr. 206, S. 13.

**Ders.:** Der Traum von einem anderen Reich, faz.net, 11.1.2023, abrufbar unter: https://www.faz.net/aktuell/politik/inland/klimaaktivisten-und-luetzerath-gute-gewalt-auf-dem-vormarsch-18592123.html.

**Nestler, Nina:** Sonderopfer und Solidarität der Rechtsgemeinschaft als Grundlage für erlaubte Rechtsverletzungen, JURA 2020, S. 695–702.

**Nielsen, Lars:** Sitzblockaden, Nötigung und die Versammlungsfreiheit, JuWissBlog, 21.4.2023, abrufbar unter: https://www.juwiss.de/21-2023/.

**Ramson, Lasse / Wenglarczyk, Fynn:** Besetzte Orte, Verfassungsblog, 13.12.2022, abrufbar unter: https://verfassungsblog.de/besetzte-orte/.

**Rawls, John:** Eine Theorie der Gerechtigkeit, Berlin 1979.

**Roggemann, Herwig:** Der Friede – ein Strafrechtsgut wie jedes andere? – Zum Sitzdemonstrationsbeschluß des BGH v. 5.5.1988, JZ 1988, S. 1108–1111.

**Rönnau, Thomas:** Grundwissen – Strafrecht: Klimaaktivismus und ziviler Ungehorsam, JuS 2023, S. 112–115.

**Roxin, Claus:** Strafrechtliche Bemerkungen zum zivilen Ungehorsam, in: Albrecht, Peter-Alexis / Ehlers, Alexander P. / Lamott, Franziska / Pfeiffer, Christian / Schwind, Hans D. / Walter, Michael (Hrsg.), Festschrift für Horst Schüler-Springorum zum 65. Geburtstag, Köln 1993, S. 441–457.

**Ders. / Greco, Luís:** Strafrecht Allgemeiner Teil, Band I, 5. Auflage, München 2020.

**Ders. / Schünemann, Bernd:** Strafverfahrensrecht, 30. Auflage, München 2022.

**Preuß, Tamina:** Die strafrechtliche Bewertung der Sitzblockaden von Klimaaktivisten, NVZ 2023, S. 60–75.

**Prittwitz, Cornelius:** Sitzblockaden – ziviler Ungehorsam und strafbare Nötigung?, JA 1987, S. 17–28.

**Schmidt, Finn-Lauritz:** Zur Strafbarkeit von Straßenblockaden der „Letzten Generation" wegen Nötigung und Widerstands gegen Vollstreckungsbeamte, KlimR 2023, S. 210.

**Ders.:** Der „Klimanotstand" als rechtfertigender Notstand?, KlimR 2023, S. 16–21.

**Ders.:** Examensübungsklausur: „Klimakleber" – Mit Exkurs zur Zurechenbarkeit eines Todeserfolges durch die Hinderung von Rettungskräften infolge einer Straßenblockade, ZJS 2023, S. 875–905.

**Scholz, Rupert:** Rechtsfrieden im Rechtsstaat, NJW 1983, S. 705–713.

**Singelnstein, Tobias / Winkler, Dennis:** Wo die kriminelle Vereinigung beginnt, NJW 2023, S. 2815–2820.

**Smend, Rudolf:** Bürger und Bourgeois im deutschen Staatsrecht, in: ders. (Hrsg.), Staatsrechtliche Abhandlungen und andere Aufsätze, 4. Auflage (unveränderter Nachdruck der dritten Auflage 1955, S. 309–325.

**Steinke, Ronen:** Alles, was Recht ist, Süddeutsche Zeitung, Jg. 2023, Nr. 92, Freitag, 22. April 2023, S. 9.

**Stuckenberg, Carl-Friedrich:** Grenzen der Grenzen des Strafrechts?, ZStW 135 (2023), S. 904–946.

**Umweltbundesamt:** Projektionsbericht 2023 für Deutschland. Gemäß Artikel 18 der Verordnung (EU) 2018/1999 des Europäischen Parlaments und des Rates vom 11. Dezember 2018 über das Governance-System für die Energieunion und für den Klimaschutz, zur Änderung der Verordnungen (EG) Nr. 663/2009 und (EG) Nr. 715/2009 des Europäischen Parlaments und des Rates sowie §10 (2) des Bundes-Klimaschutzgesetzes, abrufbar unter: https://www.umweltbundesamt.de/sites/default/files/medien/11850/publikationen/39_2023_cc_projektionsbericht_2023.pdf.

**Wenglarczyk, Fynn:** Wie man eine kriminelle Vereinigung macht, in: Bönnemann, Maxim (Hrsg.), Kleben und Haften. Ziviler Ungehorsam in der Klima-Krise, Berlin 2023, S. 107–116.

**Ders.:** Feindbild Klimaaktivismus, Verfassungsblog, 10.11.2022, abrufbar unter: https://verfassungsblog.de/feindbild-klimaaktivismus/.

**Ders. / Wolf, Jana:** Klima-Proteste: Ziviler Ungehorsam zwischen demokratischen Grenzen und grenzenloser Rechtfertigung, JuWiss-Blog, 3.2.2023, abrufbar unter: https://www.juwiss.de/2-2023/.

**Wolf, Jana:** Klimaschutz als rechtfertigender Notstand, Verfassungsblog, 14.11.2022, abrufbar unter: https://verfassungsblog.de/klimaschutz-als-rechtfertigender-notstand/.

**Dies.:** Flensburger Einhorn, Verfassungsblog, 16.12.2022, abrufbar unter: https://verfassungsblog.de/flensburger-einhorn/.

**Zimmermann, Till / Griesar, Fabio:** Die Strafbarkeit von Sitzblockaden durch Klimaaktivisten gem. § 240 StGB, JuS 2023, S. 401–409.

Beitrag von

# Sebastian Tober

## Ziviler Ungehorsam – eine undemokratische und instrumentalisierende Praxis?

## A.  Einleitung

In der Neuzeit wurde das Widerstandsrecht institutionalisiert, zunächst durch die Herausbildung des modernen Staates, dann durch
die Entstehung demokratischer und rechtsstaatlicher Institutionen.[1]
Unsere Rechtsordnung stellt so vielfältige Möglichkeiten der politischen Partizipation zur Verfügung, dass „Widerstand" umfassend

---

[1]  *Dreier*, in: FS Scupin, S. 573 (573); siehe ferner die zeitgeschichtliche Untersuchung des Widerstandsrechts in der Bundesrepublik Deutschland von
1945-1968 bei *Johst*, Begrenzung, hier v.a. S. 233, wo er von einer „Absorption" des Widerstandsrechts spricht und beispielsweise die Ausweitung der
Meinungsfreiheit, die Neufassung des politischen Strafrechts und den Ausbau des Beschwerdeweges in der Bundeswehr anführt; kritisch *Maus*, Volkssouveränität, S. 20 ff., 282 f., 354, der zufolge ein an das Widerstandsdenken
anknüpfendes Verständnis des zivilen Ungehorsams auf dieses Denken selbst
zurückfalle und dabei das Potential der Volkssouveränität verspiele; vgl. auch
*Luhmann*, Legitimation, S. 116, der die Funktion von Verfahren überhaupt
als „Absorption von Protesten" bestimmt: v.a. die Mitwirkung derjenigen,
die im Verfahren unterliegen, habe für die Verbindlichkeit von Normen eine
besondere Bedeutung.

rechtsförmig geleistet werden kann.[2] Klimaaktivisten können etwa gegen das Bundes-Klimaschutzgesetz Verfassungsbeschwerde erheben (Art. 93 Abs. 1 Nr. 4a GG). Ihnen wird zudem Meinungs- (Art. 5 Abs. 1 S. 1 Alt. 1 GG) und Versammlungsfreiheit (Art. 8 GG) garantiert; außerdem aktives wie passives Wahlrecht (Art. 38 Abs. 2 GG) sowie das Petitionsrecht (Art. 17 GG). Der Grundsatz der Parteienfreiheit (Art. 21 GG) verschafft ihnen die Möglichkeit, Mitglied einer politischen Partei zu werden oder selbst eine eigene Partei zu gründen und Wahlwerbung zu betreiben. Das Grundgesetz geht sogar so weit, in Art. 20 IV GG ein Widerstandsrecht zu statuieren und damit die systemexterne Kontrolle systemintern zu institutionalisieren.[3] Systeminterner Widerstand wird allerdings auch unterhalb der Schwelle des Art. 20 IV GG geleistet. Ein radikaler Teil der Klimabewegung leistet zivilen Ungehorsam. Sie brechen Rechtsnormen, um für mehr Klimaschutz zu demonstrieren. Sie berufen sich dabei auf verallgemeinerbare Normen, die – und das ist bemerkenswert – auch Rechtsnormen einschließen. Es handelt sich dabei um einen zivilen Ungehorsam, der sich (jedenfalls nach seinem Selbstverständnis) *auch* rechtsförmig artikuliert.[4] Ziviler Ungehorsam im 21. Jahrhundert wird als systeminternes

---

2   Weitere Formen der Partizipation stellt die Rechtsordnung etwa in den §§ des VwVfG, BetrVG, BbauG, MitbestG oder den Gemeindeordnungen zur Verfügung.

3   Vgl. zusätzlich Art. 146 GG, durch den das Grundgesetz seine eigene Ablösung ermöglicht. Es wäre denkbar, effektiven Klimaschutz rechtlich durch eine neue Verfassung zu implementieren; dafür plädiert *Theurer*, Grünes Grundgesetz; s.a. *Theurer*, Klimaschutz und Gewalt, S. 39 ff.

4   Die Aktivisten der „Letzten Generation" werfen der Bundesregierung einen „Verfassungsbruch" vor. Auf Transparenten weisen sie auf Art. 20a GG hin. Sie betonen zudem, dass aus dem Pariser Klimaabkommen für Deutschland völkerrechtliche Verpflichtungen folgen; vgl. auch *Eidam*, JZ 2023, 224 (228): „[D]as Anliegen der derzeitigen Klimaproteste ist zweifelsohne systemimmanent.". Mit der konstitutionellen Absorption des Widerstandsrechts sind zugleich systemimmanente Legitimationsressourcen entstanden (Positivierung von Moralnormen), die der zivile Ungehorsam aktivieren kann: im Kontext der Klimabewegung v.a. Art. 20a GG. Vgl. *Dreier*, in: FS Scupin, 1983, S. 573 (575): „Der Konflikt zwischen Recht und Moral hat sich [.] bis zu einem gewissen Grade in das positive Recht verlagert".

Instrument zum Meinungsbildungsprozess eingesetzt. Ist das zulässig? In diesem Beitrag sollen zwei zentrale Einwände gegen diese Form des Protests untersucht werden: das Demokratie- und das Instrumentalisierungsproblem. Für diese Untersuchung ist zunächst eine begriffliche Präzisierung erforderlich: der hier untersuchte Protest soll als *indirekter Ungehorsam* vom *direkten Ungehorsam* unterschieden werden [unten B.]. Sodann wird als Grundlage ein kommunikatives Modell des indirekten Ungehorsams vorgestellt [unten C.], um dieses dann zunächst mit dem Demokratieproblem [unten D.] und dann mit dem Instrumentalisierungseinwand [unten E.] zu konfrontieren. Schließlich werden die Ergebnisse bündig zusammengefasst [unten D.]

# B.  Direkter und indirekter Ungehorsam

Zunächst ist eine begriffliche Präzisierung erforderlich: es kommt auf die Unterscheidung verschiedener Ungehorsamsformen an, da diese verschiedene Einwände provozieren. So unterscheidet man typischerweise zwei Formen des zivilen Ungehorsams: direkten und indirekten.[5] Beim direkten Ungehorsam verstößt der Protest gegen das Gesetz, das auch das Ziel des Protestes ist. Beim indirekten Ungehorsam verstoßen die Aktivisten gegen ein anderes Gesetz, das mit ihrer Kritik gar nichts zu tun haben muss. Die Abgrenzung kann im Einzelnen allerdings Schwierigkeiten bereiten.[6] Dies kann eine Gruppe von fiktiven Fällen verdeutlichen, in der Aktivisten zivilen Ungehorsam durch Steuerboykott üben, indem sie die Zahlung ihrer Einkommenssteuer verweigern:

(1) Eine Gruppe Reichsbürger, die in einer Wohnsiedlung das Königreich *Absurdistan* ausgerufen haben, erklären gegenüber dem

---

5    Siehe nur *Brownlee*, Conscience and Conviction, S. 19. Als stilistische Variante wird hier auch der Ausdruck „mittelbarer Ungehorsam" verwendet.
6    Siehe nur *Cohan*, 6 Pierce L. Rev. 111 (115); *Quigley*, New Eng. L. Rev. 2003, 3 (17 f.).

zuständigen Finanzamt den Austritt aus der „Bundesrepublik Deutschland GmbH". Steuern und Abgaben würden sie künftig an das „Landesfinanzamt Absurdistan" leisten.

(2) Eine zweite Gruppe von Aktivisten ist über die wachsende Vermögensungleichverteilung sehr besorgt und verweigert öffentlich aus Protest die Zahlung der Einkommenssteuer. Es sei prinzipiell der falsche Ansatz, das Einkommen zu besteuern; Einkommenssteuern seien abzuschaffen. Stattdessen sollte der Staat Steuern auf Vermögen erheben. Sie fordern eine „Vermögensgerechtigkeit".

(3) Eine weitere Gruppe von Klimaaktivisten übt deshalb einen Steuerboykott, weil aus dem Steuerhaushalt umwelt- und klimaschädliche Subventionen finanziert werden: „Gegen fossile Subventionen!". Sie veröffentlichen einen Maßnahmenkatalog, indem sie die Politik zur Abschaffung des Dienstwagenprivilegs und zur Aufhebung der Steuerbefreiung für Kerosin auffordern. Der Katalog weist umwelt- und klimaschädliche Subventionen als verfassungswidrig aus, wofür Art. 20a GG bemüht wird.

(4) Eine letzte Gruppe von Aktivisten verweigert schließlich die Steuerzahlung, weil die Einkommenssteuer für Reiche zu niedrig sei: „Umfairteilen – Reichtum besteuern!".

Im ersten Fall handelt es sich nicht um zivilen Ungehorsam; vielmehr leugnen die Reichsbürger die Existenz der Bundesrepublik Deutschland. Es handelt sich bei ihrem Steuerboykott somit um eine Form der Staatsverweigerung.[7] Indem sie der Rechtsordnung insgesamt die Geltung absprechen, negieren die Reichsbürger die Bedingungen der Möglichkeit[8] von zivilem Ungehorsam. Dieser wird in einem Rechtsstaat[8] oder jedenfalls einer „fast gerechten Gesellschaft" geleistet, um gegen einzelne Missstände in Form von Gesetzesverstößen zu protestieren, ohne dabei aber „den Gehorsam gegenüber der Rechtsordnung im ganzen zu

---

7  Ausführlich zu diesem Gedanken, *Akbarian*, Verfassungsinterpretation, S. 83 ff.; zum Phänomen der Reichsbürger, s. *Schönberger/Schönberger*, Reichsbürger.
8  *Habermas*, in: *Glotz*, S. 29 (39).

affizieren"[9]. Um zivilen Ungehorsam handelt es sich aber in den übrigen Fällen.[10] Zweifelsohne üben die Aktivisten im zweiten Fall unmittelbaren Ungehorsam, da sie gleichzeitig gegen § 49 Abs. 1 Nr. 3 EStG, der für Einkünfte aus selbständiger Arbeit eine beschränkte Einkommenssteuerpflicht statuiert, verstoßen und protestieren. Obwohl sie dieselbe Protesthandlung vornehmen, üben die Klimaaktivisten im dritten Fall dagegen mittelbaren Ungehorsam, da ihr Protestziel nichts mit § 49 EStG zu tun hat: sie wenden sich nicht gegen die Pflicht zur Steuerzahlung selbst, sondern lediglich gegen die politische Entscheidung über die Verwendung der dadurch generierten Steuermittel. Schwieriger fällt die Einordnung der Aktivisten im letzten Fall. Obwohl sie – mit den Aktivisten im zweiten Fall vergleichbar – für Veränderungen im Steuerrecht protestieren, ist dieser Fall anders zu klassifizieren. Zwar verstoßen sie in Gestalt von § 1 EStG gegen eine Norm desselben Gesetzes, das in § 32a EStG den Einkommenssteuertarif bestimmt und somit auch Ziel des Protestes ist; dennoch ist ihr Protest als indirekter Ungehorsam zu klassifizieren, was ersichtlich wird, wenn man auf den Normbegriff zurückgreift, durch den die maßgebliche Unterscheidung stabilisiert werden kann: Mittelbarer Ungehorsam verstößt gegen ein rechtliches *Ver- oder Gebot*, eine *Verhaltensnorm*, die mit der kritisierten oder erstrebten Norm nichts zu tun hat.[11] Im weiteren Verlauf des Beitrags wird der Sinn dieser Unterscheidung weiter motiviert werden. Hier nur so viel: beim direkten Ungehorsam

---

9   *Habermas*, in: *Glotz*, S. 29 (35); dafür müssen die Aktivisten die Legalität der bestehenden Ordnung anerkennen, vgl. auch *Rawls*, Theory of Justice, S. 322: „[Civil Disobedience] expresses disobedience to law within the limits of fidelity to law"; *Forst*, in: *Höffe*, S. 171 (185) spricht in Bezug auf diesen Gedanken bei Rawls von „tieferer Gesetzestreue"; vgl. auch *Dreier*, in: FS Scupin, 1983, S. 573 (585); kritisch zur systemimmanenten Ausrichtung des zivilen Ungehorsams, die sie als „rechtsstaatliche Konzeption" bezeichnet, Akbarian, Verfassungsinterpretation, 164 ff.; s. auch *Laker*, Ziviler Ungehorsam, S. 184 zur Kritik der Systemimmanenz als Tatbestandsmerkmal.

10  Zum Steuerboykott als Praxis des zivilen Ungehorsams, s. *Akbarian*, Verfassungsinterpretation, S. 79 ff.

11  Siehe nur *Laker*, Ziviler Ungehorsam, S. 164 f. Es lässt sich auch darauf abstellen, dass auf das Einhalten einer bestehenden Norm, z.B. Art. 20a GG, gepocht wird.

kommt eine *Tatbestandslösung* in Betracht: Protestieren die Aktivisten gegen eine Verhaltensnorm, indem sie gegen diese verstoßen, handeln sie (vereinfacht gesagt) schon dann rechtmäßig, wenn die kritisierte Norm vom BVerfG für nichtig oder mit dem Grundgesetz für unvereinbar erklärt wird.[12] Indirekter Ungehorsam, der nicht gegen die kritisierte Norm selbst verstößt, bleibt trotzdem rechtswidrig, auch wenn sich die kritisierte Norm als ex tunc-nichtig erweisen sollte – hier kann es nur eine *Rechtfertigungslösung* geben.

# C. Modell des indirekten Ungehorsams

Um den Demokratie- und Instrumentalisierungseinwand zu prüfen, muss zunächst ein Modell des indirekten Ungehorsams entwickelt werden. Das Modell soll nicht beschreiben, was in einem Aktivisten des indirekten Ungehorsams in jedem verhaltensrelevanten Zeitpunkt tatsächlich vorgeht, sondern wie der mittelbare zivile Ungehorsam als Akt der Kommunikation rational rekonstruiert werden kann. Es macht damit keine Annahmen über Intentionen von Aktivisten, die uns introspektiv nicht zugänglich sind.[13] Mittelbarer ziviler Ungehorsam wird dabei als

---

12 Durch die Nichtigerklärung wird die verfassungswidrige Norm mit ex tunc-Wirkung aus der Rechtsordnung getilgt. Im Interesse der Rechtssicherheit begrenzt § 79 BVerfGG allerdings die Rechtsfolgen der Nichtigkeit: vorbehaltlich des § 95 Abs. 2 oder einer besonderen gesetzlichen Regelung bleiben nicht mehr anfechtbare Entscheidungen in ihrer Rechtskraft unberührt, vgl. § 79 Abs. 2 BVerfGG. Für das Strafrecht bestimmt § 79 Abs. 1 BVerfGG einen Wideraufnahmegrund, um ein auf verfassungswidriger Grundlage ergangenes Strafurteil beseitigen zu können.

13 Solche Annahmen sind insbesondere deshalb problematisch, weil Aktivisten politische Akteure sind – man kann von ihren öffentlichen Aussagen nicht unmittelbar auf ihre Intentionen schließen. Wenn sich z.B. *Luisa Neubauer*, eine führende Aktivistin von „Fridays for Future", von der „Letzten Generation" distanziert („Politischer Wandel kommt nicht kategorisch schneller, indem man zu radikaleren Maßnahmen greift"), bringt sie dann ihre persönliche Überzeugung zum Ausdruck oder versucht sie sich einen sog. positiven Flankeneffekt zu Nutze zu machen, wonach radikale Teile der Klimabewe-

Akt der Kommunikation mit der Öffentlichkeit angesehen.[14] Er kann sich als Straßenblockade, Steuerboykott oder gar als „Kartoffelbrei-Attacke"[15] auf ein *Monet*-Gemälde äußern, doch enthält er immer eine spezifische Form der Kommunikation; es stehe „U" für die Aktivisten des indirekten Ungehorsams, „Ö" für Öffentlichkeit und „N" für eine beliebige (Rechts-)Norm, wobei mit N1 die verletzte und mit N2 die kritisierte (oder erstrebte) Norm bezeichnet wird.

(1)  U intendiert einen Effekt bei Ö durch die Verletzung von N1;

(2)  U intendiert diesen Effekt bei Ö durch das Behaupten der Rechtfertigung der Verletzung von N1;

(3)  U intendiert, dass dieser Effekt bei Ö dadurch erzeugt wird, dass Ö erkennt, dass U N1 verletzt und die Rechtfertigung von N1 behauptet, um N2 zu kritisieren oder erstreben.

Dieses einfache Modell bezeichnet mit (1), (2) und (3) jeweils notwendige und zusammengenommen hinreichende Bedingungen. Für die Notwendigkeit von Bedingung (1) lässt sich leicht argumentieren. Die Intention von U ist auf das Verletzten einer Verhaltensnorm gerichtet, weil diese Normverletzung die nötige Aufmerksamkeit erzeugt, auf die der zivile Ungehorsam angewiesen ist; gleichzeitig ist der Normverstoß Voraussetzung dafür, eine Rechtfertigung behaupten zu können.[16] (1) ist

---

gung andere Teile moderater erscheinen lassen und dadurch an Zustimmung gewinnen? Dieses Problem besteht auch im vorliegenden Argumentationszusammenhang, immer dann, wenn den Aktivisten strategische Intentionen zugeschrieben werden, v.a. unten D.II.1. Es ist immer eine Frage des Einzelfalls, wie wörtlich man gewissen Einlassungen interpretiert, s. noch unten Fn. 46. Es ist in jedem Fall zuzugeben, dass in heterogenen Protestströmungen komplexe Intentionsbündel auftreten können.

14  Vgl. auch das Kommunikationsmodell bei *Smart*, in: *Bedau*, S.189 (189 ff.).

15  Bislang wurden lediglich Schutzvorrichtungen von Kunstwerken beschmiert; anders teilweise bei Denkmälern; irritierend insoweit aber Herber, NZV 2023, 49 (59), der von „mitunter barbarisch anmutenden Attacken auf Kunstwerke" spricht.

16  Unter dem Gesichtspunkt der Aufmerksamkeit wäre auch ein Verstoß gegen bloß soziale Normen möglich: So könnte sich eine Gruppe von Klimaaktivistinnen entschließen, im öffentlichen Raum oberkörperfrei gegen die Klima-

aber nicht hinreichend, denn wenn U nur eine Normverletzung intendieren würde, wäre sein Protest unverständlich. Es ist daher zusätzlich (2) notwendig:[17] Weil U N2 zum Diskussionsgegenstand machen möchte, ist seine Intention darauf gerichtet, von seiner Normverletzung zu behaupten, dass sie gerechtfertigt ist; U intendiert das Anführen einer Erlaubnisnorm. So kann U z.B. behaupten, nach § 34 StGB wegen Notstands

---

schutzpolitik zu demonstrieren. Sofern man davon ausgeht, dass der Protest nicht gegen § 168 Abs. 1 OWiG verstößt, würde er lediglich eine soziale Norm verletzen, da die weibliche Brust als sekundäres Geschlechtsmerkmal gilt. Es ist bereits vorgeschlagen worden, dies für das Vorliegen von zivilem Ungehorsam genügen zu lassen, s. *Däubler*, in: *Glotz*, S. 127 (130 ff.) Dabei würden aber keine juristischen Fragen auf den Plan treten; es würde sich bei solch „zivilem Ungehorsam" nur um ein politisches Problem handeln, zutreffend *Hassemer*, in: FS Wassermann, S. 325 (333 f). Aktuell handelt es sich bei „zivilem Ungehorsam" dieser Form auch nicht um eine relevante Protestform.

17  Es kommt für (2) auch das Behaupten einer moralischen Rechtfertigung in Betracht; (1) könnte entsprechend so formuliert werden, dass U einen Effekt bei Ö durch einen Rechtsbruch intendiert; entgegen dieser Interpretation bestimmt dieses Modell den kommunikativen Gehalt rechtsförmig: um das Protestthema unter die Voraussetzungen der Gegennorm zu subsumieren, nutzen z.B. die Aktivisten der „Letzten Generation" auch Gerichtsprozesse, dafür ist aber mit Rechtsnormen zu argumentieren; daher stützen sie sich auch explizit auf § 34 StGB, wie es z.B. von *Eichler/Jeschke/Alt*, Die Letzte Generation, S. 124 berichtet wird. Eine andere Einschätzung findet sich jüngst bei *Zoll/ Schäfer*, Stimmen der Zeit, 9/2023, 643 (643), wobei *Schäfer* selbst Mitglied der „Letzten Generation" ist und zivilen Ungehorsam als (ggf.) moralisch gerechtfertigten Rechtsbruch auffasst. Die Rechtswidrigkeit des Ungehorsams wird von *Zoll* und *Schäfer* stipuliert. Argumentativ stützen sie sich zentral auf die Position von *Habermas*, in: *Glotz*, S. 29, verkennen jedoch den strafrechtlichen Unterschied zwischen gewaltsamem (§ 240 Abs. 1 StGB) und gewalttätigem Verhalten (z.B. § 113 Abs. 2 Nr. 2 StGB) und gehen dann irrig davon aus, dass eine Gewaltnötigung die Friedlichkeit der Versammlung i.S.d. Art. 8 Abs. 1 GG ausschließt; anders BVerfGE 73, 206 I (248); gegen eine solche Position habe ich mich in einem bei der Tagung „Junge Rechtsphilosophie" in Hamburg 2023 vorgestellten Beitrag um einen Begriff des zivilen Ungehorsams bemüht, der vom „Rechtsbruch" als seinem logischen Bezugspunkt ausgeht, diesen aber auf einen Verhaltensnormverstoß reduziert. Der Beitrag erscheint voraussichtlich 2024 im Tagungsband des Jungen Forums Rechtsphilosophie, ARSP (Beiheft).

gerechtfertigt gehandelt zu haben.[18] Für § 34 StGB ist das Vorliegen einer gegenwärtigen Gefahr notwendig. Dieses Merkmal dient als *Vehikel* um N2 – den eigentlichen Protestgegenstand – zu thematisieren: als Klimaaktivist kann U die Gefahren der globalen Erwärmung referieren, als Impfgegner die gesundheitlichen Gefahren einer allgemeinen Impflicht gegen das Corona-Virus dartun, als Friedensaktivist die Gefahren eines Atomkriegs anführen etc. U vergegenständlicht sein Protestthema, indem er es unter die Voraussetzungen der Erlaubnisnorm subsumiert. (1) und (2) sind aber nicht hinreichend; es ist zusätzlich auch (3) notwendig: U gelingt es nur, bei Ö den gewünschten Effekt hervorzurufen, wenn sich der Fokus der Aufmerksamkeit auf die Frage der Rechtfertigung richtet. Da U sein Protestthema, die Kritik an N2, vergegenständlichen möchte, ist seine Intention zwar zunächst auf die Verletzung von N1 als notwendiges Zwischenziel gerichtet. Die so erzeugte Aufmerksamkeit soll aber durch das Behaupten einer Rechtfertigung auf N2 umgeleitet werden.[19] Dafür muss U deutlich machen, dass er selbst die Normverletzung anerkennt, um die Frage der Normverletzung aus dem Diskurs zu subtrahieren. U erreicht sein kommunikatives Anliegen dann, wenn Ö erkennt, dass U die Verhaltensnorm verletzt und seine Rechtfertigung behauptet, um N2 zu kritisieren. Notwendig ist gerade nicht, dass sich Ö von dieser Behauptung auch überzeugen lässt bzw. dass U dies intendiert.[20] Denn Ö kann

---

18  Neben § 34 StGB kommen als Erlaubnisnormen auch die §§ 228; 904 BGB, § 16 OWiG, § 193 StGB in Betracht; entscheidend ist, dass sie als Vehikel für das Protestziel, d.h. Kritik an N2, fungieren können. Die rechtfertigende Einwilligung ist daher ungeeignet, weil sie keine verständliche Verbindung zwischen N1 und N2 herstellen kann, s. dazu unten (bei E.).

19  Die „Gegenstrategie" besteht insofern darin, den Protest auf den Verhaltensnormverstoß zu reduzieren; vgl. die soziologische Analyse bei Kumkar, Soziopolis 2022, wonach die Radikalisierungsbehauptung die Vergegenständlichung des Protestthemas verhindern soll, indem das Protestmittel skandalisiert wird; s. zur Radikalisierungsbehauptung gegenüber der Letzen Generation aus kriminologischer Sicht auch *Höffler,* VerfBlog v. 17.11.2022; vgl. auch die politikwissenschaftliche Analyse über Sinn und Grenzen einer Radikalisierung der Klimagerechtigkeitsbewegung bei *Varwik,* APuZ 5/2022, 4.

20  Vgl. den Hinweis von *Gärditz,* VerfBlog v. 30.05.2023, dass der Erfolg eines politischen Protests keine hinreichende Bedingung dafür ist, dass die dabei eingesetzten Mittel legal waren bzw. als legal hätten behandelt werden sollen.

auch vom kommunikativen Anliegen des U überzeugt werden, ohne dass er auch seine Mittel billigt; in der Terminologie von § 34: es ist möglich, das Vorliegen einer gegenwärtigen Gefahr zu bejahen, das Vorliegen einer gerechtfertigten Notstandshandlung aber abzulehnen, z.B., weil die Protestform des mittelbaren zivilen Ungehorsams ein unangemessenes Mittel sei. Allgemeiner ausgedrückt: die Strategie der „Letzten Generation" ist nicht, Sympathien in der Bevölkerung zu gewinnen, sondern vielmehr, die Gefahren des Klimawandels zu vergegenständlichen, selbst um den Preis der Antipathie.[21]

# D. Das Demokratieproblem

Zivilem Ungehorsam wird regelmäßig ein Problem mit dem Demokratieprinzip attestiert. Diese Diagnose soll jetzt für den mittelbaren Ungehorsam überprüft werden. Dabei wird zunächst geprüft werden, inwiefern er mit dem Mehrheitsprinzip kollidiert (D.I.). Im Anschluss soll gefragt werden, inwiefern er mit den dieses Prinzip stützenden Verfahrensregeln kompatibel ist (D.II).

---

[21] Diese Strategie korrespondiert mit der sozialpsychologischen Voraussetzung, dass die Adressaten in der Lage sind, zwischen der Zustimmung zu den Mitteln und den Zielen der Aktivisten zu unterscheiden. Der britische Psychologe *Colin Davis*, Mitglied bei Extinction Rebellion, hat auf dem Portal „The Conversation" einen Bericht über eine Reihe von Experimenten verfasst, die er an der Universität von Bristol durchgeführt hat; verfügbar unter: https:// theconversation.com/just-stop-oil-do-radical-protests-turn-the-public-away-from-a-cause-heres-the-evidence-192901; die Forschungsergebnisse wurden bislang nicht veröffentlicht bzw. peer-reviewed. Davis präsentierte seinen Probanden negative Berichterstattung über radikale Klimaproteste und stellte fest, dass die Unterstützung für die Aktivisten abnahm; die Ergebnisse würden aber zeigen, dass die Unterstützung für die Ziele nicht gesunken sei. Eine relativ aktuelle (Stand: 14.11.2022) Darstellung des Bewegungsforschers *Sven Hillenkamp* über die generelle Studienlage ist online verfügbar unter: https:// www.klimafakten.de/meldung/schaden-die-aktionen-der-letzten-generation-dem-klimaschutz-oder-helfen-sie-was-sagt-die.

## I. Angriff auf die Mehrheitsregel

Zivilem Ungehorsam wird regelmäßig vorgeworfen, das demokratische Mehrheitsprinzip zu verletzen.[22] Auch differenzierende[23] und den zivilen Ungehorsam befürwortende[24] Autoren gehen davon aus, dass die Mehr-

---

22 Ohne die erforderliche Differenzierung zwischen N1 und N2 bejaht wird der Verstoß von *Kühne/Kühne*, StV 2023, 560 (565); *Rönnau*, JuS 2023, 112 (113); *Rönnau* in: LK-StGB Vor §§ 32 Rn. 142; *Rönnau/Saathoff*, JuS 2023, 439 (442); *Schmidt*, ZJS 2023, 875 (892); *Schwarz*, NJW 2023, 275 (276 f.); *Karpen*, JZ 1984, 249 (259); BayObLG BeckRS 2023, 8998 Rn. 53; OLG Schleswig NStZ 2023, 740 (747); a.A. *Bönte*, HRRS 2021, 164 (171); *Gätsch*, KlimR 2023, 141 (145); ähnlich *Reichert-Hammer*, Politische Fernziele, S. 218. Am deutlichsten zwischen N1 und N2 differenzieren *Roxin/Greco*, AT, § 16 Rn. 55: „Eine Rechtfertigung des zivilen Ungehorsams nach § 34 StGB scheitert […] am demokratischen Mehrheitsprinzip: Wenn der Staat bestimmte Maßnahmen (wie die Nachrüstung, die Einrichtung von Atomkraftwerken oÄ) in legaler Weise beschließt, kann er nicht zugleich dem zivilen Ungehorsam, der diese Beschlüsse durch die Erfüllung von Straftatbeständen (zB Nötigung, Hausfriedensbruch, Sachbeschädigung) bekämpft, ein „wesentlich überwiegendes Interesse" iSd § 34 StGB zusprechen. Er würde sich dadurch mit sich selbst in Widerspruch und die Mehrheitsregel außer Kraft setzen."; zustimmend *Eidam*, JZ 2023, 224 (229); ähnlich Erb, NStZ 2023, 577 (581 Rn. 53); s. bereits *Roxin*, in: FS Schüler, S. 441 (446,448); *Wolf/Wenglarczyk*, JuWissBlog v. 03.02.2023 schließen sich der Argumentation von *Roxin* und *Greco* wohl im Grundsatz an, kommen aber zu einem anderen Ergebnis, indem sie die Reichweite des Mehrheitsprinzips durch die Formulierung einer Geltungsbedingung (Reversibilität) reduzieren, dabei aber nicht klar zwischen dem Mehrheitsprinzip und dem demokratischen Verfahren unterscheiden; auch *Dießner*, StV 2023, 547 (557), führt die Reversibilität ins Feld; ähnlich *Honer*, JuS 2023, 408 (412); zu Legitimitätskriterien der Mehrheitsentscheidung, s. bereits *Frankenberg*, JZ 1984, 266 (274) und *Habermas*, in: Glotz, S. 48 ff.; vgl. auch *Gusy*, in: Guggenberger/Offe, S. 61 (70 ff., v.a. S. 75 f.); kritisch *Hassemer*, FS Wassermann, S. 325 (342 f.); kritisch auch *Grzeszick*, in: Dürig/Herzog/Scholz, GG, Art. 20 Rn. 55.

23 *Hassemer*, FS Wassermann, S. 325 (336): „Angriffsgegenstand des zivilen Ungehorsams ist, auf den Begriff gebracht, die Mehrheitsregel im demokratisch verfaßten Staat.".

24 *Frankenberg*, JZ 1984, 266 (273): „Daß eine bewußte Regelverletzung die Herrschaft der Mehrheit berührt, steht außer Frage."; vgl. jüngst auch *Dießner*, StV 2023, 547 (557 f.); *Akbarian*, Verfassungsinterpretation, S. 14.

heitsregel herausgefordert wird.[25] Richtig daran ist zunächst, dass das Recht der Bürger, durch Wahlen die öffentliche Gewalt personell und sachlich zu bestimmen, elementarer Bestandteil des Demokratieprinzips ist.[26] Da die Zusammensetzung des Parlaments nicht einstimmig erfolgen kann, bestimmt sich das Ergebnis demokratischer Wahlen dabei nach dem Mehrheitsprinzip.[27] Bestimmt sich die Zusammensetzung des Parlaments nach dem Willen der Mehrheit und werden Gesetze im Parlament per Mehrheitsentscheidung getroffen, manifestiert sich in diesen Gesetzen der Mehrheitswille.[28] Wenn Aktivisten eine demokratisch beschlossene Verhaltensnorm kritisieren, indem sie öffentlich gegen diese verstoßen – so beim direkten Ungehorsam – provoziert dies zurecht die Frage, ob sie sich damit über den Mehrheitswillen hinwegsetzen. Da

---

25   Zur Diskussion dieses Vorwurfs im Kontext des zivilen Ungehorsams gegen die atomare Nachrüstung in den 1980er Jahren, s. *Schieder*, Rechtsungehorsam, S. 242-244.

26   BVerfGE 131, 316 (334).

27   Die Begründung des Mehrheitsprinzips ist strittig. Natürlichkeitsargumente behaupten, dass die Mehrheitsentscheidung natürlich sei, etwa *Rawls*, Theory of Justice, S. 313. Die prominenteste Strategie sind Fairnessargumente, nach denen sich in der Mehrheitsentscheidung die politische Gleichheit der Bürger verwirkliche; so z.B. *Badura*, in: HStR, Bd. II, § 25 Rn. 31. Richtigkeitsargumente berufen sich darauf, dass die Mehrheit mit größerer Wahrscheinlichkeit die richtige Entscheidung treffe, so z.B. *Schliesky*, in: *Mangoldt/Klein/Stark*, GG, Art. 42 Rn. 48. Argumenten zufolge, die auf Freiheitsmaximierung abstellen, korrespondiert durch das Mehrheitsprinzip der persönliche Wille der größtmöglichen Zahl an Personen mit dem Inhalt der Normen; so etwa *Kelsen*, Wesen und Wert, 1929, S. 9. Argumente der Nutzenmaximierung begründen das Prinzip utilitaristisch: der Gesamtnutzen würde durch die Mehrheitsentscheidung maximiert; vgl. z.B. *Barry*, Political Argument, S. 312. Verfahrensargumente begründen das Mehrheitsprinzip mit Eigenschaften des ihm zugrundeliegenden Verfahrens, so etwa *Dreier*, in: *Dreier*, GG, Art. 20 Rn. 70. Siehe auch die Darstellung der Rechtfertigungsstrategien bei *Kaiser*, Mehrheitsprinzip, S. 47 ff.

28   Einige Schwierigkeiten dieser Argumentation müssen ausgeblendet werden, namentlich solche, die sich aus dem Bestehen der 5-Prozent-Hürde, der Koalitionsbildung (durch die sich parlamentarische Mehrheiten für bestimmte Gesetzesvorhaben nicht verwirklichen), der parlamentarische Ächtung von Fraktionen (der Linkspartei und AFD) oder den Regeln über die Beschlussfähigkeit ergeben.

beim indirekten Ungehorsam kritisierte (N2) und verletzte Norm (N1) auseinanderfallen, ist hierbei aber fraglich, auf welche Norm sich der Vorwurf überhaupt beziehen lässt.[29]

## 1. Kritik an N2

Der Verstoß gegen das Mehrheitsprinzip könnte zunächst darin liegen, dass die Aktivisten eine Norm (N2) kritisieren, über die bereits eine Mehrheitsentscheidung ergangen ist.[30] Der an die Aktivisten der „Letzten Generation" gerichtete Einwand bestünde dann in dem Hinweis darauf, dass über Klimaschutzpolitik im Rahmen des Bundestagwahlkampfes 2021 (final?) gestritten wurde. Der aktuelle klimapolitische Kurs der Bundesregierung entspricht, so das Argument, dem Willen der Mehrheit, was für sich genommen richtig ist.[31] Die SPD und die Union (CDU/CSU) wollten Deutschland bis 2045 klimaneutral machen, die FDP bis 2050. Linkspartei und Grüne wollten die Treibhausgasneutralität zwar bereits früher erreichen, konnten bei der Wahl allerdings nicht die dafür erforderlichen Mehrheiten erringen, sodass die aus SPD, Grünen und FDP gebildete „Ampel"-Regierung das von der Vorgängerregierung erlassene Bundes-Klimaschutzgesetzt zwar verschärft, das für 2045 ausgewiesene Ziel der Treibhausgasneutralität aber nicht verändert hat. Soweit die „Letzte Generation" Klimaneutralität bereits für das Jahr 2030 fordert, wendet sie sich damit gegen eine demokratische

---

29    Exemplarisch für die fehlende Differenzierung *Akbarian*, Verfassungsinterpretation, S. 14: „[Hinter dem Mehrheitsprinzip] steht der Gedanke der freiwilligen Zustimmung: Wer wählen kann, stimmt der Ordnung und ihren Gesetzen zu und kann sich nicht im Nachhinein gegen diese Ordnung wenden und die Gesetze brechen".

30    Vgl. die Wendung bei *Akbarian*: „im Nachhinein".

31    Der Einwand, dass sich die Mehrheit der Bürger eine ambitioniertere Klimaschutzpolitik wünschen, greift nicht durch: zwar lassen die Methoden der Meinungsforschung entsprechende Erkenntnisse zu, doch darf darauf nicht zurückgegriffen werden, da es gerade die Aufgabe des parlamentarischen Verfahrens ist, Mehrheitsmeinungen festzustellen, sodass der Hinweis auf außerparlamentarische Mehrheiten dieses Verfahren unterlaufen würde, m.a.W., ist in einer Demokratie jede Ermittlung des Stimmengewichts außerhalb dieses Verfahrens unverbindlich; vgl. *Jakobs*, AT, § 15 Rn. 5b.

Entscheidung. Dies bedeutet aber nicht, dass sie auch gegen das Mehrheitsprinzip verstößt.[32] Eine solche Sicht verkennt, dass eine demokratische Entscheidung nicht ad infinitum ergeht.[33] Demokratie ist kein Zustand, sondern ein Prozess (*Helmut Schmidt*). Die Rechtsordnung ermöglicht an vielen Stellen die Artikulation von der Mehrheit abweichenden Positionen.[34] Aus dem in unserer Rechtsordnung installierten Mehrheitsprinzip folgt keine Rechtspflicht der überstimmten Minderheit, ihre abweichende Meinung nicht zu artikulieren. Aktivisten des mittelbaren Ungehorsams verletzen nicht schon deshalb einen in der Vergangenheit liegenden demokratischen Beschluss, weil sie ihn kritisieren. Sie werben vielmehr dafür, eine demokratische Entscheidung demokratisch zu korrigieren. Soweit ersichtlich, wird denn auch gegen legale Demonstrationen nicht der Vorwurf erhoben, das Mehrheitsprinzip zu verletzen.

---

32  Vgl. *Eidam*, JZ 2023, 224 (229): „Man kann souveränen Bürgern nicht verbieten, die von der Mehrheit beschlossenen Normen und Maßnahmen zu prüfen".

33  Vgl. *Brownlee*, Conscience and Conviction, S. 176; vgl. auch *Guggenberger/Offe*, in: *dies.*, S. 8 (13).

34  Rechtshistorisch ist dies nicht selbstverständlich, da das Mehrheitsprinzip zunächst so aufgefasst wurde, dass die Minderheit verpflichtet war, sich der Mehrheit anzuschließen („Die Minderheit soll der Mehrheit folgen"). Insbesondere Gerichtsurteile ergingen in diesem Sinne „einstimmig", dass die Überstimmten nachträglich zustimmen mussten, s. *v. Gierke*, in: *Guggenberger/Offe*, S. 22 (25 f.). Heute stellt das BVerfGG Richtern sogar die Möglichkeit zur Verfügung, ihre von der Entscheidung abweichende Meinung in einem Sondervotum niederzulegen (§ 30 Abs. 2 S.1). Der demokratischen Minderheit wird zudem in Art. 8 GG das Versammlungsrecht gerade deshalb zur Verfügung gestellt, damit sie stets die Möglichkeit behält, zur Mehrheit zu werden. Auch die Gesetzgebung im Parlament ist auf wechselnde Mehrheiten ausgelegt: die Opposition soll nicht nur die Regierung kontrollieren, sie hat auch selbst das Gesetzgebungsinitiativrecht (nach Art. 76 I GG muss die Initiative aus der „Mitte des Bundestages" stammen; § 76 Abs. 1 GeschOBT fordert dafür die Stärke einer Fraktion oder die Unterzeichnung von fünf vom Hundert der Mitglieder des Bundestages).

## 2. Verstoß gegen N1

Der Angriff auf das Mehrheitsprinzip könnte beim mittelbaren Ungehorsam aber darin gründen, dass die Aktivisten bei ihrem Protest gegen die Klimaschutzpolitik gegen Verhaltensnormen verstoßen.[35] In einem trivialen Sinn ist allerdings jeder Verhaltensnormverstoß insoweit ein Verstoß gegen das Mehrheitsprinzip, als eine demokratisch beschlossene Norm nun mal das Ergebnis einer Mehrheitsentscheidung ist. Der Verhaltensnormverstoß macht den Protest rechtfertigungs*bedürftig*, nicht rechtfertigungs*unfähig*. Wenn überhaupt, scheint der mittelbare Ungehorsam mit dem Mehrheitsprinzip weniger in Konflikt zu geraten als der strafrechtliche Normalfall, wird der vom Unrechtsbewusstsein begleitete Normverstoß doch regelmäßig als explizite Stellungnahme gegen den Normbestand gedeutet:[36] sei es als „Infragestellung des Rechts"[37], „Entscheidung gegen das geschützte Rechtsgut"[38] oder „Aufhebung (Negation) des […] Allgemeinwillens"[39]. Die Aktivisten wollen aber weder die Geltung der Straßenverkehrsordnung noch das Nötigungsverbot in Zweifel ziehen.[40]

---

35  Dazu tendiert wohl *Honer*, JuS 2023, 408 (412): „Immerhin ist die von den Akteuren des zivilen Ungehorsams übertretene Norm ein Produkt der demokratischen Mehrheit"; die vorgelegten Gegenargumente gegen diesen Vorwurf beziehen sich aber auf N2: „Die Mehrheit kann Gehorsam für ihr Gesetz also nur einfordern, soweit…" (Kursive nicht im Original).

36  Vgl. *Stuckenberg*, Vorstudien, S. 429.

37  *Freund/Rostalski*, AT, 2019, S. 14.

38  *Kühl*, AT, § 5 Rn. 28.

39  *Köhler*, Die bewußte Fahrlässigkeit, S. 325.

40  Vgl. auch die Feststellung von *Bönte*, HRRS 2021, 164 (171), dass ziviler Ungehorsam „weder in Frage [stellt], dass jede Stimme gleich zählt, noch dass im Bundestag Mehrheitsbeschlüsse gefasst werden."; so auch Laker, Ziviler Ungehorsam, S. 280; *Zoll/Schäfer*, Stimmen der Zeit, 643 (644), sprechen davon, dass beim indirekten Ungehorsam das gebrochene Gesetz *„ansonsten* akzeptiert wird" (Kursive nicht im Original) – damit wird aber die Struktur des unmittelbaren Ungehorsams unter der Hand auf den mittelbaren Ungehorsam übertragen.

## 3. Kritik an N2 und Verstoß gegen N1

Es muss damit für den Verstoß gegen das Mehrheitsprinzip also *kumulativ* darauf ankommen, dass der indirekte Ungehorsam zugleich N2 kritisiert *und* N1 verletzt. Es kann dafür aber nicht jeder intentionale Zusammenhang (U verletzt N1, *um* N2 zu kritisieren) genügen, denn sonst würde etwa A das Mehrheitsprinzip verletzen, wenn er in einer Wutrede gegen das Gebäudeenergiegesetz („Heizungshammer") seine Kritik durch die Bezeichnung des Bundeswirtschaftsministers als „diktatorischer Öko-Faschist" untermauert; m.a.w. eine Beleidigung (die hier unterstellt wird) benutzt, um seine Kritik zu pointieren. Auf den Notstand angewendet, muss das Mehrheitsprinzip zwar die Rechtfertigung solcher Fälle verhindern, in denen Verhaltensnormen verletzt werden, die eine abschließend demokratisch geregelte Entscheidung stützen. Beim indirekten Ungehorsam besteht zwischen N1 und N2 allerdings kein vergleichbar *intrinsischer*, sondern bloß ein *extrinsischer* Zusammenhang, der im Medium der Kommunikation durch das aktivistische Kalkül (eingedenk sozialer Faktoren der Medienöffentlichkeit) gestiftet wird. Dieser Unterschied kann durch einen Beispielsfall illustriert werden, der sich an einem von *Pawlik*[41] vorgelegten Sachverhalt orientiert, den dieser als „[p]rivate Umverteilungsmaßnahme" bespricht:

B ist Auszubildender in einer kleinen Bankfiliale. Die europäische Flüchtlingspolitik bestürzt ihn sehr. Die Ausbildungsvergütung, die er erhält, muss er infolge der steigenden Inflation aber zur Gänze für seinen eigenen Lebensunterhalt aufwenden; sonstige Einkünfte oder Ersparnisse hat er nicht. In einem unbewachten Augenblick gelingt es ihm jedoch, 1000€ aus der Kasse zu entnehmen. Er überweist das Geld an eine zivile Seenotrettungsorganisation. Infolgedessen hat die Organisation genügend Spenden akquiriert, um die nächste Mission auf dem Mittelmeer zu finanzieren. Bei dieser trifft sie eine Gruppe von zehn Klimaflüchtlingen aus dem Sudan in akuter Seenot an, die infolge vieler

---

41  *Pawlik*, Notstand, S. 221.

Dürren ihre kleinbäuerliche Existenz verloren haben. Ohne die Rettung durch die Organisation wären diese Menschen ertrunken.

In diesem Fall hat B einen Diebstahl nach § 242 Abs. 1 StGB begangen. Da er dadurch das Leben der zehn Klimaflüchtlinge gerettet hat, könnte er jedoch nach § 34 StGB gerechtfertigt gehandelt haben. Vergleicht man lediglich Eingriffs- und Erhaltungsgut, müsste die Interessenabwägung dabei zugunsten des B ausfallen, denn was sind schon 1000€ für die Bank im Vergleich zum Überleben der Flüchtlinge? Bei der Interessenabwägung ist aber zusätzlich die Existenz von Steuergesetzen als demokratische Normen in Rechnung zu stellen, die die Verteilung privater Vermögen regeln und damit das finanziell maßgebliche Solidaritätsniveau der Bank definieren. Aus den einschlägigen Normen des Körperschaftsteuergesetzes, Gewerbesteuergesetz und Umsatzsteuergesetzes, die die Steuerpflicht der Bank bestimmen i.V.m. dem jeweils geltenden Bundeshaushaltsgesetz, das regelt, ob und in welcher Höhe private Seenotrettung finanziert wird, folgt, dass die Bank die 1000€ nicht für die Rettung der Flüchtlinge versteuern musste. Das Grundgesetz lässt eine ungleiche Vermögensverteilung zu. B ist daher nicht berechtigt, die demokratisch vorgesehene Vermögensverteilung eigenmächtig umzugestalten. Indem er Güter durch seinen Diebstahl umverteilt, verletzt B das Mehrheitsprinzip, weil das strafbewehrte Verbot des Diebstahls dem Schutz des Eigentums dient und damit die demokratisch beschlossenen Vermögenszuweisung stabilisiert. B widerspricht mit seinem Diebstahl mithin dieser Vermögenszuweisung. Er bürdet der Bank eine Solidaritätspflicht auf, die über das demokratisch Vereinbarte hinausgeht. Er rivalisiert insoweit mit dem Parlament um Definitionskompetenz.[42] Das Mehrheitsprinzip weist die Definitionskompetenz aber dem Parlament zu.[43] Bei mittelbaren Ungehorsam ist es gerade anders. Wenn z.B. eine

---

[42]  Formulierung von *Pawlik*, Notstand, S. 222.

[43]  *Pawlik*, Notstand, S. 224 f.: „In der Bereitstellung eines bestimmten Betrags zum Zwecke der Katastrophenhilfe durch den Haushaltsgesetzgeber liegt eine autoritative Festlegung des insoweit maßgeblichen Solidaritätsniveaus; ihr hat sich der einzelne Bürger unterzuordnen.". Verfassungsrechtlich spricht gegen die Rechtfertigung außerdem, dass das Grundgesetz in

Aktion der „Letzten Generation" in Rede steht, bei der Aktivisten einen Weihnachtsbaum mit Farbe besprüht haben, lässt sich das Verbot der Sachbeschädigung kaum plausibel als Absicherung der klimapolitisch festgelegten Solidaritätspflichten verstehen. Mangels des erforderlichen intrinsischen Zusammenhangs zwischen N1 und N2 spricht U dem Parlament nicht seine Definitionskompetenz ab. Vielmehr vermittelt er selbst im Akt der Kommunikation einen extrinsischen Zusammenhang zwischen N1 und N2. Indirekter Ungehorsam gerät daher mit dem Mehrheitsprinzip nicht in Konflikt.

## II. Angriff auf das Verfahren

Indes, mittelbarer Ungehorsam könnte auch dann mit dem Demokratieprinzip kollidieren, wenn er das demokratische Verfahren angreifen würde. So stellt etwa *Laker* fest: „Wo eine Meinungsäußerung in der Form einer tatbestandlichen Rechtsverletzung zum Zwecke der Herbeiführung oder Aufhebung einer bestimmten Entscheidung vorgetragen wird, wendet sie sich immer auch gegen die Prozeduren, die auf der verfassungsrechtlich gesicherten Grundlage der Mehrheitsregel diese Entscheidung hervorzubringen bestimmt sind."[44]

### 1. Indirekter Ungehorsam als politische Erpressung?

Sieht man das Verhältnis zwischen Aktivisten und Exekutive als maßgebliche „Projektionsebene"[45] an, erscheint ziviler Ungehorsam möglicherweise als politische Erpressung.[46] Dieser mögliche Vorwurf

---

Art. 14 Abs. 2 GG zwar eine Sozialbindung des Eigentums vorsieht, diese jedoch nach Art. 14 Abs. 1 S. 2 GG gesetzlich ausgestaltet werden muss.

44 *Laker*, Ziviler Ungehorsam, S. 281; vgl. auch *Hassemer*, FS Wassermann, S. 325 (338), der das Verfahren als „procedurale[s] [...] Angriffsziel [...] des zivilen Ungehorsams bezeichnet; kritisch dazu *Prittwitz*, JA 1987, 17 (25); zustimmend aber *Rönnau* in: LK-StGB Vor StGB §§ 32 ff. Rn. 142 Fn. 616.

45 Formulierung bei *Reichert-Hammer*, Politische Fernziele, S. 114.

46 Vgl. *Heinig*, NK 2023, 231 (233); *Kühne/Kühne*, StV 2023, 560 (561 f.), gehen davon aus, dass nach der „Letzte Generation" „[m]it dem Schmerz und Ärger der beeinträchtigten Unbeteiligten als Hebel [.] die Exekutive zur

trifft das hier veranschlagte Modell aber nicht, da es davon ausgeht, dass indirekter Ungehorsam einen Akt der Kommunikation mit der Öffentlichkeit darstellt.[47] Im Hinblick auf die aktuellen Klimaproteste wird damit auch kein existierendes Problem „wegdefiniert": die Strategie der „Letzten Generation" ist nicht darauf gerichtet, die Bundesregierung zum Handeln zu zwingen, indem sie ihre Wählerschaft malträtiert, sondern indem sie die Wähler von der Notwendigkeit effektiverer Klimaschutzmaßnahmen überzeugen. Dies zeigt sich nicht zuletzt dadurch, dass sie um eine diskursive Auseinandersetzung ihrer Aktionen bemüht sind: so nehmen sie z.B. an Diskussionsrunden und Talkshows teil, halten Vorträge und kooperieren mit Museen. Maßgebliche Projektionsebene ist die Kommunikation mit den anderen Bürgern.

---

Durchsetzung derjenigen Maßnahmen genötigt werden [soll], die die Gruppe [...] für angemessen hält"; dies sei eine „Umgehung [des Prozesses öffentlicher Meinungsbildung] durch Erzwingung eines Direktzugangs zu der Exekutive."; damit verkennen sie die maßgebliche Projektionsebene, da sie die „Letzte Generation" teilweise zu wörtlich verstehen und sich einseitig auf den „Forderungskatalog" (insbesondere Tempolimit; 9€-Ticket) kaprizieren; ähnlich *Rönnau*, JuS 2023, 112 (113). Das Aufstellen konkreter, vergleichsweise leicht umsetzbarer Ziele soll die Aktivisten moderat erscheinen und ein Versagen der Bundesregierung offenlegen; die Aktivisten wollen es dabei vermeiden, die große „Systemfrage" zu stellen, wenngleich sie die Einrichtung eines sog. Bürgerrates fordern; zutreffend *Dießner*, StV 2023, 547 (557), der zufolge die Forderungen stellvertretend für effektivere Maßnahmen stehen. Der Nachteil dieser Strategie besteht offensichtlich darin, zu dem in Rede stehenden Vorwurf einzuladen; zu den Zielen der „Letzten Generation" vgl. auch *Rucht*, Letzte Generation, S. 8 ff.

47    Zutreffend *Bönte*, NStZ 2023, 113 (114): „Sie [Aktionen des indirekten Ungehorsams, S.T.] sind nicht darauf angelegt, eigenmächtig Klimaschutzmaßnahmen durchzusetzen, sondern sollen die politische Meinungsbildung beeinflussen."; an anderer Stelle (HRRS 2021, 164, 169) stellt er auch auf die „Provokation staatlicher Befassung ab", aber nur dann, wenn die Aktionen „in großem Umfang" gerechtfertigt werden. Auch *Habermas*, Faktizität und Geltung, S. 462 hat den Kreis der Adressaten auf „Amtsinhaber und Mandatsträger" erstreckt; ähnlich wie hier aber *Rawls*, Theory of Justice, S. 320: „[Civil disobedience] addresses the sense of justice of the majority of the community".

## 2. Indirekter Ungehorsam als demokratisches Trittbrettfahren?

Auch auf der genannten Projektionsebene stellt sich das Problem, dass der indirekte Ungehorsam möglicherweise das demokratische Verfahren angreift. So ist ziviler Ungehorsam etwa nach *Klein*[48] nicht mit dem demokratischen Prinzip vereinbar: das Mehrheitsprinzip könne nur dann zur Entfaltung kommen, wenn die Freiheit der geistigen Auseinandersetzung gewährleistet sei. Ziviler Ungehorsam verletze aber „die Gleichheit der Chancen beim Prozeß der Willensbildung."[49] Folgt man diesem Gedanken, machen sich die Aktivisten die Regeln des demokratischen Willensbildungsprozesses zunutze, und erscheinen so als *Trittbrettfahrer*, die es auf Gewinnmitnahmen in Form von medialer Aufmerksamkeit abgesehen haben. Sie profitieren von der Rechtstreue der anderen, deren Meinungen im Vergleich zu ihren Protesten weniger Aufmerksamkeit erhalten, beschränken sich aber selbst nicht auf regelkonformes Verhalten. Bei dieser Überlegung wird aber vorausgesetzt,

---

48  *Klein*, in: *Rüthers/Stern*, S. 177 (190 ff.).

49  Ebd., S. 177 (191). Die Chancengleichheit beim Willensbildungsprozess ruft das Fairnessprinzip auf den Plan. Dieses wurde von *H.L.A. Hart* 1955 in einem Aufsatz mit dem Titel „Are there any natural rights? eingeführt. Die Idee wurde von *Rawls* in seinem Text „Legal Obligation and the Duty of Fair Play" weiterentwickelt. *Hart* und *Rawls* zufolge entstehen Fairnesspflichten (vereinfacht gesagt) dann, wenn man an einer gemeinschaftlichen Kooperation teilnimmt; siehe *Hart*, Philosophical Review 1955, 175 (185): "When a number of persons conduct any joint enterprise according to rules and thus restrict their liberty, those who have submitted to these restrictions when required have a right to a similar submission from those who have benefited by their submission."; sowie *Rawls*, in: Collected Papers, S. 117 (122): "Under these conditions [1. mutually beneficial and just scheme of cooperation; 2. advantages can only be obtained if everyone cooperates; 3. cooperation requires a certain sacrifice from each person; 4. the benefits are free, S.T.] a person who has accepted the benefits of the scheme is bound by a duty of fair play to do his part and not to take advantage of the free benefits by not cooperation.". Die Aktivisten nehmen an einer gemeinschaftlichen Kooperation teil, dem demokratischen Meinungsbildungsprozess, und müssen damit dessen Regeln akzeptieren. Sofern er die Regel beinhaltet, Verhaltensnormen nicht zu verletzen, sind die Aktivisten verpflichtet, dies zu unterlassen.

dass man im demokratischen Willensbildungsprozess nicht intentional Verhaltensnormen verletzen darf, um Aufmerksamkeit zu erhalten.[50] Trifft dies zu? Das Mehrheitsprinzip setzt voraus, dass die spätere Minderheit vor der abschließenden Entscheidung im Rahmen eines Willensbildungsprozesses ihre Position einbringen und auf Bildung des Willens einwirken kann;[51] dieser Prozess setzt damit (umgekehrt) grundsätzlich einen freien und *unbehinderten Wettbewerb der Meinungen* voraus,[52] damit er die Mehrheitsentscheidung legitimieren kann.[53] Verhaltensnormverstöße scheinen damit einem freien geistigen Meinungswettbewerb aber entgegenzustehen. Lassen sie sich trotzdem rechtfertigen? Eine strategische Option besteht darin, sich darauf zu berufen, dass die idealtheoretischen Bedingungen des demokratischen Verfahrens nicht mit empirischen Sachverhalten verwechselt werden dürfen.[54] Das demokratische Verfahren ist in der Realität unvollkommen. So

---

50 Dies wird ohne nähere Begründung entschieden verneint von *Perron*, in: *Schönke/Schröder*, StGB, § 34 Rn. 41a: „[B]ewusste Normverletzungen als Mittel einer Minderheit, auf den öffentlichen Willensbildungsprozess einzuwirken, [sind] mit den Grundprinzipien des demokratischen Rechtsstaates schlechterdings unvereinbar"; ähnlich *Homann*, JA 2023, 649 (653): „Mit der Begehung von klimaaktivistischen Straftaten wird mit dem für die politische Willensbildung vorgesehen, rechtlich geordneten Verfahren gebrochen." – dies stellt eine petitio principii dar, soweit in Rede steht, ob der Verhaltensnormverstoß des indirekten Ungehorsams zwangsläufig eine Rechtsverletzung bedeutet; ähnlich BGH NJW 1969, 1770 (1773): „Der von der Verfassung gewährte weitere Spielraum für die Auseinandersetzung mit Worten […] duldet keine Erweiterung auf tätliches Verhalten."

51 *Hain*, in: *von Mangoldt/Klein/Starck,* GG Art. 79 Rn. 87.

52 Vgl. *Brenner*, in: *Stern/Sodan/Möstl*, Staatsrecht, § 14 Rn. 44.

53 Vgl. schon *Dewey*, The public and its problems, S. 207 f.: „Majority rule, just as majority rule, is as foolish as its critics charge it with being. But it never is merely majority rule […] [t]he means by which a majority comes to be a majority is the more important thing: antecedent debates, modification of views to meet the opinions of minorities, the relative satisfaction given the latter by the fact that it has had a chance and that next time it may be successful in becoming a majority."

54 Vgl. *Prittwitz*, 17 (24): „[D]ie geistige Auseinandersetzung […ist das] Ideal unserer politischen Ordnung […], aber die Realität der politischen Ordnung [sieht] vielfach anders aus."

weist *Bönte* zutreffend darauf hin, dass „Maßnahmen der politischen Einflussnahme wie Werbung, Gespräche mit Bundestagsabgeordneten, Parteispenden usw. [.] umso mehr Erfolg [haben], je mehr finanzielle Möglichkeiten die jeweilige Person hat und je höher ihr gesellschaftlicher Status ist." Indirekter Ungehorsam lässt sich dann als Gegengewicht zu „*illegitime[n]*, gegenüber dem demokratischen Prozeß verselbständigte[n] Machtkomplexe[n]"[55] ins Spiel bringen, welches Wirtschaftsmacht durch die Kraft einer inszenierungsmächtigen Kommunikation ausgleichen kann.[56] Die Schwäche dieser Strategie besteht aber darin, dass sie einer Position wenig entgegenzusetzen weiß, die den Normverstoß im Meinungskampf für unzulässig hält und das demokratische Verfahren gleichzeitig so weit wie möglich von allen solchen Verzerrungen zu lösen sucht; es sei denn, dass sich eine vollkommene Verfahrensgerechtigkeit gar nicht denken lässt. Damit ist aber eine zweite argumentative Strategie angesprochen, die theorieimmanent, d.h. unabhängig von kontingenten Umständen, für die Zulässigkeit von Verhaltensnormverstößen im geistigen Meinungswettbewerb argumentiert. Dafür kann mit *Rawls* begründet werden, dass der demokratische Prozess immer nur eine *unvollständige Verfahrensgerechtigkeit* aufweist.[57] *Rawls* stellt der demokratischen Mehrheitsentscheidung einen

---

55   *Habermas*, Faktizität und Geltung, S. 398 (Kursive im Original).

56   So *Bönte*, HRRS 2021, 164 (171): „Ziviler Ungehorsam erscheint vor diesem Hintergrund als ein Mittel, mit dem auch weniger mächtige Personen Einfluss ausüben können."; ähnlich *Prittwitz*, JA 1987, 17 (24): „In dieser Situation steht es einer Gesellschaftsordnung in der Tat schlecht an, die befristete Anwendung sozialen Drucks durch sozial Schwächere in jedem Fall und ausnahmslos zu verdammen."; vgl. auch *Arendt*, in: *Knott*, S. 119 (154 ff.), die zivilen Ungehorsam politisch institutionalisieren möchte als „die neueste Form der freiwilligen Vereinigungen"; vgl. auch *Kleger*, Der neue Ungehorsam, S. 434, der zivilen Ungehorsam als notwendigen Bestandteil einer „lernfähigen Demokratie" ansieht; vgl. auch *Celikates*, APuZ 2022 (5), 9, (13).

57   *Rawls*, Theory of Justice, S. 173: „In fact, there is no scheme of procedural political rules which guarantees that unjust legislation will not be enacted."; siehe ferner S. 313 ff.; zur Unterscheidung von reiner, vollkommener und unvollkommener Verfahrensgerechtigkeit, siehe S. 74 ff.: Während vollkommene Verfahrensgerechtigkeit etwa beim Teilen eines Kuchens durch die Regel erreicht werden kann, dass derjenige, der den Kuchen schneidet,

deliberativen Prozess voran, die zu treffenden Entscheidungen auf ihre allgemeine Zustimmungsfähigkeit hin überprüft.[58] In völlig gerechten Gesellschaften existieren dennoch „anthropologisch konstante"[59] von *Rawls* als „Bürden des Urteilens" bezeichnete Quellen dafür, aus guten Gründen andere Auffassungen darüber zu haben, was getan werden sollte.[60] Eine solche Bürde liegt nach *Rawls* etwa dann vor, wenn empirische oder wissenschaftliche Grundlagen von Entscheidungen widersprüchlich und komplex sind, sodass sie sich nur schwer beurteilen lassen.[61] Dies trifft etwa auf die Gefahren des Klimawandels zu, die komplex sind, sich wechselseitig verstärken und kaskadenartig zusammensetzen[62] und daher (auch wissenschaftlich) schwer abzuschätzen sind. Nach *Rawls* können sich die Bürden des Urteilens teilweise in ungerechten Entscheidungen niederschlagen. In eng umgrenzten Fällen kann ein Verhaltensnormverstoß im geistigen Meinungskampf

---

das letzte Stück bekommt, nennt er den Strafprozess als Beispiel für eine unvollkommene Verfahrensgerechtigkeit, da es unmöglich sei, die Regeln dabei so auszugestalten, dass sie immer zum richtigen Ergebnis führen. Im Unterschied zu diesen beiden kann bei der reinen Verfahrensgerechtigkeit kein unabhängiger Maßstab für das richtige Ergebnis angegeben werden, z.B. beim Glücksspiel.

58 *Frinken/Roseneck*, in: Rawls-Handbuch, S. 455 (456).

59 Ebd.

60 *Rawls*, Political Liberalism, S. 54 ff., 121; Kantisch formuliert: der Mensch ist als endliches Vernunftwesen „mit so vielen Neigungen affiziert, der Idee einer praktischen reinen Vernunft zwar fähig, aber nicht so leicht vermögend [...], sie in seinem Lebenswandel *in concreto* wirksam zu machen." (AA IV, S. 389, Kursive im Original); unsere Informationen sind begrenzt: der Einzelne verallgemeinert seine Maximen auf Basis seines eigenen Erfahrungsschatzes und ist damit fallibel.

61 *Rawls*, Political Liberalism, S. 56.

62 So der IPCC-Bericht: „Vielfältige Klimagefahren werden gleichzeitig auftreten, und vielfältige klimatische und nicht klimatische Risiken werden wechselwirken, was zu zusammengesetzten Gesamtrisiken und Risikokaskaden über Sektoren und Regionen hinweg führt." (IPCC, 2022: Zusammenfassung für die politische Entscheidungsfindung, in: *Pörtner u.A.* (Hrsg.), Klimawandel 2022: Folgen, Anpassung und Verwundbarkeit. Beitrag der Arbeitsgruppe II zum Sechsten Sachstandsbericht des Zwischenstaatlichen Ausschusses für Klimaänderungen, 2022, S. 18).

daher zulässig sein. Die Verfassung selbst kennt mit dem Streikrecht in Art. 9 Abs. 3 GG nicht-geistige Formen der Einflussnahme.[63] Dafür muss der Normverstoß aber in der Lage sein, das Gewicht der genannten Bürden des Urteilens zu entlasten und symbolisch bleiben, d.h. auch den Betroffenen einen Raum zur freien Meinungsbildung zur Verfügung stellen. Dafür sind Kriterien erforderlich, die den „instrumentellen Selbstvollzug"[64] (politische Erpressung) vom kommunikativen, symbolischen Protest präzise abgrenzen. Dieses Problem verweist auf den nächsten Einwand, der jetzt geprüft werden soll.

# E.  Der Instrumentalisierungseinwand

Es gehört zum Charakter des mittelbaren Ungehorsams, dass die Aktivisten kommunikativ einen extrinsischen Zusammenhang zwischen N1 und N2 herstellen. Sie sehen sich nicht plötzlich mit einem Rechtsgüterkonflikt konfrontiert, sondern – so scheint es – führen diesen selbst künstlich herbei.[65] In klassischen Notstandsfällen findet sich der Täter plötzlich in Tatsachen vor, die einen Rechtsgüterkonflikt begründen und ihm eine festgelegte Menge an möglichen Notstandshandlungen zur Verfügung stellen: er muss die Tür zur Nachbarwohnung aufbrechen,

---

63  So bereits *Prittwitz*, JA, 17 (24), der auch auf „die durch Art. 14 GG garantierten Möglichkeiten der wirtschaftlichen Einflussnahme durch Investition(sverweigerung) oder [.] die durch Art. 21 Abs. 1 S. 3 GG geschützte (sic!) Möglichkeiten der Einflussnahme auf politische Parteien durch Spenden" hinweist. Es ist aber festzuhalten, dass der bloß politische Streik sich nicht auf Art. 9 Abs. 3 GG stützen kann; zum Streikrecht im Kontext von zivilem Ungehorsam, siehe auch *Däubler*, in: *Glotz*, S. 127 ff.

64  Formulierung bei *Bertuleit/Herkströter*, KJ 1987, 331 (345).

65  Vgl. *Schmidt*, KlimR 2023, 210 (213), der in Bezug auf die Auswahl der von einem Protest betroffenen Personen von der „künstliche[n] Erzeugung eines Sachbezugs" spricht. Dass die Aktivisten mit ihren Aktionen einen Sachbezug herstellen wollen, setzt voraus, dass sie die Betroffenen als für die Gefahr zuständig halten, was bei Straßenblockaden noch plausibel erscheinen mag, nicht jedoch beim Besprühen von Weihnachtsbäumen mit Farbe.

um das Feuer darin zu löschen; B muss 1000€ auftreiben, um sie für die Seenotrettung spenden zu können. Beim indirekten Ungehorsam ist es anders. Das Strategieteam der „Letzen Generation" entscheidet nach aktivistischem Kalkül, ob sich die Aktivisten in Köln lieber am Chlodwigplatz oder am Ebertplatz auf die Straße kleben. Der kommunikative Akt des mittelbaren Ungehorsams funktionalisiert daher die Verhaltensnorm, bzw. anders formuliert: die Aktivisten nehmen zu einer Norm, deren Geltung sie auch gar nicht streitig stellen wollen,[66] ein strategisches Verhältnis ein, indem sie diese im Medium ihrer Verletzung für ihren (angeblich oder tatsächlich) gefahrabwendenden Protest in Dienst nehmen.[67] Verhaltensnormen sind aber keine subjektlosen Gebilde, sondern Objektivationen rechtlicher Selbstbestimmung.[68] Hinter den Verhaltensnormen stehen die Rechtsgüter realer Personen, die von den

---

[66] Problemfall ist dabei die Nötigung, weil diese teilweise für verfassungswidrig gehalten wird, so jüngst *Kerschnitzki*, JuWissBlog v. 09.01.2023; *Toepel*, in: MüKo-StGB, § 240 Rn. 29 m.w.N. Für den kommunikativen Akt des mittelbaren Ungehorsams in Form einer Straßenblockade lässt sich auch auf den Verstoß gegen Verhaltensnormen des Straßenverkehrsrechts abstellen.

[67] Vgl. insoweit das Protestrepertoir der „Letzten Generation": die Aktivisten drehen Ölpipelines zu, blockieren Straßenblockaden oder stören Veranstaltungen; dabei folgen sie dem Trial and error-Verfahren, siehe dazu *Rucht*, Letzte Generation, S. 21. Vgl. auch *Hassemer*, in: FS Wassermann, S. 325 (330 f.), der die Frage aufwirft, ob „ziviler Ungehorsam nicht gar eine besonders verwerfliche und gefährliche Form von Normverstoß ist, weil er der „normalen" Regelverletzung noch – auf der Metaebene – die praktizierte Empfehlung hinzufügt, der Bürger solle mit dem Gesetzesgehorsam disponibel umgehen". Soweit die Aktivisten intentional potenziell rechtfertigungsfähige Zustände herstellen, besteht eine Parallele zu einer Fallkonstellation, bei der sich der Täter selbst in den Rechtsgüterkonflikt manövriert (Notstandsprovokation). Mit der actio illicita in causa besteht eine Rechtsfigur, die in solchen Fällen einen Erfolg als durch den Täter rechtswidrig verursacht zurechnen kann, vgl. dazu *Puppe*, AT, § 15. Der Täter manipuliert dabei nicht eine andere Person, sondern das Recht selbst (*Puppe*). Manipuliert auch der indirekte Ungehorsam das Recht? Im Ergebnis ist dieser Gedanke, der hier nicht weiterverfolgt werden kann, abzulehnen, weil die Aktivisten einen Rechtsgüterkonflikt im Kontext von N2 identifizieren und diesen durch N1 artikulieren; sie funktionalisieren damit zwar die Verhaltensnorm, nicht aber die Notstandsdogmatik.

[68] *Köhler*, AT, S. 253.

Aktivisten für ihren Protest eingespannt werden. Vielfach wird dem zivilen Ungehorsam daher vorgeworfen, die betroffenen Personen für den Protest zu instrumentalisieren.[69] Teilweise wird die Instrumentalisierung als Verstoß gegen die Menschenwürde charakterisiert.[70] In der Rechtsprechung des Bundesverfassungsgerichts wird die Menschenwürde anhand der Objektformel bestimmt, wonach ein Eingriff in Art. 1 Abs. 1 GG dann vorliegt, wenn der Mensch zum „bloßen Objekt staatlichen Handelns" degradiert wird.[71] Diese Formel knüpft an *Kants* zweite Formulierung des Kategorischen Imperativs (sog. Zweckformel)[72] an, die ein Instrumentalisierungsverbot statuiert: „Handle so, dass du die Menschheit sowohl in deiner Person, als in der Person eines jeden anderen jederzeit zugleich als Zweck, niemals bloß als Mittel brauchest."[73] Trifft dieses Instrumentalisierungsverbot den mittelbaren Ungehorsam? Was heißt es, jemanden bloß als Mittel zu gebrauchen? Was unterscheidet einen Protest, der andere *auch* als Mittel gebraucht,

---

69    Unter Berufung auf *Kant* so Kriele, Recht, Vernunft, Wirklichkeit, S. 435; auch *Schröder*, GA, 2023, 632 (645) geht von einer Instrumentalisierung aus, wobei aber der Notstand immer „[e]ine gewisse Instrumentalisierung" beinhalte, weshalb diese kein entscheidendes Merkmal sei, was auf Basis eines solch weiten Instrumentalisierungsbegriffs wohl zutrifft; *Heger*, in: *Lackner/Kühl*, StGB, § 240 Rn. 22; wohl *Schmidt*, KlimR 2023, 210 (213); BGH, 05.05.1988 - 1 StR 5/88, Rn. 25; AG Freiburg, KlimR 2023, 62, Rn 41; AG München, BeckRS 2022, 43645, Rn. 13; AG München, BeckRS 2022, 43646, Rn. 49.

70    BayObLG, JZ 1986, 404 (405 f.): „Derjenige, der einem Kraftfahrer die Benutzung einer Straße nur deshalb verwehrt, um gerade hierdurch die Öffentlichkeit über seine politischen Ansichten zu informieren, macht den gewaltsam zum Rückzug gezwungenen Verkehrsteilnehmer ganz bewußt zum bloßen Werkzeug, zum Objekt seines Handelns. Ein solches Verhalten findet daher seine sittliche Mißbilligung auch in der zum Ausdruck kommenden Mißachtung der Menschenwürde im Sinne des Art. 1 GG"; nach *Graul*, JR 1994, 51 (52 Fn. 23) ist dies „die einzig sachgerechte […] Wertungsmöglichkeit."; a.A. *Reichert-Hammer*, Politische Fernziele, S. 61.

71    StRspr seit BVerfGE 27, 1 (6).

72    Die Zweckformel ist *Kant* zufolge (vgl. *Kant*, AA IV, S. 436) äquivalent zu der Gesetzesformel: „[H]andle nur nach derjenigen Maxime, durch die du zugleich wollen kannst, daß sie ein allgemeines Gesetz werde." (*Kant*, AA IV, S. 421).

73    *Kant*, AA IV, S. 439.

von einem solchen, der andere *bloß* als Mittel gebraucht? Auch legale Demonstrationen (lies: solche, die keine Verhaltensnormen verletzen) zielen auf Aufmerksamkeit. *Kant* liefert dafür in seiner *Grundlegung zur Metaphysik der Sitten* einen Hinweis, indem er das Instrumentalisierungsverbot auf das lügenhafte Versprechen anwendet; ein solches Versprechen instrumentalisiere den Belogenen deshalb, weil er diesem *unmöglich* zustimmen könne.[74] Die Unmöglichkeit besteht hierbei darin, dass der Belogene mit dem Lügner nicht gemeinsam dessen Zweck verfolgen kann.[75] Zwar wirken die Aktivisten beim mittelbaren Ungehorsam nicht täuschend, sondern durch Zwang auf Dritte ein, doch lässt sich diese Analyse auf den indirekten Ungehorsam übertragen: es scheint ihnen, vergleichbar dem Belogenen, *unmöglich*, dem Zweck der Ungehorsamshandlung zuzustimmen, da diese durch den Verhaltensnormverstoß ja eine Erlaubnisnorm aktivieren soll, die als Ventil für das Protestthema fungiert. Mittelbarer Ungehorsam ist darauf angewiesen, dass er ohne oder gegen den Willen der von ihm betroffenen Personen erfolgt. Eine Zustimmung des Betroffenen würde dem Protest eine notwendige Eigenschaft des indirekten Ungehorsams entziehen. So etwa, wenn Klimaaktivisten eine berühmte Skulptur mit Farbe besprühen, sich dann aber herausstellt, dass der Eigentümer des Kunstwerks – ein Mäzen, der große Teile seines Vermögens für Klimaschutzmaßnahmen aufwendet – den Aktivisten zuvor seine Einwilligung erklärt hatte. Eine solche Aktion lässt sich begrifflich nicht als mittelbarer Ungehorsam beschreiben.[76] Die Rechtfertigung würde bloß auf dem Willen des Ei-

---

74  „[S]o wird der, der ein lügenhaftes Versprechen gegen andere zu tun im Sinne hat, sofort einsehen, daß er sich eines anderen Menschen bloß als Mittel bedienen will, ohne daß dieser zugleich den Zweck in sich enthalte. Denn der, den ich durch ein solches Versprechen zu meinen Absichten brauchen will, kann unmöglich in meine Art, gegen ihn zu verfahren, einstimmen und also selbst den Zweck dieser Handlung enthalten." (AA IV, S. 429 f.).

75  Siehe zur Analyse logischer Unmöglichkeit der Zustimmung *Korsgaard*, Kingdom of Ends, S. 137 ff.

76  Dies auch unabhängig davon, ob man strafrechtlich der Einwilligung rechtfertigende Wirkung beimisst, oder ob sie schon tatbestandsausschließend wirken soll; *Roxin/Greco*, AT, § 13 Rn. 2 ff. m.w.N. Entweder liegt schon kein Verhaltensnormverstoß vor, weil kein rechtliches Verbot besteht, eine fremde

gentümers beruhen und stellte kein Ventil zur Verfügung, um auf den Protestgegenstand zu zeigen. Ein solches Instrumentalisierungsmodell ist aber zu streng: soll der Verhaltensnormverstoß im geistigen Meinungskampf nicht prinzipiell unzulässig sein [oben D.II.2.], dann darf er nicht in allen Fällen ex hypothesi dem Instrumentalisierungseinwand ausgeliefert werden. Das Modell weist zudem eine analytische Unschärfe auf, sofern es keine Merkmale zur Individuierung des Zwecks zur Verfügung stellt: Die Betroffenen können zwar nicht dem Zweck einer Aktion des indirekten Ungehorsams zustimmen, der entsprechend den Bedingungen (1) und (2) darin gesehen wird, N1 zu verletzen und die (nicht auf Einwilligung beruhende) Rechtfertigung dieser Handlung zu behaupten; allerdings gilt dies nicht, wenn man entsprechend der Bedingung (3) den Zweck der Aktion dahin bestimmt, N2 zu kritisieren, denn z.B. könnten sich ja auch die von einer Straßenblockade betroffenen Autofahrer Klimaneutralität bereits ab dem Jahr 2030 wünschen – letztlich kommt es also darauf an, wie grob- oder feinkörnig man den Zweck der Ungehorsamshandlung bestimmt.[77] Das Zustimmungsprinzip muss durch den Zweckbegriff scharfgestellt werden; in diesem reflektiert sich die Schwierigkeit, das Zustimmungsmodell nicht so streng zu formulieren, dass indirekter Ungehorsam per se ausgeschlossen ist, gleichzeitig aber nicht zu viel Instrumentalisierung zuzulassen und die Rechtsgüter der Betroffenen fremden Zwecken zu opfern (Paternalisierung). Was ist also der Zweck der Handlung? Intentionale Handlungsbeschreibungen sind prinzipiell relativ, m.a.W., die Beschreibungen ein und derselben Handlung bilden eine offene Menge,[78] ein Umstand, der in der analytischen Handlungstheorie als „Akkordeoneffekt"[79] firmiert.

---

Sache mit dem Willen des Eigentümers zu beschädigen; oder die Aktivisten verstoßen gegen das Verbot, fremde Sachen nicht zu beschädigen, dann wäre dieser jedoch prima vista durch die Einwilligung gerechtfertigt.

77  Dieses Problem erinnert an die Frage, ob Fernziele bei der Prüfung der Verwerflichkeit nach § 240 Abs. 2 StGB zu berücksichtigen sind, siehe dazu *Sinn*, in: MüKo-StGB, § 240 StGB, Rn. 142 ff. m.w.N. Anders als diese Frage beurteilt sich das Problem aber nicht strafrechtsdogmatisch.

78  Siehe dazu *Anscombe*, Intention, § 23.

79  Siehe die Darstellungen bei *Stuckenberg*, Vorstudien, S. 183 ff. sowie *Kindhäuser*, in: Rechtsphilosophie. Der Ausdruck geht zurück auf *Feinberg*, Doing and

Zu einer Basishandlung[80], die in einer elementaren Körperbewegung wie z.B. Hinsetzen besteht, lassen sich unbegrenzt viele Handlungsbeschreibung hinzufügen: die Straße blockieren, die Autofahrer am Weiterfahren hindern, die Klimaschutzpolitik kritisieren, die Öffentlichkeit von der Notwendigkeit effektiven Klimaschutzes überzeugen. Dies zeigt sich daran, dass U jede dieser Handlungsbeschreibungen als Antwort auf die Frage hätte geben können, was er gerade tut.[81] Eine Handlung individuiert sich in Abhängigkeit davon, welche Wirkung man der Basishandlung (noch) intentional zuschreibt; die Relativität der Handlungsbeschreibung darf aber nicht mit ihrer Willkür verwechselt werden. Dies erkennt man, wenn man ein unpolitisches Beispiel ins Auge fasst, etwa dieses: C nötigt einen gleichgültigen Autofahrer unter Androhung von Gewalt, einen vermeintlich Schwerverletzten ins Krankenhaus zu transportieren.[82] Es wäre unverständlich, in diesem Fall das intentionale Objekt der Handlung mit der Gewaltanwendung zu identifizieren. Dies spricht dafür, beim indirekten Ungehorsam für den Zweck auf die Kritik an N2 abzustellen, da der Instrumentalisierungsbegriff gegenüber dem Sinngehalt einer Handlung nicht blind sein darf. *Searle* hat ein Kriterium eingeführt, mit dem die intentionale Zuschreibung begrenzt werden kann. Dieses bestimmt sich ihm zufolge nach der Testfrage: „What counts as succeeding or failing?".[83] Wenn indirekter Un-

---

Deserving, S. 119 ff., und wird von ihm beschrieben als „well-known feature of our language whereby a mans action can be described almost as narrowly or as broadly as we please." (S. 134).

80    Dieser Ausdruck („basic action") geht zurück auf *Danto*, American Philosophical Quarterly , 1965 Vol. 2, 141 (142).

81    Vgl. *Searle*, Intentionality, S. 99: „The proof of this is that the specification of any or all of them could have counted as a true answer to the question, ‚What are you now doing?'."

82    Beispiel von LG Bad Kreuznach, NJW 1988, 2624, 2628 zur Berücksichtigung von Fernzielen bei der Prüfung der Verwerflichkeit nach § 240 Abs. 2 StGB; so auch besprochen bei *Reichert-Hammer*, Politische Fernziele, S. 49.

83    *Searle*, Intentionality, S. 99. Die Individuierung einer Handlung hängt von der Wahl der Ergebniszuschreibung ab. Die kausale Verhaltensbeschreibung „U hat die Klimaschutzpolitik dadurch kritisiert, dass er die Straße blockierte" kann in die intentionale Relation „U hat die Straße blockiert, um die Klimaschutzpolitik zu kritisieren" umformuliert werden; siehe *Kindhäuser*, in:

gehorsam ein Akt der Kommunikation ist, dann muss das intentionale Objekt als *Kritik an N2* identifiziert werden, denn erfolgreich ist die Handlung von U genau dann, wenn er seine Kritik an N2 artikuliert hat. Es zeigt sich daher, dass es beim mittelbaren Ungehorsam auf eine *mittelbare Zustimmung* ankommt: die Betroffenen können zwar nicht einer Handlung zustimmen, die gegen ihren Willen erfolgen soll, möglicherweise aber der Kritik an N2. Hierfür muss aber ein Zustimmungsprinzip ausgearbeitet werden, welches Voraussetzungen angibt, wann eine solche Zustimmung möglich ist.[84] Genügt, dass die Kritik von „herausgehobener Bedeutung für das Gemeinwohl"[85] ist? Oder muss es „schwerwiegendes Unrecht"[86] sein? Wenn ja, wann liegt dieses vor? Zu klären bleibt außerdem, wie eine so verstandene Instrumentalisierung verfassungsrechtlich einzuordnen wäre. Jede Instrumentalisierung als Verstoß gegen die Menschenwürde anzusehen, ist fernliegend.[87] Das Bundesverfassungsgericht hat sich in der ersten Sitzblockade-Entscheidung[88]

---

Rechtsphilosophie, Rn. 18. Das Kriterium bei *Searle* richtet sich gegen eine infinite Entgrenzung und hilft, nicht-intendierte Wirkungen von der Zuschreibung auszuschließen.

84    Hier ist auch der Einwand zu berücksichtigen, der Staat müsse sich der Bewertung politischer Ziele enthalten; s. aber *Reichert-Hammer*, Politische Fernziele, S. 45 ff.

85    *Schröder*, GA, 2023, 632 *(647)*.

86    *Dreier*, in: FS Scupin, S. 573 (593).

87    Auch im Fall des Lügens um des eigenen Vorteils willen scheint intuitiv keine Menschenwürdeverletzung vorzuliegen; gleichzeitig erkennen wir z.B. auch dann eine Würdeverletzung, wenn jemand einen anderen bloß um des Quälens willen quält, obwohl dabei keine strategische Rationalität gegeben ist, zutreffend *Seelmann/Demko*, Rechtsphilosophie, § 12 Rn. 6; vgl. auch *Schaber*, in: Menschenwürde, S. 93 (98). Der Schutz der Menschenwürde lässt sich nicht mit dem Instrumentalisierungsverbot gleichsetzen; so auch *Seelmann/Demko*, Rechtsphilosophie, § 6 Rn. 8; vgl. auch BVerfGE 30, 1 (25 f.): „Der Mensch ist nicht selten bloßes Objekt nicht nur der Verhältnisse und der gesellschaftlichen Entwicklung, sondern auch des Rechts, insofern er ohne Rücksicht auf seine Interessen sich fügen muß."; Rekurs darauf in BVerfGE 109, 279 (312 f.).

88    BVerfGE 73, 206 I; siehe dazu *Schieder*, Rechtsungehorsam, S. 233 ff.; eine fachhistorische Darstellung des Verfahrens findet sich bei *Rohrmoser*, „Sicherheitspolitik von unten", S. 352 ff.

mit der Frage auseinandergesetzt, inwieweit bei einer Sitzblockade die Verurteilung wegen Nötigung gem. § 240 StGB verfassungsgemäß ist und dabei für die Rechtfertigung explizit Rekurs auf den Begriff des zivilen Ungehorsams genommen.[89] Dabei stellte es fest, eine Rechtfertigung „könne zumindest dann nicht in Betracht kommen, wenn Aktionen des zivilen Ungehorsams wie bei Verkehrsbehinderungen in die Rechte Dritter eingreifen, die ihrerseits unter Verletzung ihres Selbstbestimmungsrechts als Instrument zur Erzwingung öffentlicher Aufmerksamkeit benutzt werden."[90] Richtig ist, dass die Instrumentalisierung das Selbstbestimmungsrecht der Betroffenen verletzt; der vom BVerfG hier implizit zugrunde gelegte Begriff der Instrumentalisierung vermag das Problem aber nicht zufriedenstellend zu lösen.

# F. Schluss

Indirekter Ungehorsam ist ein Akt der Kommunikation mit der Öffentlichkeit, der eine Verhaltensnorm verletzt, um durch das Behaupten der Rechtfertigung dieser Normverletzung eine Erlaubnisnorm zu aktivieren, die in der Subsumtion auf den Protestgegenstand verweist. Da

---

89  In Bezug auf eine Denkschrift der Evangelischen Kirche in Deutschland (vgl. die Denkschrift Evangelische Kirche und freiheitliche Demokratie, 1985, S. 21 f.) definiert das Gericht diesen als „ein Widerstehen des Bürgers gegenüber einzelnen gewichtigen staatlichen Entscheidungen [.], um einer für verhängnisvoll oder ethisch illegitim gehaltenen Entscheidung durch demonstrativen, zeichenhaften Protest bis zu aufsehenerregenden Regelverletzungen zu begegnen".

90  BVerfGE 73, 206 I (250); vgl. dort auch die Feststellung, wonach die mit einer Blockade verbundene „nötigende Wirkungen in Gestalt von Behinderungen" nur insoweit von der Versammlungsfreiheit gedeckt sein könne, wie sie als „sozial-adäquate Nebenfolge" erscheinen. Daran fehle es, „wenn die Behinderung Dritter nicht nur als Nebenfolge in Kauf genommen, sondern beabsichtigt wird, um die Aufmerksamkeit für das Demonstrationsanliegen zu erhöhen". Vier Mitglieder des Senats sahen das Vorliegen von zivilem Ungehorsam indes für § 240 Abs. 2 StGB als relevant an.

kritisierte und verletzte Norm auseinanderfallen, begründet eine solche Praxis keinen Verstoß gegen das Mehrheitsprinzip: weder folgt aus dem Mehrheitsprinzip die Pflicht, eine demokratische Entscheidung nicht zu kritisieren, noch ist jeder Verhaltensnormverstoß zugleich ein Verstoß gegen das Mehrheitsprinzip; auch fehlt es zwischen den Normen am erforderlichen intrinsischen Zusammenhang, der einen solchen Verstoß begründen könnte. Indes fordert der indirekte Ungehorsam die Regeln des demokratischen Verfahrens heraus. Es handelt sich bei ihm zwar nicht notwendigerweise um eine Praxis des instrumentellen Selbstvollzugs, doch ist er nur dann zulässig, wenn sich zeigen lässt, dass der geistige Meinungskampf ausnahmsweise auch Verhaltensnormverstöße akzeptiert. Dafür kann mit *Rawls* darauf abgestellt werden, dass der demokratische Prozess unvollkommen verfahrensgerecht ist; Verhaltensnormverstöße können dabei ausnahmsweise geeignet sein, Defizite auszugleichen. Ziviler Ungehorsam sieht sich aber zurecht dem Instrumentalisierungseinwand ausgesetzt: Hier wurde mit der Kantischen Zweck-Formel untersucht, ob die Betroffenen der Behandlung durch die Aktivisten zustimmen können oder ob sie fremden Zwecken ausgeliefert sind. Der maßgebliche Zweck wurde dann als Kritik an N2 bestimmt. Da die Betroffenen nicht einer Behandlung zustimmen können, die ohne oder gegen ihren Willen erfolgen soll, hat sich gezeigt, dass es auf eine mittelbare Zustimmung ankommt. Hierfür muss ein Zustimmungsprinzip entwickelt werden, das entscheidet, wann die Zustimmung zur Kritik an N2 möglich ist. An dieser Stelle sind noch einige Fragen zu klären.

# Literaturverzeichnis

**Akbarian, Samira:** Ziviler Ungehorsam als Verfassungsinterpretation, Tübingen, 2023 (zitiert als: Akbarian, Verfassungsinterpretation)

**Anscombe, Gertrude:** Intention, 2. Auflage, Harvard, 2000 (zitiert als: Anscombe, Intention)

**Arendt, Hannah:** Ziviler Ungehorsam, in: Knott, Marie Luise (Hrsg.), Hannah Arendt: Zur Zeit. Politische Essays, Hamburg, 1989, S. 119 ff. (zitiert als: Arendt, in: Knott)

**Badura, Peter:** Die parlamentarische Demokratie, in: Isensee, Josef/ Kirchhof, Paul (Hrsg.), Handbuch des Staatsrechts, Band II, 3. Auflage, Heidelberg, 2004 (zitiert als: Badura, in: HStR, Bd. II)

**Barry, Brian:** Political Argument, New York, 1965 (zitiert als: Barry, Political Argument)

**Bönte, Mathis:** Ziviler Ungehorsam im Klimanotstand, HRRS 2021, S. 164 ff.

**ders.:** Praxiskommentar zu OLG Celle: Keine Rechtfertigung von Straftaten durch zivilen Ungehorsam, NStZ 2023, S. 114 f.

**Brownlee, Kimberley:** Conscience and Conviction – The Case for Civil Disobedience, Oxford, 2012 (zitiert als: Brownlee, Conscience and Conviction)

**Celikates, Robin:** System Change, Not Climate Change, APuZ 5/2022, S. 9 ff.

**Cohan, John Alan:** Civil Disobedience and the Necessity Defense, 6 Pierce L. Rev. (2007), S. 111 ff.

**Danto, Arthur:** Basic Actions, American Philosophical Quarterly, 1965 Vol. 2, S. 141 ff.

**Däubler, Wolfgang:** Ziviler Ungehorsam im Betrieb?, in: Glotz, Peter (Hrsg.), Ziviler Ungehorsam im Rechtsstaat, 1. Auflage, Frankfurt a.M., 1983, S. 127ff. (zitiert als: Däubler, in: Glotz)

**Dewey, John:** The public and its problems, 1. Auflage, Ohio, 1927 (zitiert als: Dewey, The public and its problems)

**Dießner, Annika:** Fiat iustitia ... – heißt es »et« oder »aut« pereat mundus? - Überlegungen zur Rechtswidrigkeit der »Klimaproteste«, StV 2023, S. 547 ff.

**Dreier, Horst (Hrsg.):** Grundgesetz Kommentar, 3. Auflage, Tübingen, 2015 (zitiert als: Bearbeiter, in: Dreier, GG)

**Dreier, Ralf:** Widerstandsrecht im Rechtsstaat? Bemerkungen zum zivilen Ungehorsam, in: Achterberg, Norbert / Krawietz, Werner / Dieter Wyduckel (Hrsg.), Recht und Staat im sozialen Wandel - Festschrift für Hans Ulrich Scupin zum 80. Geburtstag, Berlin 1983 (zitiert als: Dreier, in: FS Scupin)

**Dürig, Günter / Herzog, Roman / Scholz, Rupert (Hrsg.):** Grundgesetz, 102. EL, München, August 2023 (zitiert als: Bearbeiter, in: Dürig/Herzog/Scholz, GG)

**Eichler, Lina / Jeschke Henning / Alt, Jörg:** Die Letzte Generation – Das sind wir alle, München, 2023 (zitiert als: Eichler/Jeschke/Alt, Die Letze Generation)

**Eidam, Lutz:** Klimaschutz und ziviler Ungehorsam – Lässt sich der Regelbruch legitimieren?, JZ 2023, S. 224 ff.

**Erb, Volker:** „Klima-Kleber" im Spiegel des Strafrechts, NStZ 2023, S. 577 ff.

**Erb, Volker / Schäfer, Jürgen (Hrsg.):** Münchener Kommentar zum StGB, Band 4, 4. Auflage, München 2020 (zitiert als: Bearbeiter, in: MüKo-StGB)

**Frankenberg, Günter:** Ziviler Ungehorsam und Rechtsstaatliche Demokratie, JZ 1984, S. 266 ff.

**Freund, Georg / Rostalski, Frauke:** Strafrecht, Allgemeiner Teil, 3. Auflage, Mannheim, 2019 (zitiert als: Freund/Rostalski, AT)

**Frinken, Julian / Roseneck, Michael:** Ziviler Ungehorsam, in: Frühbauer, Johannes / Reder, Michael / Roseneck, Michael / Schmidt, Thomas (Hrsg.), Rawls-Handbuch, Stuttgart, 2023, S. 455 ff. (zitiert als: Frinken/Roseneck, in: Rawls-Handbuch)

**Forst, Rainer:** Die Pflicht zur Gerechtigkeit in: Höffe, Otfried (Hrsg.), John Rawls: Eine Theorie der Gerechtigkeit, 3. Auflage, Berlin, 2013, S. 171 ff. (zitiert als: Forst, in: Höffe)

**Gärditz, Klaus Ferdinand:** Aus der Mottenkiste politischer Theorie: Ziviler Ungehorsam als Lizenz zur Straftat, VerfBlog 2023/5/30, https://verfassungsblog.de/aus-der-mottenkiste-politischer-theorie/

**Graul, Eva:** Nötigung durch Sitzblockade, JR 1994, S. 51 ff.

**Guggenberger, Bernd / Offe, Claus:** Politik aus der Basis, Herausforderungen der parlamentarischen Mehrheitsdemokratie, in dies. (Hrsg.), An den Grenzen der Mehrheitsdemokratie: Politik und Soziologie der Mehrheitsregel, Opladen, 1984, S. 8 ff. (zitiert als Guggenberger/ Offe, in: dies.)

**Gusy, Christoph:** Das Mehrheitsprinzip im demokratischen Staat, in: Guggenberger, Bernd (Hrsg.), An den Grenzen der Mehrheitsdemokratie: Politik und Soziologie der Mehrheitsregel, Opladen, 1984, S. 61 ff. (zitiert als: Gusy, in: Guggenberger/Offe)

**Habermas, Jürgen:** Testfall für den demokratischen Rechtsstaat. Wider den autoritären Legalismus in der Bundesrepublik, in: Glotz, Peter (Hrsg.), Ziviler Ungehorsam im Rechtsstaat, 1. Auflage, Frankfurt a.M., 1983, S. 29 ff. (zitiert als: Habermas, in: Glotz)

**ders.:** Faktizität und Geltung, 4. Auflage, Berlin, 1994 (zitiert als: Habermas, Faktizität und Geltung)

**Hart, H.L.A:** Are there any natural rights?, Philosophical Review, Vol. 64, No. 2, 1955, S. 175

**Hassemer, Winfried:** Ziviler Ungehorsam – ein Rechtfertigungs- grund?, in: Broda, Christian (Hrsg.), Festschrift für Wassermann zum 60. Geburtstag, Darmstadt, 1985, S. 325 ff. (zitiert als: Has- semer, in: FS Wassermann)

**Heinig, Hans Michael:** Heiligt der Zweck die Mittel? Zum Umgang mit zivilem Ungehorsam im demokratischen Rechtsstaat, Neue Kriminalpolitik (2023/2), S. 231 ff.

**Herber, Franz-Rudolf:** „Dann klebe ich mich eben an der Straße fest, später dann auf der Flughafen Rollbahn ...", NZV 2023, S. 49

**Homann, Vanessa:** Heiligt der Zweck alle Mittel? – Die Strafbarkeit der „Letzten Generation" im Rahmen ihrer Klimaproteste – Teil II: Mögliche Rechtfertigungsgründe, JA 2023, S. 649 ff.

**Honer, Mathias:** Ziviler Ungehorsam in der freiheitlichen Demokratie des Grundgesetzes, JuS 2023, S. 408 ff.

**Höffler, Katrin:** „Klima-RAF" herbeireden: Radikalisierung durch Labeling und Druck, VerfBlog, 2022/11/17, https://verfassungs- blog.de/klima-raf-herbeireden/

**Jakobs, Günther:** Strafrecht, Allgemeiner Teil, 2. Auflage, Berlin, 2011 (zitiert als: Jakobs, AT)

**Johst, David:** Begrenzung des Rechtsungehorsams: Die Debatte um Widerstand und Widerstandsrecht in Westdeutschland 1945- 1968, Tübingen 2016 (zitiert als: Johst, Begrenzung)

**Kaiser, Roman:** Das Mehrheitsprinzip in der Judikative, Tübingen, 2020 (zitiert als: Kaiser, Mehrheitsprinzip)

**Kant, Immanuel:** Grundlegung zur Metaphysik der Sitten, in: Preussi- sche Akademie der Wissenschaften (Hrsg.), Gesammelte Schrif- ten, Bd. 4, Göttingen. Berlin 1900 ff. (zitiert als: Kant, AA IV)

**Karpen, Ulrich:** Ziviler Ungehorsam" im demokratischen Rechtsstaat, JZ 1984, S. 249 ff.

**Kelsen, Hans:** Vom Wesen und Wert der Demokratie, 2. Auflage, Tübingen, 1929 (zitiert als: Kelsen, Wesen und Wert)

**Kerschnitzki, Arvid:** „Klimakleber" als Nachweis der Verfassungswidrigkeit des § 240 StGB, JuWissBlog Nr. 1/2023 v. 09.01.2023, https://www.juwiss.de/1-2023/

**Kindhäuser, Urs:** Handlung, in: Anderheiden u.A. (Hrsg.), Enzyklopädie zur Rechtsphilosophie, Erstpublikation Juli 2011 (zitiert als: Kindhäuser, in: Rechtsphilosophie)

**Kleger, Heinz:** Der neue Ungehorsam, Widerstände und politische Verpflichtung in einer lernfähigen Demokratie, Frankfurt a.M/ New York, 1993

**Klein, Hans:** Ziviler Ungehorsam im demokratischen Rechtsstaat? in: Rüthers, Bernd / Stern, Klaus (Hrsg.), Freiheit und Verantwortung im Verfassungsstaat. Festgabe zum 10jährigen Jubiläum der Gesellschaft für Rechtspolitik, Ziviler Ungehorsam im demokratischen Rechtsstaat?, München, 1984, S. 177 ff. (zitiert als: Klein, in: Rüthers/Stern)

**Korsgaard, Christine M.:** Creating the Kingdom of Ends, Cambridge, 1996 (zitiert als: Korsgaard, Kingdom of Ends)

**Köhler, Michael:** Die bewußte Fahrlässigkeit: eine strafrechtlich-rechtsphilosophische Untersuchung, Heidelberg, 1982 (zitiert als: Köhler, Die bewußte Fahrlässigkeit)

**Ders.:** Strafrecht Allgemeiner Teil, 4. Auflage, Berlin, 2013 (zitiert als: Köhler, AT)

**Kriele, Martin:** Recht, Vernunft, Wirklichkeit, Berlin, 1990. (zitiert als: Kriele, Recht, Vernunft, Wirklichkeit)

**Kumkar, Nils C.:** Die Radikalisierung der Radikalisierungsbehauptung: Zum Diskurs über die Letzte Generation, Soziopolis 2022, Beitrag v. 16.11.2022, https://www.soziopolis.de/die-radikalisierung-der-radikalisierungsbehauptung.html

**Kühl, Kristian:** Strafrecht, Allgemeiner Teil, 8. Auflage, München, 2017 (zitiert als: Kühl, AT)

**Kühne, Armin / Kühne, Hans-Heiner:** Rechtfertigung durch Moral? Die „Letzte Generation" und die Rettung der Welt, StV 2023, S. 560 ff.

**Lackner, Karl / Kühl, Kristian (Hrsg.):** StGB, 30. Auflage, München, 2023 (zitiert als: Bearbeiter, in: Lackner/Kühl, StGB)

**Laker, Thomas:** Ziviler Ungehorsam: Geschichte, Begriff, Rechtsfertigung, Baden-Baden, 1986 (zitiert als: Laker, Ziviler Ungehorsam)

**Laufhütte, Heinrich / Tiedemann, Klaus / Rissing van-Saan, Ruth (Hrsg.):** Leipziger Kommentar Strafgesetzbuch, StGB Band 2, §§ 32-55, 12. Auflage, Berlin 2006 (zitiert als: Bearbeiter, in: LK-StGB)

**Luhmann, Niklas:** Legitimation durch Verfahren, Berlin, 1969 (zitiert als: Luhmann, Legitimation)

**Maus, Ingeborg:** Über Volkssouveränität. Elemente einer Demokratietheorie, Berlin, 2011 (zitiert als: Maus, Volkssouveränität)

**Pawlik, Michael:** Der rechtfertigende Notstand, Zugleich ein Beitrag zum Problem strafrechtlicher Solidaritätspflichten, Berlin, 2002 (zitiert als: Pawlik, Notstand)

**Prittwitz, Cornelius:** Sitzblockade – Ziviler Ungehorsam oder strafbare Nötigung? JA 1987, 17 ff.

**Puppe, Ingeborg:** Strafrecht, Allgemeiner Teil im Spiegel der Rechtsprechung, 5. Auflage, Baden-Baden, 2023 (zitiert als: Puppe, AT)

**Quigley, William P.:** The Necessity Defence in Civil Disobedience Cases: Bring in the Jury, New England Law Review, Vol. 38, 2003, S. 3 ff.

**Rawls, John:** Political Liberalism, Columbia Classics in philosophy, New York, 1993 (zitiert als: Rawls, Political Liberalism)

**Ders.:** A Theory of Justice, 2. Auflage, Harvard, 1999 (zitiert als: Rawls, Theory of Justice)

**Ders.:** „Legal Obligation and the Duty of Fair Play", in: Freeman, Samuel. (Hrsg.), John Rawls. Collected Papers, Cambridge Mass., 1999, S. 117 ff. (zitiert als: Rawls, in: Collected Papers)

**Reichert-Hammer, Hansjörg:** Politische Fernziele und Unrecht. Ein Beitrag zur Lehre von der Strafrechtswidrigkeit unter besonderer Berücksichtigung der Verwerflichkeitsklausel des § 240 Abs. 2 StGB, Berlin, 1991 (zitiert als: Reichert-Hammer, Politische Fernziele)

**Rohrmoser, Richard:** „Sicherheitspolitik von unten" - Ziviler Ungehorsam gegen Nuklearrüstung in Mutlangen, 1983–1987, Frankfurt a.M., 2021 (zitiert als: Rohrmoser, „Sicherheitspolitik von unten")

**Roxin, Claus:** Strafrechtliche Bemerkungen zum zivilen Ungehorsam, in: Albrecht, Peter Alexis/ Ehlers, Alexander u.a. (Hrsg.), Festschrift für Horst Schüler-Springorum zum 65. Geburtstag, Köln, 1993, S. 441 ff. (zitiert als: Roxin, in: FS Schüler)

**Roxin, Claus / Greco, Luìs:** Strafrecht, Allgemeiner Teil, Band 1: Grundlagen der Verbrechenslehre, 5. Auflage, München, 2020 (zitiert als: Roxin/Greco, AT)

**Rönnau, Thomas:** Grundwissen – Strafrecht: Klimaaktivismus und ziviler Ungehorsam, JuS 2023, S. 112 ff.

**Rönnau, Thomas / Saathoff, Jonas:** Referendarexamensklausur – Strafrecht: Grenzen von Klimaprotesten, JuS 2023, S. 439 ff.

**Rucht, Dieter:** Die Letzte Generation – Beschreibung und Kritik, ipb working papers, 1/2023, S. 1 ff.

**Schaber, Peter:** Menschenwürde und Selbstachtung. Ein Vorschlag zum Verständnis der Menschenwürde, in: Angehrn, Emil / Baertschi, Bernard (Hrsg.), Menschenwürde, Basel, 2004, S. 93 ff. (zitiert als: Schaber, in: Menschenwürde)

**Schieder, Tobias:** Ethisch motivierter Rechtsungehorsam – Rechtsdebatten zu Widerstandsrecht, Gewissensfreiheit und zivilem Ungehorsam in der Bundesrepublik Deutschland 1949-1989, Tübingen, 2018 (zitiert als: Schieder, Rechtsungehorsam)

**Schmidt, Finn-Lauritz:** Examensübungsklausur: „Klimakleber" – Mit Exkurs zur Zurechenbarkeit eines Todeserfolges durch die Hinderung von Rettungskräften infolge einer Straßenblockade, ZJS 2023, S. 875 ff.

**Ders.** Zur Strafbarkeit von Straßenblockaden der „Letzten Generation" wegen Nötigung und Widerstands gegen Vollstreckungsbeamte, KlimR, 2023, S. 210 ff.

**Schönberger, Christoph / Schönberger, Sophie:** Die Reichsbürger, Ermächtigungsversuche einer gespenstischen Bewegung, München, 2023 (zitiert als: Schönberger/Schönberger, Reichsbürger)

**Schönke, Adolf / Schröder, Horst (Hrsg.):** StGB, 30. Auflage, München, 2019 (zitiert als: Bearbeiter, in: Schönke/Schröder, StGB)

**Schröder, Richard:** Rechtfertigung von Klimaprotesten: Gibt es einen „strafrechtlichen Klimanotstand" – und wenn ja wie viele?, GA, 2023, S. 632 ff.

**Schwarz, Kyrill-Alexander:** Rechtsstaat und ziviler Ungehorsam, NJW 2023, S. 275 ff.

**Searle, John R.:** Intentionality: An Essay in the Philosophy of Mind, Cambridge University Press, 1983 (zitiert als: Searle, Intentionality)

**Seelmann, Kurt / Demko, Daniela:** Rechtsphilosophie, 7. Auflage, München, 2019 (zitiert als: Seelmann/Demko, Rechtsphilosophie)

**Smart, Brian:** Defining Civil Disobedience in: Bedau, Hugo Adam (Hrsg.): Civil Disobedience in Focus, New York, 1991, S. 189 ff. (zitiert als: Smart, in: Bedau)

**Stern, Klaus / Sodan, Helge / Möstl, Markus:** Das Staatsrecht der Bundesrepublik Deutschland im europäischen Staatenverbund, 2. Auflage, München, 2022 (zitiert als: *Bearbeiter*, in: Stern/Sodan/Möstl, Staatsrecht)

**Stuckenberg, Carl-Friedrich:** Vorstudien zu Vorsatz und Irrtum im Völkerstrafrecht. Versuch einer Elementarlehre für eine übernationale Vorsatzdogmatik, München, 2007 (zitiert als: Stuckenberg, Vorstudien)

**Theurer, Jochen:** Argumente für ein Grünes Grundgesetz. Chancen und Risiken einer Verfassungsänderung zum effektiven Klimaschutz, Berlin, 2021 (zitiert als: Theurer, Grünes Grundgesetz)

**Ders.:** Klimaschutz und Gewalt. Wann sich Aktivisten strafbar machen und wie wir die Welt wirklich retten, Berlin, 2022 (zitiert als: Theurer, Klimaschutz und Gewalt)

**Varwik, Johannes:** Auf dem Weg in die „Ökodiktatur"? Klimaproteste als demokratische Herausforderung, APuZ 5/2022, S. 4 ff.

**v. Gierke, Otto:** Über die Geschichte des Majoritätsprinzipes, in: Guggenberger, Bernd / Offe, Claus (Hrsg.), An den Grenzen der Mehrheitsdemokratie: Politik und Soziologie der Mehrheitsregel, Opladen, 1984, S. 22 ff. (zitiert als: v. Gierke, in: Guggenberger/Offe)

**v. Mangoldt, Herrmann / Klein, Friedrich / Starck, Christian / Schliesky, Utz (Hrsg.):** Grundgesetz, Band 2, Art. 20-78, 7. Auflage, München, 2018 (zitiert als: Bearbeiter, in: v. Mangoldt/Klein/Starck/Schliedly, GG)

**Wolf, Jana / Wenglarczyk, Fynn:** Klima-Proteste: Ziviler Ungehorsam zwischen demokratischen Grenzen und grenzenloser Rechtfertigung, JuWissBlog Nr. 2/2023 v. 03.02.2023, https://www.juwiss.de/2-2023/

**Zoll, Patrick / Schäfer, Vincent:** Ziviler Ungehorsam: Eine philosophische Reflexion, Stimmen der Zeit, 9/2023, S. 643 ff.

Beitrag von

# Gioia Großmann

# Die Konformität zivilen Ungehorsams im 21. Jahrhundert

## Eine Analyse gesetzlichen und übergesetzlichen Rechts

## A. Einleitung

*„Und scheint dir töricht jetzt mein Tun, so wirft vielleicht ein Tor mir Torheit vor."*[1]

Dieser Satz stammt von Antigone in *Sophokles'* gleichnamiger antiker Tragödie. Gesprochen von einer Frau, die kurz darauf sterben musste[2], da sie aus tiefster Überzeugung das Gesetz brach[3]. Mit dem Vorhandensein von Gesetzen entsteht die Frage nach dem Umgang mit gezieltem Gesetzesbruch aus moralischen Gründen. Es scheint, als ob eine 442/43 v. Chr. aufgeführte[4] Tragödie in Bezug auf zivilen Ungehorsam nicht weniger aktuell sei als die Diskurse der heutigen Zeit, über denen trotz

---

1    *Sophokles*, Antigone, 2. Epeisodion, Vers 469 f..
2    *Ebd.*, 2. Epeisodion, Vers. 459, 497 f., Exodos 1221-1224.
3    *Ebd.*, 2. Epeisodion, Vers 450 - 458.
4    *Ebd.*, Anhang, S. 68.

scharfer Spaltung und festgefahrener Meinungen eine latente Unsicherheit schwebt, wer am Ende der Tor sein wird. Damals schwer Vorstellbares halten wir inzwischen für selbstverständlich.

Erschütterung entsteht heute meist mehr durch Gesetzesbrüche als durch die eigentlichen Forderungen. Doch gerade durch Illegalität wird ziviler Ungehorsam „zu einer letzten Möglichkeit zivilgesellschaftlicher Partizipation", sobald legale Mittel „wie angemeldete Proteste oder [die] Mitbestimmung durch Wahlen" bereits erfolglos ausgeschöpft oder gar verwehrt wurden.[5] Trotz aktueller Gereiztheit dürfen grundsätzlich positive Effekte und Chancen zivilen Ungehorsams nicht grundsätzlich negiert werden. Jener ist jedoch immer abhängig von äußeren Gegebenheiten, Möglichkeiten und Umständen, sodass er in seiner Zeit gedacht und bewertet werden muss. Während Antigone entgegen dem Gesetz und der Tatsache, dass sie sich als Frau nicht widersetzen sollte, ihren Bruder mit Staub bedeckte, um ihn zu begraben[6], werden nun Gemälde mit Tomatensauce beworfen, Denkmäler beschmiert oder Straßen blockiert. Inwiefern die Formen zivilen Ungehorsams im 21. Jahrhundert mit Gesetz und Recht vereinbar sind, soll dieser Aufsatz näher beleuchten. Dafür wird nach allgemeiner Auseinandersetzung mit dem Begriff des zivilen Ungehorsams und einer Darstellung der Erscheinungsformen in der Gegenwart überblicksartig auf die geltende Rechtslage eingegangen, wobei der Fokus auf GG und StGB liegt. Im Anschluss folgt eine Auseinandersetzung bzgl. der Vereinbarkeit mit übergesetzlichem Recht, die durch rechtsphilosophische Überlegungen vertieft wird. Dabei geht es auch um die Frage, inwiefern übergesetzliches Recht zivilen Ungehorsam legitimieren, bzw. welchen tatsächlichen Einfluss es in der Praxis überhaupt haben kann.

---

5    *Pape* PERIPHERIE, Bd. 3 (2017), 449 (452).
6    *Sophokles*, Antigone, 2. Epeisodion, Vers 429 ff..

# B. Begriff des zivilen Ungehorsams

Der Begriff des zivilen Ungehorsams geht auf den US-amerikanischen Schriftsteller und Publizisten *Henry David Thoreau* zurück, welcher sich aus Protest in seinem Essay „Civil Disobedience" gegen die amerikanische Eroberungs- und Sklavenpolitik positionierte.[7] *Thoreau* verstand zivilen Ungehorsam noch als „Instrument zum Schutz der individuellen Integrität", während er heute als politisches Mittel angesehen wird.[8] Ausschlaggebend bis heute ist jedoch dessen „Plädoyer für übergesetzliche Gerechtigkeitspostulate".[9] Angesichts der Vielfältigkeit und des ständigen Wandels der Formen zivilen Ungehorsams ist es diffizil, eine zeitlose, subsumptionsfeste Definition aufzustellen. Hinzu kommt, dass „[d]ie Definition des zivilen Ungehorsams […], sofern sie nicht einfach stipulativ festgelegt wird, immer auch Ergebnis eines Abwägungsprozesses zwischen verschiedenen Interessen, denen der Begriff Rechnung tragen soll", ist.[10]

Das BVerfG spricht von einem „Widerstehen des Bürgers gegenüber einzelnen gewichtigen staatlichen Entscheidungen […], um einer für verhängnisvoll und ethisch illegitim gehaltenen Entscheidung durch demonstrativen, zeichenhaften Protest bis zu aufsehenerregenden Regelverletzungen zu begegnen".[11] In der Regel wird, v.a. für freiheitliche Demokratien, ein Rückgriff auf die Ausführungen des Philosophen *John Rawls* sowie des Philosophen und Soziologen *Jürgen Habermas* vorgenommen[12], um zivilen Ungehorsam zu definieren.[13]

---

7   *Dreier/Wittrek*, GG, Bd. 2, Art. 20 IV Rn. 25; *Münch/Kunig/Kotzur*, Art. 20 Rn. 183; *Braune* in Görres-Gesell., Staatslexikon, Bd. 6, Ziviler Ungehorsam; *Honer* JuS 2023, 408 (409).

8   *Honer* JuS 2023, 408 (409).

9   *Ebd.*

10  *Kiesewetter* Zeitschrift für Praktische Philosophie, Band 9, Heft 1 (2022), 77 (82 f.).

11  BVerfGE 73, 206 (250) = BVerfG NJW 1987, 43 (47); *Rönnau* JuS 2023, 112.

12  Ausführungen zu *Rawls'* und *Habermas* Begriffsverständnis siehe sub. E., II. 3. und 4.

13  *Honer* JuS 2023, 408 (408 f.).

Danach lässt sich ziviler Ungehorsam „als politische Kommunikationsform, die mit Hilfe der öffentlichen Normübertretung an die demokratische Mehrheit appelliert, die legitimierenden Prinzipien der Verfassungsordnung zu realisieren, dabei gewaltfrei operiert und für die Folgen der Normübertretung einzustehen bereit ist" verstehen.[14] Im Kern handelt es sich also um „gewaltloses gesetzwidriges Handeln aus politischen Gründen"[15], das „bewusst[] und absichtlich[]"[16] vorgenommen wird, um (als solches wahrgenommenes) Unrecht zu beseitigen.

Teilweise wird eine Unterscheidung zwischen zivilem Ungehorsam und zivilem Widerstand vorgenommen.[17] Danach sei ziviler Ungehorsam symbolischer Natur und insofern gewaltfrei und öffentlich.[18] Zudem vertraue er als Appell an die demokratische Öffentlichkeit auf deren Willensbildung.[19] Dahingegen sei ziviler Widerstand durch eine unmittelbare, eigenmächtige Durchsetzung politischer Ziele und Forderungen gekennzeichnet.[20] Eine solche Unterscheidung leuchtet nach *Habermas* nicht ein - bei der Inkaufnahme eines Strafverfolgungsrisikos passe auch die Bezeichnung des Widerstandes.[21] In diesem Sinne wird, u. a. auch im Hinblick auf das Selbstverständnis der Letzten Generation[22], im vorliegenden Aufsatz von einer strikten Unterscheidung der Begriffe abgesehen, ohne jedoch deren prinzipielle Berechtigung abzuerkennen.

---

14  *Honer* JuS 2023, 408 (410).
15  *Braune* in Görres-Gesell., Staatslexikon, Bd. 6, ziviler Ungehorsam.
16  *Gätsch,* KlimR 2023, 141 (142).
17  Siehe exemplarisch: *Eberl* ZfP 1994, 359 (367); *Honer* JuS 2023, 408 (410).
18  *Honer* JuS 2023, 408 (410); *Eberl* ZfP 1994, 359 (367).
19  *Honer* JuS 2023, 408 (410).
20  *Eberl* ZfP 1994, 359 (367); *Honer* JuS 2023, 408 (410).
21  *Habermas* in *Glotz*, Ziviler Ungehorsam im Rechtsstaat, 29 (34).
22  Diese sprechen auf ihrer Website fast ausschließlich von zivilem Widerstand, siehe z. B. https://letztegeneration.org/mitmachen/werte-protestkonsens/ (Stand: 14.12.2023).

# C. Widerstandsformen und -bewegungen

Wenngleich aktuell besonders die sogenannten „Klimakleber" der Letzten Generation präsent sind, existieren vielfältige Widerstandsformen. Gerade neue digitale Möglichkeiten haben einen Wandel ausgelöst. Im Folgenden soll in einem Überblick auf Widerstandsformen und -bewegungen eingegangen werden.

## I. Allgemeine Formen

Formen zivilen Widerstands sind u. a. Sitzblockaden (sog. Sit-ins), das Ankleben an eine Straße[23], das Anketten an Gleise[24] aber auch (Haus-) Besetzungen[25]. Ebenfalls zu nennen sind Boykotte[26] und die Verweigerung von Steuern und Gebühren[27] als Protest gegen politische Maßnahmen oder Gesetze. Auch wird mittlerweile Kunstbeschädigung[28] als Ausdruck zivilen Ungehorsams angesehen, während andererseits künstlerischer Protest[29] wie Straßenkunst oder Performance-Aktionen als solcher verstanden werden können. Ferner zählen Hungerstreiks[30] und Kirchenasyl[31] dazu. Neue Formen finden sich unter dem Deckmantel des „digitalen Ungehorsams".[32] Dazu zählen bspw. Hacktivismus[33] in Form unberechtigter Websiteänderung, Email Bombing[34],

---

23 Vgl. *Preuß* NVZ 2023, 60.
24 OLG Köln, BeckRS 2016, 17942.
25 *Wassermann* ZfP 1983, 343 (344).
26 *Ebd.*, 343 (344, 345).
27 *Ebd.*, 343 (345).
28 Vgl. *Preuß* NVZ 2023, 60.
29 Vgl. *Braune* in Görres-Gesell., Staatslexikon, Bd. 6, Ziviler Ungehorsam.
30 Siehe https://letztegeneration.org/hungerstreik/ (Stand: 15.12.2023, 11.21 Uhr).
31 *Braune* in Görres-Gesell., Staatslexikon, Bd. 6, Ziviler Ungehorsam; Münch/ Kunig/*Kotzur,* Art. 20, Rn. 183.
32 Vgl. *Braune* in Görres-Gesell., Staatslexikon, Bd. 6, Ziviler Ungehorsam.
33 *Kleger, Makswitat* Forschungsjournal neue soziale Bewegungen 2014, 8 (9); Vgl. *Braune* in Görres-Gesell., Staatslexikon, Bd. 6, Ziviler Ungehorsam.
34 *Kleger, Makswitat* Forschungsjournal neue soziale Bewegungen 2014, 8 (9).

das Einschleusen von Viren (code attacks)[35] etc., bekannt durch die Hackergruppe „Anonymous"[36] oder virtuelle Sit-ins mit dem Ziel der Unterbrechung der Betriebsbereitschaft eines Servers[37]. Der vorliegende Aufsatz behandelt im Schwerpunkt Widerstandsformen im Zusammenhang mit Klimaprotest abseits des digitalen Ungehorsams.

## II. Widerstandsbewegungen

Die wohl bekannteste aktuelle Bewegung zivilen Ungehorsams aus einer Klimaschutzmotivation ist die Letzte Generation, die von der Bundesregierung den Ausstieg aus Öl, Gas u. Kohle bis 2030 fordert[38] und es als ihr "unumstößliches Recht" erachtet, Widerstand zu leisten.[39] Weitere Bewegungen sind u. a. Ende Gelände[40], Sand im Getriebe[41], Robin Wood[42], Scientist Rebellion[43] und Extinction Rebellion[44]. Bzgl. der Verletzung der Schulpflicht wird z. T. auch die Bewegung Fridays for Future zu zivilem Ungehorsam gezählt.[45]

---

35   *Kleger, Makswitat* Forschungsjournal neue soziale Bewegungen 2014, 8 (9).
36   *Kipker* GSZ 2020, 26.
37   *Kraft, Meister* MMR 2003, 366.
38   https://letztegeneration.org/forderungen/ (Stand: 15.12.2023).
39   https://letztegeneration.org/verfassungsbruch/ (Stand: 15.12.2023).
40   https://www.ende-gelaende.org/wp-content/uploads/2021/02/Basics-Ende-Gelaende-online-version.pdf (Stand: 18.12.2023); *Rönnau* JuS 2023, 112 (113).
41   https://sand-im-getriebe.mobi/aktionskonsens/ (Stand: 18.12.2023).
42   https://www.robinwood.de/sites/default/files/155-j-26-33-40-aktion-a-z.pdf (Stand: 15.12.2023)
43   https://scientistrebellion.de/de/mission-statement/ (Stand: 20.12.2023).
44   Münch/Kunig/*Kotzur,* Art. 20, Rn. 183; https://www.zeit.de/campus/2020-06/extinction-rebellion-klimabewegung-corona-krise-aktivismus (Stand: 15.12.2023).
45   *Münch/Kunig/Kotzur,* Art. 20, Rn. 183; *Gätsch* KlimR 2023, 141 (142).

# D. Bewertung der Legalität zivilen Ungehorsams

Nachfolgend soll der Frage, wie ziviler Ungehorsam gesetzlich geschützt bzw. gerechtfertigt sein könnte, nachgegangen werden. Bei der Untersuchung der Legalität zivilen Ungehorsams liegt der Fokus allein auf der Gesetzmäßigkeit in Bezug auf ausgewählte Artikel bzw. Paragrafen des Grundgesetzes und Strafgesetzbuches.

## I. Verfassungsrechtliche Betrachtung zivilen Ungehorsams

### 1. Art. 20 IV GG als Grundrecht auf zivilen Ungehorsam?

Teilweise erfolgt im Zusammenhang mit zivilem Ungehorsam eine Berufung auf das in Art. 20 IV GG verankerte Widerstandsrecht.[46] Danach haben alle Deutschen das Recht zum Widerstand gegen jeden, der es unternimmt, die freiheitlich-demokratische Grundordnung zu beseitigen, wenn eine andere Abhilfe nicht möglich ist. Schon im Mittelalter und der frühen Neuzeit existierte die Idee eines Widerstandsrechts gegen eine ungerechte Herrschaft.[47] Im heutigen GG ist das Widerstandsrecht verankert, um einem „Staatsstreich" sowohl von oben, also durch staatliche Organwalter[48], als auch von unten durch zivilgesellschaftliche Kräfte entgegentreten zu können.[49] Dabei handelt es sich laut BVerfG um ein „Notrecht zur Bewahrung und Wiederherstellung der Rechtsordnung", dessen Ziel nicht Verbesserung oder Veränderung, sondern Kon-

---

46  Vgl. *Schwarz* NJW 2023, 275 (279).
47  *Maunz/Herzog/Dürig/Grzeszick*, Art. 20 Rn. 3 f..
48  Im Aufsatz wird das generische Maskulinum verwendet, gemeint sind alle Geschlechter.
49  *Münch/Kunig/Kotzur,* Art. 20, Rn. 180; *Maunz/Herzog/Dürig/Grzeszick*, Art. 20 Rn. 12, 17.

servierung ist.[50] Art. 20 IV GG stellt bewusst ein grundrechtsgleiches[51] subjektives Recht und keine Pflicht dar, „um unzumutbare Belastungen zu vermeiden".[52] Es kann nicht nur individuell, sondern auch kollektiv ausgeübt werden.[53] Zu den möglichen Adressaten zählen Amtsträger und Privatpersonen unabhängig davon, ob sie Aus- oder Inländer, einzeln oder als Gruppe organisiert sind.[54] Der Widerstandsfall ist jedoch nur gegeben, wenn Angriffe gegen die Verfassung als Ganze und eine Bedrohung der Verfassungsordnung als solcher vorliegen.[55] Das heißt, es handelt sich um eine Ausnahmesituation, bei der sich der Staat „an der Grenze von Rechtsstaat und Unrechtsstaat" befindet und nur dann das staatliche Gewaltmonopol für den Nothilfe leistenden Bürger geöffnet wird.[56] Art. 20 IV GG ist kein Mittel gegen einzelne Verfassungsverstöße oder Unrechtsakte.[57] Die Voraussetzung, dass keine andere Abhilfe möglich sein darf, zeigt, dass es sich lediglich um ein äußerstes und letztes Mittel handelt.[58] Blickt man auf die aktuelle Lage mit Aktionen zivilen Ungehorsams wie Sitzblockaden, lässt sich ein Funktionieren des Verfassungsstaates und seiner Institutionen und damit grundsätzlich vorhandenen Rechtsschutzmöglichkeiten[59] keineswegs gänzlich leugnen. Insofern würde der Versuch, zivilen Ungehorsam über das Widerstandsrecht zu legitimieren, dem restriktiven Ultima-Ratio-Anwendungsbereich des Art. 20 IV GG nicht gerecht.[60] Anders formuliert: wer den bestehenden demokratischen Dialog durch Aufrufe zum Widerstand abbricht, kann sich laut *Schwarz* nicht auf das Wider-

---

50  BVerfGE 5, 85 (377) = BVerfG NJW 1956, 1393 (1399);
    *Schwarz* NJW 2023, 275 (278).
51  *Schwarz* NJW 2023, 275 (278).
52  *Maunz/Herzog/Dürig/Grzeszick*, Art. 20 Rn. 1, 12;
    *Schwarz* NJW 2023, 275 (278).
53  *Maunz/Herzog/Dürig/Grzeszick*, Art. 20 Rn. 16.
54  *Ebd.*, Art. 20 Rn. 17.
55  *Ebd.*, Art. 20, Rn. 180.
56  *Schwarz* NJW 2023, 275 (277 ff.).
57  *Ebd.*, 275 (278).
58  *Maunz/Herzog/Dürig/Grzeszick*, Art. 20 Rn. 23; *Schwarz* NJW 2023, 275 (279).
59  Vgl. *Schwarz* NJW 2023, 275 (280).
60  *Münch/Kunig/Kotzur*, Art. 20, Rn. 183.

standsrecht zur Bewahrung und Wiederherstellung der Rechtsordnung berufen.[61] Hinzu kommt, dass die Protagonisten zivilen Ungehorsams keinen Widerstand gegen eine versuchte Beseitigung der gesamten Verfassung leisten.[62] Das Widerstandsrecht ist außerdem schon deshalb nicht als ein „Recht auf zivilen Ungehorsam" zu verstehen, da jener im Gegensatz zum legalen Widerstandsrecht bereits qua Definition durch eine Rechtsverletzung gekennzeichnet ist.[63] Ziviler Ungehorsam und das Widerstandsrecht stehen in keiner Verbindung zueinander.[64] Art. 20 IV GG stellt folglich kein „Grundrecht auf zivilen Ungehorsam" dar, auf das sich (Klima-)Aktivisten berufen könnten.

## 2. Art. 20a GG als Grundlage zivilen Widerstands im 21. Jahrhundert?

Art. 20a GG besagt, dass der Staat in Verantwortung für die künftigen Generationen die natürlichen Lebensgrundlagen und Tiere i.R.d. verfassungsmäßigen Ordnung durch die Gesetzgebung und nach Maßgabe von Gesetz und Recht durch die vollziehende Gewalt und die Rechtsprechung schützt.

Art. 20a GG adressiert lediglich den Staat und verpflichtet keine Privatpersonen.[65] Es handelt sich um eine „Zukunftsverantwortung", auch im Interesse der künftigen Generationen – gemeint sind ausschließlich Menschen, Umweltressourcen zu erhalten.[66] Die natürlichen Lebensgrundlagen umfassen Menschen, Tiere, Pflanzen „in ihrem Wirkungsgefüge"[67], unbelebte Ressourcen wie Wasser, Luft und Boden sowie die Atmosphäre.[68] Explizit erwähnte Schutzobjekte sind

---

61  *Schwarz* NJW 2023, 275 (280).
62  *Rönnau* JuS 2023, 112 (113).
63  *Münch/Kunig/Kotzur,* Art. 20, Rn. 183.
64  *Honer* JuS 2023, 408 (411); *Schwarz* NJW 2023, 275 (280).
65  *Landmann/Rohmer/Gärditz*, Umweltrecht, Art. 20a, Rn. 27 f.
66  *Ebd.*, Art. 20a, Rn. 12 - 14.
67  BVerfGE 128, 1 (65).
68  *Landmann/Rohmer/Gärditz*, Umweltrecht, Art. 20a, Rn. 9.

ausschließlich natürliche Lebensgrundlagen und Tiere.[69] Umweltschutz und damit auch Klimaschutz, findet sich hingegen nicht ausdrücklich in der Verfassung verankert.[70] Er zählt jedoch zu den natürlichen Lebensgrundlagen[71] und ist somit vom Schutz des Art. 20 IV GG umfasst. Mit seinen beiden Klimabeschlüssen und entsprechenden Urteilen[72] hat das BVerfG Art. 20a GG erstmals in Bezug auf den Klimaschutz konkretisiert.[73] Unbegrenztes Fortschreiten der Erderwärmung und des Klimawandels sei nicht mit dem Grundgesetz vereinbar.[74] Es müssten Maßnahmen gemäß den - für verfassungsrechtlich verbindlich erklärten - Zielen des Pariser Klimaschutzabkommens wie dem 1,5-Grad-Ziel getroffen werden, um eine Begrenzung der Erderwärmung herbeizuführen.[75] Beim Umweltschutz handelt es sich um ein Staatsziel.[76] Darunter werden „offen gefasste Verfassungsnormen" verstanden, die „den Staat verpflichten, auf die Verwirklichung bestimmter Ziele hinzuwirken." - allerdings nur „unter dem Vorbehalt des Möglichen".[77] Staatsziele begründen keine subjektiven Rechte und sind insofern nicht einklagbar.[78] Klimaschutz i.S.d. Art. 20a GG ist also kein Grundrecht, auf das sich Klimaaktivisten im Zuge einer Verfassungsbeschwerde direkt berufen könnten[79]. Sie können es zwar als Anlass für zivilen Ungehorsam verstehen, müssen sich aber dessen bewusst sein, dass Art. 20a GG weder ausdrücklich noch konkludent zum zivilen Ungehorsam berechtigt.

---

69   *Landmann/Rohmer/Gärditz*, Umweltrecht, Art. 20a, Rn. 8.
70   *Degenhart*, Staatsrecht I, Rn. 612a, 614.
71   *Landmann/Rohmer/Gärditz*, Umweltrecht, Art. 20a, Rn. 9.
72   BVerfG Beschl. v. 24.03.2021 - 1 BvR 2656/18;
     BVerfG Beschl. v. 18.01.2022 – 1 BvR 2058/21; BVerfGE 157, 30.
73   *Maunz/Herzog/Dürig/Callies*, Art. 20a Rn. 49.
74   *Degenhart*, Staatsrecht I, Rn.614.
75   BVerfGE 157, 30 (39); *Degenhart*, Staatsrecht I, Rn. 614.
76   *Degenhart,* Staatsrecht I, Rn. 588, 607.
77   *Ebd.*, Rn. 588.
78   *Maunz/Dürig/Herzog/*Callies, Art. 20a Rn. 30.
79   *Degenhart*, Staatsrecht I, Rn. 614.

## II. Strafrechtliche Betrachtung zivilen Ungehorsams

Im Folgenden soll die potenzielle Strafbarkeit zivilen Ungehorsams an ausgewählten Delikten des StGB beleuchtet werden – zuerst bzgl. potenziell erfüllter Straftatbestände, danach bezüglich möglicher Rechtfertigungsgründe.

### 1. Potenziell erfüllte Straftatbestände

#### a) Widerstand gegen Vollstreckungsbeamte gem. § 113 StGB

Die Strafbarkeit wegen Widerstands gegen Vollstreckungsbeamte gem. § 113 I StGB scheitert im Rahmen des „Klimaklebens" am gewaltsamen Widerstandleisten.[80] Dies würde eine aktive Tätigkeit gegenüber einem Vollstreckungsbeamten erfordern, welche das bloße Festkleben nicht darstellt.[81]

#### b) Nötigung gem. § 240 I StGB

Insbesondere durch Straßenblockaden, unabhängig davon, ob sich die Protagonisten an die Straße kleben oder nicht[82], kommt eine Verwirklichung des Straftatbestandes der Nötigung nach § 240 I Alt. 1 StGB in Betracht. Das entsprechende Nötigungsmittel ist Gewalt.[83] Eine Drohung mit einem empfindlichen Übel (§ 240 I Alt. 2 StGB) käme nur in Betracht, wenn die Sitzblockade mit einer „politischen Erpressung" örtlicher Politiker verbunden ist.[84]

Während Gewalt zunächst als „physische Einwirkung des Täters auf das Opfer" (klassischer Gewaltbegriff) und später als „psychische Zwangswirkung" (vergeistigter Gewaltbegriff) verstanden wurde, hat sich inzwischen das Gewaltverständnis der sog. „Zweite-Reihe-Recht-

---

80  *Zimmermann, Griesar* JuS 2023, 401 (402).
81  *Preuß* NVZ 2023, 60 (64).
82  *Ebd.*, 60 (66).
83  *Ebd.*, 60 (66); *Zimmermann, Griesar* JuS 2023, 401 (402).
84  *Zimmermann, Griesar*, JuS 2023, 401 (402).

sprechung" des BGH[85] durchgesetzt.[86] Danach begeht derjenige, der sich auf die Straße setzt, gegenüber dem vor ihm anhaltenden Fahrer keine Nötigung, da lediglich eine psychische bzw. moralische Zwangswirkung erzeugt wird.[87] Auch ein Ankleben an die Straße wird regelmäßig nicht genügen, um einen körperlich wirkenden Zwang anzunehmen, da die Aktivisten meist ausreichend Abstand für eine ggf. notwendige Rettungsgasse lassen.[88] Für ein weiteres in zweiter Reihe stehendes Fahrzeug entsteht jedoch ein physisch nicht überwindbares Hindernis – dann wird Gewalt angenommen. Anders ist es bei Flugbahnblockaden, bei denen es nicht zu einem „barriereartige[n] Aufstauen" kommt, da in der Luft gewartet wird.[89] Der Nötigungserfolg liegt im Anhalten der aufgehaltenen Fahrzeugführer, also einer Einschränkung ihrer Fortbewegungsfreiheit[90]. Da dies der Zweck der Aktion ist, ist Nötigungsabsicht anzunehmen.[91] Wird die Sitzblockade nicht umfahren oder kommt der Fahrer nicht noch vor der Blockade aufgrund einer Anweisung eines Polizisten zum Stehen, ist auch die nötige Kausalität zwischen Nötigungshandlung und -erfolg gegeben.[92] Nach § 240 II StGB muss die Gewaltausübung aber auch als verwerflich anzusehen sein, um die Rechtswidrigkeit zu bejahen. Hierfür sind v. a. die allgemeinen Rechtfertigungsgründe zu berücksichtigen. Jedoch stellt sich noch die umstrittene Frage, ob im Rahmen der Verwerflichkeitsprüfung von § 240 II nur Nahziele, also die Behinderung der Verkehrsteilnehmer, oder auch politische Fernziele zu berücksichtigen sind. Für Ersteres spricht, dass eine Einbeziehung von Fernzielen die Abwägung stark vom Rechtsanwender abhängig machen würde, was zu einer unvertretbaren Rechts-

---

85  BGH NJW 1995, 2643 (2643 ff.).
86  *Zimmermann, Griesar* JuS 2023, 401 (402 f.); *Erb* NStZ 2023, 577; *Preuß* NVZ 2023, 60 (66); *Bleckat* NJ 2023, 293.
87  BGH NJW 1995,2643; *Preuß*NVZ 2023, 60 (66); *Zimmermann ,Griesar* JuS 2023,401 (403).
88  *Zimmermann, Griesar* JuS 2023, 401 (403).
89  *Zimmermann, Griesar* JuS 2023, 401 (403).
90  *Erb* NStZ 2023, 577 (578); *Zimmermann, Griesar* JuS 2023, 401 (403).
91  *Erb* NStZ 2023, 577 (578); *Zimmermann, Griesar* JuS 2023, 401 (403).
92  *Preuß* NVZ 2023, 60 (66 f.).

unsicherheit führte.[93] Für Letzteres spricht, dass der Wortlaut keine Beschränkung auf Nahziele verlangt und gerade im Rahmen einer Gesamtwürdigung Fernziele nicht außer Acht gelassen werden können.[94] Eine vermittelnde Lösung des BVerfG stellt daher auf die Beachtung des verfolgten Kommunikationszwecks, vorliegend der Erregung von Aufmerksamkeit für den Klimaschutz, ab, was in den meisten Fällen der Klimakleber-Aktionen dazu führen würde, dass keine Verwerflichkeit vorliegt.[95] Aus guten Gründen kann jedoch auch der ersten Ansicht gefolgt werden, die die Annahme von Verwerflichkeit und somit prinzipieller Rechtswidrigkeit zur Folge hätte. Festzuhalten ist, dass zumindest die Tatbestandsmäßigkeit der Nötigung nach § 240 I Alt. 1 StGB in aller Regel gegeben ist.

### c) Sachbeschädigung gem. § 303 StGB und § 304 StGB

Indem sich Klimaaktivisten an Fahrbahnen kleben und deren Belag herausgefräst werden muss, kommt es zu einer Substanzverletzung, sodass der Tatbestand des § 303 I StGB erfüllt ist.[96] Wird beim „einfachen Festkleben" mit Sekundenkleber ein „größerer Arbeitsaufwand unter Zuhilfenahme von Lösungsmitteln" notwendig und die Fahrbahn für einen „nicht unerheblichen Zeitraum" als Transportweg untauglich, ist konsequentermaßen eine Sachbeschädigung nach § 303 I StGB anzunehmen, sofern die Brauchbarkeit der Fahrbahn nicht „ohne nennenswerten Aufwand in kurzer Zeit wiederhergestellt werden kann".[97] Schließlich genügt ein vorübergehender Verlust der Brauchbarkeit.[98] Für eine Strafbarkeit nach § 303 I StGB bzgl. des Bewerfens von Kunstwerken mit

---

93  *Zimmermann, Griesar* JuS 2023, 401 (407); *Preuß* NVZ 2023, 60 (68); Strafzumessungslösung BGH NJW 1988, 1739 (1740): Berücksichtigung Fernziele nur i.R.d. Strafzumessung.

94  BGHSt 35, 270 (276 ff.) = BGH NStZ 1988, 362; ebenso Richterin *Haas* in BVerfGE 104, 92 (121); *Zimmermann, Griesar* JuS 2023, 401 (406).

95  *Zimmermann, Griesar* JuS 2023, 401 (407). BVerfGE 104, 92 (109); Anders LG Berlin BeckRS 2023, 6800: Sitzblockade eines Klimaaktivisten grds. verwerflich.

96  *Erb* NStZ 2023, 577 (579).

97  *Ebd.*, 577 (579 f.).

98  *Ebd.*, 577 (579).

Tomatensuppe und Kartoffelbrei[99] kommt es auf die Umstände des Einzelfalls an, ob Beschädigen oder gar Zerstören anzunehmen ist. An den Kunstwerken müsste eine Substanzverletzung[100] eingetreten sein. Eine solche kann durch Verglasung verhindert worden sein, diese garantiert jedoch nicht die Unbeschadetheit des Bildes[101]. Weiterhin kommt eine Substanzverletzung des ungeschützten Rahmens in Betracht, welche in aller Regel vorliegt. Für die Beurteilung sollte außerdem relevant sein, ob das Kunstwerk bspw. durch Entfernung der Verunreinigung unvermeidbar beschädigt werden würde oder langfristig irreparable Schäden einträten. Die Erheblichkeitsschwelle der erforderlichen „belangreichen Veränderung"[102] wird in der Regel überschritten sein, sodass eine Strafbarkeit gem. § 303 I Alt. 1 StGB in Betracht kommt. Für eine Zerstörung des Bildes gem. § 303 I Alt. 2 StGB müsste es zu einer vollständigen Aufhebung der Gebrauchsfähigkeit des Bildes gekommen sein. Eine solche ist nur denkbar, wenn die Flüssigkeit die Farben des Gemäldes vollkommen gelöst oder unwiederbringlich überdeckt hat.

Auch im Rahmen ihrer Farbsprühaktionen ist eine Strafbarkeit der Letzten Generation wegen Sachbeschädigung denkbar. Am 17.09.2023 besprühten Mitglieder der Gruppe die Säulen des Brandenburger Tors mit oranger Farbe, was eine langwierige Reinigung zur Folge hatte, da das Farbgemisch wegen seines Wasseranteils tief in den Sandstein des Denkmals eindrang.[103] Das Brandenburger Tor ist ein Denkmal i.S.d. § 304 StGB[104]. Eine Beschädigung des Brandenburger Tors i. V. m. einer Beeinträchtigung der Sache für den besonderen Zweck kann im

---

99   https://www.zdf.de/nachrichten/politik/klima-protest-museum-gemaelde-monet-festkleben-100.html (Stand: 21.12.2023).

100   *Kindhäuser/Neumann/Kargl*, § 303 StGB Rn. 20.

101   Vgl. https://www.ndr.de/kultur/Kartoffelbrei-Attacke-auf-Monet-Gemaelde-Das-tut-der-Sache-nicht-gut,museumssicherheit100.html (Stand: 21.12.2023).

102   *Kindhäuser/Neumann/Kargl*, § 303 StGB Rn. 31.

103   https://www.zeit.de/news/2023-09/28/reinigung-des-brandenburger-tors-dauert-laenger-wird-teurer (Stand: 21.12.2023); https://www.welt.de/vermischtes/article247708616/Berlin-Reinigung-des-Brandenburger-Tors-dauert-laenger-und-wird-teurer.html (Stand: 21.12.2023).

104   MüKo StGB/*Wieck-Noodt*, § 304 StGB Rn.14.

Hinblick auf anerkannte Beispiele wie Graffiti-Schmierereien auf Straßenunterführungen[105] durchaus angenommen werden. Zumindest ist aber von einer Einschlägigkeit des § 304 II StGB auszugehen, da durch die Farbe das Erscheinungsbild des Brandenburger Tors unbefugt und nicht nur vorübergehend verändert[106] wurde, sodass im Ergebnis eine gemeinschädliche Sachbeschädigung nach § 304 StGB anzunehmen ist. Auch bei anderen Farbsprühaktionen ist zumindest eine Strafbarkeit wegen Sachbeschädigung nach § 303 II StGB anzunehmen, sofern die Erheblichkeitsschwelle überwunden wurde.[107] Daran mangelt es bei Verwendung reversibler Farbsysteme, z. B. Kreide und Wasserfarbe. Entscheidend für die Beurteilung sind u.a. Beseitigungsaufwand, Erhaltungszustand, Oberflächenbeschaffenheit sowie die Auffälligkeit der Einwirkung.[108]

### d) § 315b Gefährliche Eingriffe in den Straßenverkehr

Für einen verkehrsfeindlichen Inneneingriff gem. § 315b I Nr. 3 StGB fehlt es bei Straßenblockaden i. d. R. an der Verursachung einer konkreten Gefährdung.[109] Sollte eine solche doch eintreten, wird sie wohl nicht vom Tatvorsatz erfasst sein, sodass eine Strafbarkeit im Ergebnis ausscheidet.[110]

## 2. Strafrechtliche Rechtfertigung zivilen Ungehorsams

Im Folgenden soll die Einschlägigkeit möglicher Rechtfertigungsgründe von Straftaten im Rahmen des zivilen Ungehorsams näher beleuchtet werden.

---

105 MüKo StGB/*Wieck-Noodt*, § 304 StGB Rn. 23.
106 Ebd., § 304 StGB Rn. 24.
107 *Kindhäuser/Neumann/Kargl*, § 303 StGB Rn. 37.
108 *Ebd*, § 303 StGB Rn. 37.
109 *Zimmermann, Griesar* JuS 2023, 401 (402); *Erb* NStZ 2023, 577 (580).
110 *Erb* NStZ 2023, 577 (580).

## a) Ziviler Ungehorsam als Rechtfertigungsgrund

Fraglich ist, ob ziviler Ungehorsam selbst als Rechtfertigungsgrund für die in dessen Rahmen begangenen Straftaten fungieren kann. Nach der ganz herrschenden Meinung in Rechtsprechung und Literatur kommt dies nicht in Betracht.[111] Dies wird zum einen mit dem Umkehrschluss aus Art. 20 IV GG begründet.[112] Demnach besteht, wenn nicht die grundgesetzliche Ordnung im Ganzen bedroht ist, eine „Friedenspflicht" i.S.e. Einwirkung auf die politische Meinungsbildung, die auf die bloße Wahrnehmung von Grundrechten anstelle einer Begehung von Straftaten limitiert ist.[113] Zum anderen wäre eine Annahme zivilen Ungehorsams als Rechtfertigungsgrund undemokratisch, denn dadurch könnte „eine Minderheit zur Durchsetzung ihrer Vorstellungen […] die von der Mehrheitsgesellschaft beschlossenen Gesetze missachten".[114] Das heißt, das Mehrheitsprinzip würde missachtet und es entstünde ein Widerspruch mit den Prinzipien eines demokratischen Rechtsstaates.[115] Auch schon qua Definition ist ziviler Ungehorsam durch Illegalität und ein Sanktionsrisiko gekennzeichnet, sodass eine Geltendmachung als Rechtfertigungsgrund unsinnig wäre.[116]

Folglich kann es sich bei zivilem Ungehorsam nicht um einen strafrechtlichen Rechtfertigungsgrund handeln.

## b) Notwehr oder rechtfertigende Nothilfe gem. § 32 StGB

Notwehr gem. § 32 II Alt. 1 StGB oder Nothilfe gem. § 32 II Alt. 2 StGB scheiden mangels Notwehrlage als Rechtfertigungsgrund aus. Abwehrhandlungen gegen Dauergefahren wie die Klimakrise werden nicht

---

111  *Preuß* NVZ 2023, 60 (72); *Erb* NStZ 2023, 577 (581); *Homann* JA 2023, 649 (654).

112  *Zimmermann, Griesar* JuS 2023,401(403); OLG Celle, Beschl. V. 29.7.2022 -2 Ss 91/22.

113  OLG Celle, Beschl. v. 29.7.2022 – 2 Ss 91/22; *Preuß* NVZ 2023, 60 (71 f.).

114  *Zimmermann, Griesar* JuS 2023, 401 (403).

115  *Preuß* NVZ 2023, 60 (72).

116  *Ebd.*, 60 (71 f.).

erfasst.[117] Weder künftige Generationen noch das Klima können unter „einen anderen" subsumiert werden, von dem der Angriff abgewendet wird - dies wäre mit dem Wortlaut unvereinbar.[118] Bei Straßenblockaden, bei denen Aktivsten Fahrer $CO_2$ emittierender Fahrzeuge i. S. e. Verteidigung des durch Treibhausgasemissionen bedrohten Klimas aufhalten, scheitert die Rechtfertigung an der Rechtswidrigkeit d. scheinbaren „Angriffs", da es sich beim Autofahren um eine legale Tätigkeit handelt.[119]

### c) rechtfertigender Notstand gem. § 34 StGB

Fraglich ist, inwieweit strafbare Klimaprotestaktionen i.R.d. zivilen Ungehorsams nach § 34 StGB gerechtfertigt werden können. Von dem Bestehen der erforderlichen Notstandslage kann bedenkenlos ausgegangen werden. Dass die Klimakrise in ihrem weiteren Fortgang das Leben, die Gesundheit und Freiheit vieler Menschen sowie deren Eigentum bedroht, steht außer Frage.[120] Daneben sind nach h. M. auch Kollektivgüter wie Natur, Umwelt und Klima als Bestandteil der natürlichen Lebensgrundlagen nach Art. 20a GG notstandsfähig.[121] Bei Kollektivgütern sind jedoch wegen des staatlichen Gewaltmonopols in Bezug auf die Gefahrenabwehr strengere Anforderungen an die Erforderlichkeit der Aktionen von Privaten zu stellen.[122] Die Gegenwärtigkeit der Gefahren durch den Klimawandel liegt darin, dass ein Schadenseintritt zwar nicht unmittelbar bevorsteht, aber „nur durch sofortiges Handeln verhindert werden kann".[123] Ferner müssten die Notstandshandlungen der Aktivisten geeignet, erforderlich, verhältnismäßig und angemessen sein. Bereits hinsichtlich der Geeignetheit, die gegeben ist, wenn eine er-

---

117 *Kindhäuser/Neumann/Kindhäuser*, § 32 Rn. 54; *Lackner/Kühl/Heger*, § 32 StGB Rn. 4.
118 *Homann* JA 2023, 649 (650).
119 *Zimmermann, Griesar* JuS 2023, 401 (403 f.).
120 *Erb* NStZ 2023, 577 (581); *Zimmermann, Griesar* JuS 2023, 401 (404).
121 *Homann* JA 2023, 649 (650); *Zimmermann, Griesar* JuS 2023, 401 (404).
122 *Homann* JA 2023, 649 (650).
123 *Zimmermann, Griesar* JuS 2023, 401 (404); Vgl. BGH NJW 2003, 2464 (2466).

folgreiche Gefahrenabwendung durch sie nicht ganz unwahrscheinlich erscheint[124], bestehen Zweifel. Die Protestaktionen der Letzten Generation wie das Beschmieren von Gebäuden oder Kunstwerken konnten keinen messbaren Beitrag zur Verbesserung des Klimaschutzes leisten – möglicherweise wirkten sie sich letztlich sogar negativ aus, indem sie das berechtigte Anliegen in Misskredit brachten.[125] Ebenfalls vertretbar ist, die Geeignetheit anzunehmen, da unmittelbarer Zweck der Aktionen weniger eine Abwendung der Klimakrise, sondern das Anregen von Diskussionen und die Ausübung von Druck auf Entscheidungsträger ist und eine mehr als unwesentliche Erhöhung der Rettungschancen v. a. durch mediale Aufmerksamkeit erreicht wird.[126]

Für die Erforderlichkeit, d. h., dass die Gefahr nicht durch ein anderes milderes Mittel abwendbar ist, spricht, dass die Klimaproteste der Letzten Generation weder der erste und einzige Versuch sind, die Klimakrise in das Bewusstsein zu rufen, noch Rechtsschutzmöglichkeiten vor dem BVerfG angesichts ihrer Verfahrensdauer gleich geeignet erscheinen.[127] Auch scheinen mildere Mittel wie das Wahlrecht, die Freiheit zur Bildung politischer Parteien (Art. 21 I 2 GG) und deren finanzielle Unterstützung (§ 25 I ParteiG) oder ein Petitionsrecht (Art. 17 GG) nicht gleichsam effektiv zu sein.[128] Eine Verhältnismäßigkeit kann i.R.d. Interessenabwägung angenommen werden, da das Erhaltungsinteresse regelmäßig höher zu gewichten ist als das Eingriffsinteresse.[129] Sie ist aber gerade kritisch im Hinblick auf die minimale, kaum messbare Erhöhung der Rettungschancen zu beurteilen[130], weshalb eine Ablehnung der Verhältnismäßigkeit nicht abwegig wäre. Zumindest die Angemessenheit der Aktionen kann jedoch in Bezug auf bisherige unter keinen Umständen bejaht werden. Schließlich kann § 34 StGB bei Funktionalität staatlicher Gefahrenabwehrmechanismen, welche das BVerfG

---

124 *Homann* JA 2023, 649 (651).
125 *Erb* NStZ 2023, 577 (581); OLG Celle, Beschl. v. 29.7.2022 – 2 Ss 91/22.
126 *Homann* JA 2023, 649 (651).
127 *Ebd.*.
128 *Zimmermann, Griesar* JuS 2023, 401 (405).
129 *Homann* JA 2023, 649 (652).
130 Vgl. *Erb* NStZ 2023, 577 (581).

in seinem Klimabeschluss nicht abgesprochen hat, keinerlei Raum für eine Einflussnahme auf Politik schaffen.[131] Eine Ermöglichung jeglicher „Straftaten unter dem Deckmantel des Klimaschutzes" hätte schwerwiegende Folgen.[132] Klimaschutz genießt kein Vorrecht, das den Einsatz von Zwang durch Privatpersonen erlaubt.[133] § 34 StGB scheidet als Rechtfertigungsgrund aus.

### III. Zwischenfazit

Es gibt kein Recht auf zivilen Ungehorsam[134], insbesondere kann ein solches nicht aus Art. 20 IV GG oder Art. 20a GG hergeleitet werden. Durch ihre Protestaktionen erfüllen (Klima-)Aktivisten mehrere Straftatbestände wie z. B. §§ 240 I, 303, 304 StGB. Eine Einzelfallbetrachtung bleibt jedoch angebracht. Die Taten können weder durch zivilen Ungehorsam selbst, noch durch Notwehr, Nothilfe oder einen rechtfertigenden Notstand gerechtfertigt werden. Letzterer scheitert spätestens an der Angemessenheit.

# E. Rechtsphilosophische Betrachtung: Analyse übergesetzlichen Rechts

Anhand aufgebrachter öffentlicher Reaktionen und der Spaltung u. a. der Meinungen in Bezug auf Protestaktionen und Gerichtsurteile wird deutlich, dass eine bloße Auseinandersetzung mit Gesetzesrecht nicht genügt, um die Thematik zivilen Ungehorsams abschließend zu beleuchten. Zudem handelt es sich bei zivilem Ungehorsam nicht um einen bloßen Rechtsbegriff, sondern vielmehr um einen Begriff philo-

---

131 *Zimmermann, Griesar* JuS 2023, 401 (405 f.).
132 *Homann* JA 2023, 649 (653).
133 *Ebd.*
134 *Pape* PERIPHERIE, Bd. 3 (2017), 449 (464).

sophischer Natur.[135] Daher soll auf eine weitere Ebene - Gerechtigkeit - eingegangen werden, die häufig mit überpositivem Recht gleichgesetzt wird, welches sich sogar unserer Verfassung entnehmen lässt.[136] Während bei Antigone noch von göttlichen „ungeschrieb[enen] und ewig gültigen Gesetze[n]"[137] die Rede ist, stellt sich die Frage nach dem heutigen Rechtsgehalt. Ein vertiefter Zugang soll durch die Darstellung rechtsphilosophischer Ansichten und Herangehensweisen bzgl. zivilen Ungehorsams geschaffen werden.

## I. Übergesetzliches Recht nach Art. 20 III GG

Entscheidend für die Bewertung, ob sich Aktivisten rechtmäßig verhalten, ist neben der rechtlichen Gesetzmäßigkeit auch unser Verständnis von Recht. In diesem Zusammenhang stellt sich die Frage, ob Ungehorsam in Bezug auf Gesetze gleichbedeutend mit Ungehorsam im Hinblick auf Recht ist.

Der Begriff „Recht" findet in seiner allgemeinen Bedeutung im Wortlaut des Grundgesetzes kaum Verwendung. Eine Ausnahme bildet Art. 20 III GG[138], in dem es heißt: „Die Gesetzgebung ist an die verfassungsmäßige Ordnung, die vollziehende Gewalt und die Rechtsprechung sind an Gesetz und Recht gebunden." Während man den Wortlaut „Gesetz und Recht" als bedeutungslose Leerformel verstehen könnte,

---

135 *Honer* JuS 2023, 408 (410); Wissenschaftliche Dienste des Deutschen Bundestags, WD 3 -3000 - 009/22 vom 15.02.2022, S. 5, https://www. bundestag.de/resource/blob/889440/31da3df9679a2eaaca56bfd9430bc7be/ WD-3-009-22-pdf-data.pdf (Stand: 20.12.2023).

136 Auch *Habermas* nimmt Bezug auf die übergesetzliche Geltung legitimierender Verfassungsprinzipien aus Art. 20 III GG: siehe *Habermas* in *Glotz*, Ziviler Ungehorsam im Rechtsstaat, 29 (38).

137 *Sophokles*, Antigone, 2. Epeisodion, Vers 453 -455.

138 Als weiteres Einfallstor übergesetzlichen Rechts könnte ggf. auch die Formulierung „Gesetz und Recht" in Art. 20a GG in Erwägung gezogen werden. Auf Ausführungen wird verzichtet.

deuten andere „Recht" im Sinne eines ungeschriebenen Rechts[139] als Gewohnheitsrecht[140] oder allgemeine Rechtsgrundsätze[141]. Vorzugswürdig scheint jedoch die Deutung von Recht als ein der Gerechtigkeit entsprechendes[142] überpositives „Naturrecht"[143], i. S. e. Rechts, das dem Menschen seiner Natur nach zukommt und keines Rechtssetzungsaktes bedarf, um als Recht anerkannt zu sein. Diese Deutung steht vor dem Hintergrund der Entstehungsgeschichte des GG und ist als Reaktion seiner Väter und Mütter auf das NS-Unrecht zu verstehen.[144] Durch die Formulierung „und Recht" wird ein Korrektiv in der Verfassung verankert, das unter Berufung auf vorpositive Rechtsgrundsätze ermöglicht, auf ungerechtes Recht einzuwirken bzw. dieses aufzuhalten. D. h., die Formulierung impliziert zugleich die Möglichkeit eines Auseinanderfallens von positivem Recht u. Gerechtigkeitsansprüchen[145] und stellt somit einen weiteren diskutablen Legitimationsansatz für zivilen Ungehorsam dar.

Die hier gewählte Bezeichnung „Naturrecht" ist nicht mit dem Verständnis der Naturrechtsphilosophen zur Zeit der Aufklärung zu verwechseln, die das Naturrecht als Recht eines vorstaatlichen Zustandes verstanden[146], während nach der Staatsgründung staatliches Recht galt,

---

139  *Zachariä* Magazin für hannoversches Recht, Bd. 1, 1851, 7 (32); Maunz/ Dürig/*Grzeszick*, Art. 20 III GG Rn. 65.

140  *Sachs* GG/*Sachs*, Art. 20 III GG Rn. 106; *Maunz/Dürig/Grzeszick*, Art. 20 III GG Rn. 63, 65; Münch/Kunig/*Kotzur*, Art. 20 III GG Rn. 167.

141  *Sachs* GG/*Sachs*, Art. 20 III GG Rn. 106; *Maunz/Dürig/Grzeszick*, Art. 20 III GG Rn. 65.

142  *Sachs* GG/*Sachs*, Art. 20 III GG Rn. 104; *Münch/Kunig/Kotzur*, Art. 20 III GG Rn. 164.

143  *Maunz/Dürig/Grzeszick*, Art. 20 III GG Rn. 63.

144  *Ebd.*

145  BVerfGE 34, 269 (286 f.); *Maunz/Dürig/Grzeszick*, Art. 20 III GG Rn. 63; *Münch/Kunig/Kotzur*, Art. 20 III GG Rn. 164; Möglichkeit des Auseinanderfallens siehe auch *Radbruch* SJZ 1946, 105.

146  *Hobbes, Mayer*, Leviathan Kap. 14, S. 124; *Hobbes, Leviathan, Kap. 14, S. 78; Locke*, Zwei Abhandlungen über die Regierung, II, §6, S. 203; *Rousseau*, Gesellschaftsvertrag, 1. Buch, Kap. 4., S. 12; *Rousseau*, contrat social, 1. Buch, 4. Kapitel, S. 46 f..

das positiv vom Machthaber gesetzt wurde.[147] Im hiesigen Verständnis kommt es gerade auf die fortwährende „Geltung" des überpositiven Rechts an, um als Korrektiv dienen zu können.

Die Problematik dieser Deutung ist jedoch, dass auch Recht als überpositives (Natur-)Recht nicht klar definiert ist, insbesondere nicht ausdrücklich thematisiert, ob ziviler Ungehorsam davon umfasst ist. Dennoch ist anzunehmen, dass Recht im Sinne von Gerechtigkeit, umfassen muss, gegen Unzulänglichkeiten vorgehen zu dürfen. Insbesondere, da dies letztlich im Interesse eines verbesserungswürdigen positiven Rechts ist. Insoweit wäre ziviler Ungehorsam „rechtens". Fraglich bleibt jedoch, wer entscheidungsbefugt ist, Situationen als unzulänglich bzw. gut oder schlecht zu bewerten, gegen welche dann vorgegangen werden dürfte und welche konkreten Maßnahmen letztendlich von dieser Erlaubnis umfasst sind. Ebenso vertretbar ist, zivilen Ungehorsam nicht von einem „Naturrecht" gedeckt zu sehen. Schließlich bietet bereits das positive Recht hinreichend Möglichkeiten und Rechte, auf bestehende Problematiken aufmerksam zu machen und auf den politischen Meinungsbildungsprozess einzuwirken, bspw. im Zuge der Versammlungsfreiheit nach Art. 8 I GG in Form einer Demonstration[148], im Rahmen der Meinungsfreiheit nach Art. 5 I 1 Var. 1 GG, durch das Petitionsrecht nach Art. 17 GG, die Freiheit der Bildung politischer Parteien nach Art. 21 I 2 GG oder durch das Widerstandsrecht nach Art. 20 IV GG im Extremfall[149], sodass es eines so weiten Verständnisses übergesetzlichen Rechts nicht bedarf. Dass ein Verständnis zivilen Ungehorsams als Teil eines überpositiven Rechts zu weit ginge, lässt sich auch damit unterlegen, dass unter Naturrecht in der Vergangenheit deutlich elementarere Rechte verstanden wurden, bspw. ein Selbsterhaltungsrecht und Schä-

---

147 *Locke*, Zwei Abhandlungen über die Regierung, II, §§88 f., S. 254 f.; *Rousseau*, contrat social, 3. Buch, 1. Kapitel, S. 97 ff.; *Rousseau*, Gesellschaftsvertrag, 3. Buch, Kap. 1., S. 61 ff.; *Hobbes, Mayer,* Leviathan, Kap. 17, S. 155; *Hobbes*, Leviathan, Kap. 17. S. 99 f..

148 Jarass/Pieroth/*Jarass*, Art. 8 Rn. 4.

149 Vgl. OLG Celle, Beschl. v. 29.7.2022 – 2 Ss 91/22; *Preuß* NVZ 2023, 60 (72).

digungsverbot[150] oder schlicht das Gebot, Frieden zu suchen[151]. Gleichwohl ließe sich versuchen, auch (radikale) Klimaaktionen unter ein Selbsterhaltungsrecht zu subsumieren. Dem kann mangels unmittelbaren Zusammenhangs der Aktion und der eigenen Selbsterhaltung i. d. R. nicht zugestimmt werden. Eine Einzelfallerwägung ist stets angebracht. Nähme man trotz der eben angeführten Bedenken an, dass ziviler Ungehorsam von einem übergesetzlichen Recht im Sinne des Art. 20 III GG umfasst ist, bliebe die Frage offen, inwiefern übergesetzliches Recht überhaupt Gesetzesrecht bzw. Judikative und Exekutive binden kann, inwiefern es überhaupt „gilt". Exemplarisch soll auf unterschiedliche, vertretene Auffassungen eingegangen werden.

Nach einer Ansicht besteht ausgehend von Art. 20 III GG eine Bindung an positives Recht, die insofern gelockert ist, dass hierbei ein Gerechtigkeitsmaßstab zu Rate zu ziehen ist, der v. a. durch eine Orientierung an die EMRK sowie Menschenrechte der UN zu konkretisieren ist.[152]

Nach einer weiteren Ansicht erfolgt eine Bindung an Gewohnheitsrecht, wobei dieses nur einen geringen Anwendungsbereich habe[153] und insofern auch für diesen Aufsatz, der versucht, die Vielfältigkeit zivilen Ungehorsams abzudecken, nicht weiter von Relevanz ist.

Nach einer letzten Ansicht findet aufgrund von Art. 20 III GG eine Einbeziehung moralischer Normen wie der Radbruch´schen Formel statt, wonach Gesetzesbindung nur bei Übereinstimmung mit grundlegenden vernunftrechtlichen Gerechtigkeitsprinzipien gegeben ist.[154] Die Grenze bilden dabei Gesetze, die im Sinne von *Radbruch* „Gerechtig-

---

150 *Locke*, Zwei Abhandlungen über die Regierung, II, § 6, S. 203.
151 *Hobbes,* Leviathan, Kap. 14, S. 74, Kap. 15, S. 87; *Hobbes, Mayer,* Leviathan, Kap. 14, S. 119, Kap. 15, S. 139.
152 *Maunz/Dürig/Grzeszick*, Art. 20 III GG Rn. 65; Vgl. *Münch/Kunig/Kotzur*, Art. 20 III GG Rn. 168.
153 *Maunz/Dürig/Grzeszick*, Art. 20 III GG Rn. 65; *Zachariä* Magazin für hannoversches Recht, Bd. 1, 1851, 7 (31-34.); *Münch/Kunig/Kotzur*, Art. 20 III GG Rn. 167.
154 *Maunz/Dürig/Grzeszick*, Art. 20 III GG Rn. 65; *Hofmann*, Das Verhältnis von Gesetz und Recht, S. 31.

keit nicht einmal erstreb[en]", den „Kern der Gerechtigkeit", nämlich „Gleichheit [...] bewusst verleugn[en]" und nicht bloß „unrichtiges Recht" darstellen, sondern „überhaupt der Rechtsnatur" entbehren.[155] Auch *Sachs* geht unabhängig von der Bindung an geschriebenes Recht von einer Bindung der Behörden und Gerichte an das „Recht" im Sinne von Gerechtigkeit im Zuge der Rechtsanwendung aus.[156]

Eine generelle Ausrichtung auf überpositive Elemente birgt jedoch die Gefahr in sich, dass Rechtssetzungs- und Legitimationsgrundlagen des Grundgesetzes, u. a., das staatliche Gewaltmonopol, unterlaufen werden.[157] Wenn einzelne Bürger sich im Namen übergesetzlichen Rechts immerzu auf subjektive Gerechtigkeitsprinzipien berufen und jene Gesetzen vorziehen könnten, würde dies nicht nur schnell ausufern, sondern hätte insbesondere Rechtsunsicherheit zur Folge.[158] Dies widerspräche der Grundlage des Grundgesetzes, wonach verfassungsgemäßes Recht bereits umfassend legitimiert ist und allein die Verfassung als Maßstab für die Beantwortung der Frage nach einer gerechten Ordnung des Gemeinwesens zu Rate zu ziehen ist.[159]

Im Ergebnis entfaltet der in Art. 20 III GG vorzufindende Verweis auf übergesetzliches Recht keine Bindungswirkung gegenüber der Exekutive und Judikative.[160] Er ist vielmehr als moralischer Appell an den Gesetzgeber zu verstehen, welcher im Zuge seiner Rechtssetzung Gerechtigkeitsverständnisse würdigen und im Rahmen seiner Möglichkeiten einbringen soll.[161]

---

155 *Radbruch*, SJZ 1946, 105 (107); *Münch/Kunig/Kotzur*, Art. 20 III GG Rn. 165.
156 Sachs GG/*Sachs*, Art. 20 III GG Rn. 104.
157 *Maunz/Dürig/Grzeszick*, Art. 20 III GG Rn. 69.
158 Vgl. ebd.
159 Vgl. ebd.
160 *Maunz/Dürig/Grzeszick,* Art. 20 III GG Rn. 70.
161 Ebd.; *Münch/Kunig/Kotzur*, Art. 20 III GG Rn. 164.

## II. Rechtsphilosophische Positionierungen

Auch wenn überpositives Recht keine Bindungswirkung erzeugt, bleibt der Appell, dieses einzubeziehen bzw. zumindest nicht unbeachtet zu lassen. Eine Hilfestellung zusätzlich zur unscharfen Bezeichnung des Rechts bzw. der Idee der Gerechtigkeit können rechtsphilosophische Auseinandersetzungen mit der Thematik des zivilen Ungehorsams bieten. Im Folgenden sollen deshalb einige rechtsphilosophische Ansätze bedeutsamer Rechtsphilosophen vertieft und auf die heutige Zeit angewendet werden.

## 1. Naturrechtlich begründete Widerstandslehre im 17. und 18. Jahrhundert

In der naturrechtlich begründeten Widerstandslehre im 17. und 18. Jahrhundert wird im Grundsatz von einem Widerstandsverbot ausgegangen.[162] Grenze des Widerstandsverbotes ist eine Situation, in welcher der Souverän – zur damaligen Zeit in aller Regel ein Fürst oder Monarch[163] - zum hostis populi (Feind des Volkes) wird, indem er den Staat als ganze Ordnung bzw. Überlebensgemeinschaft zerstört.[164] In diesem Fall wird ein aktives Widerstandsrecht anerkannt.[165] Vertreter dieser Auffassung waren u.a. *Grotius*, *Pufendorf*, *Wolff* und *Achenwall*.[166] Nun stellt sich die Frage, inwiefern die Umstände des 21. Jahrhunderts es zulassen, eine Auflösung des strikten Widerstandsverbotes anzunehmen. Zunächst ist zu klären, wer im heutigen Staat als Souverän fungiert, denn die Souveränität liegt nicht gleich bei der (Staats-) Macht mit überlegenen Mitteln[167]. Der Begriff der Souveränität ist

---

162 *Hirsch*, Freiheit und Staatlichkeit bei Kant, S. 336.
163 Vgl. *Hillgruber* in Görres-Gesell., Staatslexikon, Bd. 5, Souveränität, 1..
164 *Hirsch*, Freiheit und Staatlichkeit bei Kant, S. 336; *Kersting*, Wohlgeordnete Freiheit, S. 335.
165 *Kersting*, Wohlgeordnete Freiheit, S. 335.
166 *Hirsch*, Freiheit und Staatlichkeit bei Kant, S. 336.
167 *Hillgruber* in Görres-Gesell., Staatslexikon, Bd. 5, Souveränität, 1..

vieldeutig.[168] Unterschieden wird zwischen innerer Souveränität i. S. v. Staatsrecht und äußerer Souveränität i. S. v. Völkerrecht.[169] Gemeint ist damit die Eigenschaft des Staates, die höchste Entscheidungsgewalt auf seinem Hoheitsgebiet innezuhaben sowie unabhängig von anderen Staaten zu sein.[170] Darunter lässt sich auch die Rechtsmacht als Kompetenz des Staates zur Letztentscheidung innerer und äußerer Angelegenheiten verstehen.[171] Damit ist jedoch noch ungeklärt, wer Inhaber dieser Souveränität, bzw. Souverän, ist. Fraglich ist, ob es einen solchen in einem gewaltengeteilten Verfassungsstaat überhaupt gibt. Aufgrund der aufgegliederten Staatsgewalt auf verschiedene Staatsorgane gibt es per se keinen Souverän.[172] In der neueren Lehre wird der Begriff daher inzwischen teilweise nicht mehr verwendet.[173] Auch wenn man *Günter Püttners* an *Carl Schmitt* angelehnte Definition „Souverän ist, wer über die Verfassungsinterpretation gebietet"[174] zu Rate zieht und insoweit an das Bundesverfassungsgericht denkt, scheidet dieses als Souverän mangels Gestaltungsmacht, d. h. der Möglichkeit von sich aus tätig zu werden, aus.[175] Doch was ist mit dem Grundsatz der Volkssouveränität aus Art. 20 II 1 GG, wonach alle Staatsgewalt vom Volk ausgeht?

Als pouvoir constituant tritt das Volk souverän auf, ohne verfassungsrechtlichen Bindungen unterworfen zu sein.[176] „Die der Verfassung vorausliegende Volkssouveränität erschöpft sich jedoch im Akt der Verfassungsgebung und ist alsdann bis zur erneuten Verfassungsgebung in der Verfassung aufgehoben"[177], denn durch Wahlen wird die legislative

---

168 *Weber* in *Weber*, Rechtswörterbuch, Souveränität; *Bamberger* in *Bergmann*, Handlexikon der Europäischen Union, Souveränität.
169 *Hillgruber* in Görres-Gesell., Staatslexikon, Bd. 5, Souveränität, 3.
170 *Weber* in Weber, Rechtswörterbuch, Souveränität.
171 *Hillgruber* in Görres-Gesell., Staatslexikon, Bd. 5, Souveränität, 1..
172 *Ebd.*, Souveränität 3.2.
173 *Weber* in Weber, Rechtswörterbuch, Souveränität.
174 *Püttner* in *Wilke*, FS zum 125jährigen Bestehen der Gesellschaft zu Berlin, 1984, 573.
175 *Hillgruber* in Görres-Gesell., Staatslexikon, Bd. 5, Souveränität 3.2; vgl. *Habermas* in *Glotz*, Ziviler Ungehorsam im Rechtsstaat, 29 (44).
176 *Hillgruber* in Görres-Gesell., Staatslexikon, Bd. 5, Souveränität 3.2.
177 *Ebd.*

Souveränität in abgeleiteter Form auf das Parlament übertragen[178]. Dieses könnte insoweit als Souverän zweiten Grades und die Exekutive in der Folge als Souverän dritten Grades bezeichnet werden.[179] Innerhalb der gegebenen Verfassungsordnung kommen dem Volk als pouvoir constitué nur noch bestimmte wahrnehmbare Kompetenzen zu[180], während staatliche Organe ihre Legitimität über die Volkssouveränität erhalten haben.[181] Die Staatsgewalt findet ihre Grenze im über die Volkssouveränität Vermittelten.[182] Es lässt sich also festhalten, dass die Souveränität in demokratisch verfassten Rechtsstaaten beim Volk liegt.[183] Dieses kann zwar souverän auftreten, ist jedoch nicht zu jedem Zeitpunkt *der* Souverän.[184]

Auch wenn nach allem feststeht, dass es im gewaltengeteilten Verfassungsstaat keinen Souverän im Sinne der naturrechtlichen Konzeption gibt, ließe sich überlegen, ob das grundsätzliche Konzept nicht dennoch übertragbar ist. Schließlich kann prinzipiell auch eine Gefahr von den Inhabern der aufgegliederten Staatsgewalt ausgehen, gegen die gesondert durch das souveräne Volk vorgegangen werden könnte. Im Folgenden soll daher ausgehend vom Grundsatz der Volkssouveränität weitere theoretische Überlegungen angestellt werden.

Wirkt es auf den ersten Blick widersprüchlich, eine Feindschaft des Volkes gegen sich selbst annehmen zu können, so ist dies bei genauerem Überlegen gerade im Hinblick auf die Klimakrise und deren menschliches Zutun nicht abwegig. Der Mensch ist laut aktueller Forschung

---

178 *Merkel*, Wer ist der Souverän? in Wissenschaftszentrum Berlin für Sozialforschung, https://www.wzb.eu/de/forschung/corona-und-die-folgen/wer-ist-der-souveraen (Stand: 13.12.2023, 16.09 Uhr).

179 *Ebd.*

180 *Hillgruber* in Görres-Gesell., Staatslexikon, Bd. 5, Souveränität 3.2.

181 *Bamberger* in *Bergmann*, Handlexikon der Europäischen Union, Souveränität.

182 *Ebd.*

183 *Ebd.*

184 Anders *Merkel* laut dem in Demokratien gelte, dass das Volk der Souverän sei, siehe: *Merkel*, Wer ist der Souverän? in Wissenschaftszentrum Berlin für Sozialforschung. https://www.wzb.eu/de/forschung/corona-und-die-folgen/wer-ist-der-souveraen (Stand: 13.12.2023, 16.09 Uhr).

die Hauptursache des globalen Temperaturanstiegs, insbesondere durch menschengemachte Treibhausgase.[185] Anhaltende Treibhausgasemissionen führen zu zunehmender globaler Erwärmung, die multiple Gefahren und Risiken für Mensch und Natur mit sich bringt.[186] Dass in diesem Kontext eine Auflösung des Widerstandsverbotes stattfinden kann, scheint nicht völlig undenkbar, löst jedoch noch nicht die Frage nach der praktischen Umsetzung. Aufgabe der Regierung als Adressatin der Protestaktionen der „Letzten Generation" ist hingegen, Grundlagen zur Einhaltung des 1,5-Grad-Zieles zu schaffen,[187] andernfalls kann nicht gänzlich ausgeschlossen werden, dass sie einen Anteil an der Zerstörung der Überlebensgemeinschaft hat. Ob ein solcher genügt, das strikte Widerstandsverbot zu brechen, bleibt jedoch fraglich.

## 2. Immanuel Kants striktes Widerstandsverbot

*Immanuel Kant* (1724 - 1804) war der Ansicht, es gäbe keinen rechtmäßigen Widerstand des Volkes gegen das gesetzgebende Oberhaupt[188] und stellte ein striktes Widerstandsverbot[189] und damit korrespondierendes Gehorsamsgebot auf, welches selbst bei unrichtiger bzw. ungerechter Rechtssetzung galt[190]. Unrecht müsse ausgehalten und erlitten werden - eine revolutionäre Staatsverbesserung wäre rechtswidrig.[191] Hintergrund ist Kants Auffassung, nur durch Unterwerfung unter den allgemein-gesetzgebenden Willen des gesetzgebenden Oberhauptes sei ein rechtlicher Zustand möglich.[192] Das heißt, nur ein solches Widerstandsverbot bzw. ein unbedingter Gesetzesgehorsam könne einen Rückfall in

---

185  Syntheseberichtzum 6. IPPC-Sachstandsbericht (AR6), A.1, Version 11.7.2023 siehe https://www.de-ipcc.de/media/content/Hauptaussagen_AR6-SYR.pdf (Stand: 23.12.2023); https://www.bundesregierung.de/breg-de/schwerpunkte/umgang-mit-desinformation/faktencheck-klimakrise-1936176 (Stand: 23.12.2023).
186  Synthesebericht zum 6. IPPC-Sachstandsbericht (AR6), B., Version 11.7.2023
187  Vgl. BVerfGE 157, 30 (46).
188  *Kant*, Metaphysik der Sitten, S. 439.
189  *Hirsch*, Freiheit und Staatlichkeit bei Kant, S. 340.
190  *Kant*, Metaphysik der Sitten, S. 438; *Kersting*, Wohlgeordnete Freiheit, S. 331; *Hirsch*, Freiheit und Staatlichkeit bei Kant, S. 338.
191  *Kersting*, Wohlgeordnete Freiheit, S. 333.
192  *Kant*, Metaphysik der Sitten, S. 439.

den durch das Fehlen einer öffentlichen Gerechtigkeit, Gesetzgebung, Justiz und Exekutivgewalt gekennzeichneten Naturzustand ausschließen, also staatlichen Frieden sowie die Achtung vor dem Gesetzgeber sichern.[193] Das Verbot umfasst ausschließlich aktiven Widerstand.[194] Nach Kant wäre insoweit die absolute Mehrheit der Widerstandsformen des 21. Jahrhunderts strikt verboten, mit dem Ziel, Frieden und die Achtung vor dem Gesetzgeber zu wahren.

Auch ein verfassungsrechtlich verankertes Recht auf aktiven Widerstand, wie es in Art. 20 IV GG zu finden ist, kann es nach Kant nicht geben.[195] Es entstünde schon ein Widerspruch, da das Widersetzen gegen den obersten Befehlshaber einem Einschränken desselben gleichkäme, aber der sich Widersetzende nicht die dafür nötige Macht besitze.[196] Der rechtliche Zustand erfordere einen Herrscher, welcher weder durch Konstitutionalgesetze beschränkt noch durch ein etwaiges Widerstandsrecht in seiner Machtausübung gefährdet würde.[197]

Dahingegen ist passiver Widerstand als eine „bloße Nicht-Befolgung staatlicher Vorgaben", wenn es einen inneren Widerspruch zur Moral gibt[198], vom Widerstandsverbot nicht umfasst und insofern zulässig.[199] Die rechtlichen Folgen dieses Widerstands müssen jedoch geduldet werden.[200]

Nach der sogenannten „Freiheit der Feder" wäre es zumindest möglich, öffentlich Kritik bekanntzugeben – jedoch nur bzgl. der Gesetzesan-

---

193   Vgl. *Kersting*, Wohlgeordnete Freiheit, S. 321.

194   *Kersting*, Wohlgeordnete Freiheit, S. 333; Kant-Lexikon/*Joerden*, S. 2646; *Kant*, Metaphysik der Sitten, S. 441.

195   *Kant*, Metaphysik der Sitten, S. 438; Willaschek, Kant-Lexikon/*Joerden*, S. 2646.

196   *Kant*, Metaphysik der Sitten, S. 438 f..

197   *Kersting*, Wohlgeordnete Freiheit, S. 324; *Kant*, Metaphysik der Sitten, S. 438.

198   *Hirsch*, Freiheit und Staatlichkeit bei Kant, S. 348.

199   *Ebd.*

200   *Ebd.*, S. 350.

wendung, nicht hinsichtlich der Gesetze selbst.[201] Äußere Grenze der Kritik ist die gesetzte Ordnung, innere Grenze die Rechtsgesinnung und Reformbereitschaft des Machthabers.[202] Das heißt, die Kritik darf lediglich systemimmanent, in den Schranken der Verfassung, erfolgen.[203] Diese Kritik kann dem Souverän, also dem gesetzgebenden Staatsoberhaupt bzw. dem Inhaber der obersten Gewalt[204], bei seiner Pflichterfüllung helfen, denn ihm obliegt ein Reformpostulat[205]. D. h., (nur) er hat die positive Rechtslage stets zu überprüfen und gegebenenfalls Anpassungen vorzunehmen, sollte eine Norm den Verfassungskriterien nicht genügen. Durch die Freiheit der Feder kann seine Aufmerksamkeit auf ihm noch unvertraute Missstände gelenkt werden, führt aber nicht zur Verpflichtung des Souveräns sich diesen Missständen zu widmen, da er keine „(Zwangs-) Pflichten" gegenüber seinen Untertanen hat.[206] Nach *Kant* steht dem Volk ferner ein „negativer Widerstand" als „Weigerung des Volks (im Parlament)" zu, der erlaubt, den zur Staatsverwaltung von der Regierung als nötig vorgegebenen Forderungen nicht immer zu gehorchen.[207] Dabei handelt es sich allerdings nur um „eine organisatorische Selbstbeschränkung" und kein Infragestellen der Oberherrschaft als solcher wie es beim konstitutionellen Widerstandsrecht der Fall wäre, aus dem eine Befugnis zur aktiven und v. a. gewaltsamen Opposition sowie Aufhebung der Oberherrschaft hervorgeht.[208] Letzteres hält *Kant* für ausgeschlossen.[209]

---

201  *Hirsch*, Freiheit und Staatlichkeit bei Kant, S. 345; *Kersting*, Wohlgeordnete Freiheit, S. 324.
202  *Kersting*, Wohlgeordnete Freiheit, S. 324.
203  *Hirsch*, Freiheit und Staatlichkeit bei Kant, S. 345.
204  Willaschek, Kant-Lexikon/*Joerden*, S. 2139.
205  *Kant*, Metaphysik der Sitten, S. 441; *Willaschek,* Kant-Lexikon/*Joerden*, S. 2645.
206  *Kant*, Metaphysik der Sitten, S. 438; *Hirsch*, Freiheit und Staatlichkeit bei Kant, S. 346 f..
207  *Kant*, Metaphysik der Sitten, S. 441; *Willaschek*, Kant-Lexikon/*Joerden*, S. 2646; *Hirsch*, Freiheit und Staatlichkeit bei Kant, S. 347.
208  *Hirsch*, Freiheit und Staatlichkeit bei Kant, S. 347.
209  *Ebd.*

Anders als in der Tradition der naturrechtlich begründeten Widerstandslehre des 17. und 18. Jh., ist bei *Kant* die hostis populi - Grenze des
Widerstandverbots nicht einschlägig. Das liegt daran, dass sich für Kant
die Frage des Widerstands nur in einem rechtlichen Zustand stellt, dieser jedoch nicht mehr bestünde bzw. von einem Naturzustand abge-
löst würde, wenn der Souverän den Staat zerstört hätte.[210] Das Widerstandsrecht würde zu einem Selbstverteidigungsrecht.[211] Freilich lässt
sich daran kritisieren, dass in der Praxis kein trennscharfer Wechsel von
dem einen in den anderen Zustand durch eine Rechtszerstörung denkbar
ist[212], doch dies spielt im Ergebnis keine Rolle. Indem die Ordnung zerstört wird, findet eine Auflösung des rechtlichen Zustands statt und die
Gehorsamspflicht entfällt - in der Sache unterscheidet sich die Grenze
Kants strikten Widerstandsverbotes also nicht von der bereits erläuter-
ten hostis populi-Klausel[213], weshalb auf die obigen Ausführungen zur
Aktualität verwiesen werden kann.

## 3. John Rawls „Recht" auf zivilen Ungehorsam

Der US-amerikanische Philosoph *John Rawls* (1921-2002) vertritt in
seiner 1971 veröffentlichten „Theorie der Gerechtigkeit" hingegen
die Ansicht, dass im Verstoß gegen ein Gesetz, vorausgesetzt dieses
ist ungerecht[214], kein Verbrechen liegt.[215] Es handele sich um zivilen
Ungehorsam, sofern er öffentlich[216], gewaltlos[217], gewissensbestimmt[218]
und mit dem Motiv der Gesetzesreform[219] begangen wird.[220] Dieser ist
legitim bzw. gerechtfertigt, wenn die drei folgenden Bedingungen er-

---

210  Vgl. *Kersting*, Wohlgeordnete Freiheit, S. 336.
211  *Ebd.*, S. 337 f.
212  *Ebd., S. 337.*
213  *Ebd.*, S. 339.
214  *Forst* in *Höffe*, Rawls ThdG, 184 (184, 185).
215  *Ebd.*, 184.
216  *Rawls*, A theory of justice, § 55, S. 366; *Forst* in *Höffe*, Rawls ThdG, 184 (185).
217  *Ebd.*
218  *Ebd., S.* 364, 367; *Forst* in *Höffe*, Rawls ThdG, 184 (185).
219  *Rawls*, A theory of justice, § 55, S. 364.
220  *Ebd.*, S. 364 -367; *Braune*, Staatslexikon, Bd. 6, 8. Auflage 2021, Ziviler
     Ungehorsam.

füllt sind[221]: Es ist erforderlich, dass der zivile Ungehorsam gegen Fälle „wesentlicher und eindeutiger Ungerechtigkeit" gerichtet ist.[222] Die Ungerechtigkeit bestimmt sich nach „allgemein nicht zurückweisbaren Maßstäben", also nicht der bloßen Gerechtigkeitsvorstellung eines Einzelnen oder religiöser Überzeugungen.[223] Zudem müssen legale Korrekturmöglichkeiten ausgeschöpft worden und ohne Erfolg gewesen sein.

Es muss außerdem darauf geachtet werden, dass das System nicht destabilisiert wird, wenn mehrere Minderheiten gleiche Gründe für zivilen Ungehorsam hätten.[224] Das heißt, „Aktivitäten des Ungehorsams dürfen kein Ausmaß annehmen, welches das Funktionieren der Verfassungsordnung gefährdet".[225] Unter diesen Voraussetzungen entsteht insofern faktisch eine Art „Recht" auf zivilen Ungehorsam, auch wenn dessen rechtlicher Status bei *Rawls* ungeklärt bleibt. Die Bereitschaft, zivilen Ungehorsam zu leisten, sei ein wichtiger Stabilitätsfaktor einer wohlgeordneten Gesellschaft.[226] Die Bürger seien „füreinander verantwortliche Teilnehmer an einem gemeinsamen, der Gerechtigkeit verpflichteten politischen Projekt."[227] Dazu zählt auch, darüber zu befinden, wann ziviler Ungehorsam aus Achtung gegenüber sich selbst und anderen geboten sein kann.[228] Jeder Bürger trage dabei die Verantwortung für seine Deutung der Gerechtigkeitsgrundsätze und das entsprechende Verhalten. Weder ein Gericht noch ein Parlament könne eine gesetzlich oder gesellschaftlich anerkannte Auslegung dieser Grundsätze konstituieren, welche die Bürger aus moralischer Verpflichtung stets anzuerkennen hätten.[229] Ungeachtet dessen, betont *Rawls*, dass ziviler Ungehorsam die Rechtsfolgen des Rechtsbruchs akzeptieren

---

221 Vgl. *Habermas* in *Glotz*, Ziviler Ungehorsam im Rechtsstaat, 29 (33).
222 *Rawls*, A theory of justice, § 57, S. 372; *Forst* in *Höffe*, Rawls ThdG, 184 (185).
223 *Forst* in *Höffe*, Rawls ThdG, 184 (185); *Rawls*, A theory of justice, § 59, S. 358.
224 *Forst* in *Höffe*, Rawls ThdG, 184 (185 f.).
225 *Habermas* in *Glotz*, Ziviler Ungehorsam im Rechtsstaat, 29 (34).
226 *Rawls*, A theory of justice, § 59, S. 383; *Forst* in *Höffe*, Rawls ThdG, 184 (189).
227 *Forst* in *Höffe*, Rawls ThdG, 184 (189).
228 *Ebd.*; *Rawls*, A theory of justice, § 59, S. 389 f..
229 *Rawls*, A theory of justice, § 59, S. 390; *Forst* in *Höffe*, Rawls ThdG, 184 (189).

müsse.[230] *Rawls* hebt jedoch auch hervor, dass ziviler Ungehorsam von organisiertem gewaltsamen Widerstand zu unterscheiden sei.[231] Er sei außerdem nur in einem gut geordneten Zustand nahe der Gerechtigkeit - *Rawls* hält ein demokratisches System für erforderlich[232] - und nur für die Legitimität der Verfassung anerkennende Personen denkbar.[233] Die vorsätzliche Verletzung einzelner Rechtsnormen ist zwar vom zivilen Ungehorsam umfasst, aber nur sofern der Gehorsam gegenüber der Rechtsordnung als solcher unberührt bleibt.[234] Gerechtfertigter ziviler Ungehorsam als letztes Instrument bewegt sich insofern innerhalb der Grenzen der Gesetzestreue[235], d. h. „unter grundsätzlicher Anerkennung der Verfassungsordnung"[236].

Im Folgenden soll die Letzte Generation an *Rawls'* Kriterien gemessen werden.

Auch wenn deren Gesetzestreue angesichts ihrer Rechtsbrüche fraglich erscheint, ist diese im Ergebnis anzunehmen. Eine grundsätzliche Anerkennung der Verfassungsordnung lässt sich nicht leugnen. Insbesondere bezieht sich die Gruppe selbst immer wieder auf Rechtsprechung des BVerfG und nimmt Bezug auf das GG.[237]Auch die Hinnahme von Strafen ist gegeben.[238] Ob wirklich alle Mittel ausgeschöpft sind, wird unterschiedlich bewertet. Die Frage kann jedoch dahinstehen, wenn es an Gewaltfreiheit der Letzten Generation mangelt. Nach eigenen An-

---

230  *Rawls*, A theory of justice, § 55, S. S. 365, 366; *Forst* in *Höffe*, Rawls ThdG, 184 (185); *Kiesewetter*, Zeitschrift für Praktische Philosophie, Band 9, Heft 1 (2022), 77 (81).

231  *Rawls*, A theory of justice, § 55, S. 367.

232  *Ebd.*, S. 363.

233  *Ebd.*, S. 363, 367, 368.

234  *Habermas* in *Glotz*, Ziviler Ungehorsam im Rechtsstaat, 29 (35); *Rawls*, A theory of justice, § 55, S. 363, 366 ff, § 59, S. 382 f., 386 f..

235  *Rawls*, A theory of justice, § 59, S. 384; *Kiesewetter*, ZfPP, Band 9, Heft 1 (2022), 77 (81).

236  *Braune*, Staatslexikon, Bd. 6, 8. Auflage 2021, Ziviler Ungehorsam.

237  https://letztegeneration.org/verfassungsbruch/ (Stand 25.12.2023).

238  https://letztegeneration.org/wer-wir-sind/ (Stand: 15.12.2023); https://a22network.org/de/ (Stand: 15.12.2023).

gaben verhält sich die Gruppe offen und gewaltfrei.[239] Jedoch gibt es verschiedene Auslegungen des von *Rawls* nicht näher konkretisierten Gewaltbegriffes. Der vergeistigte Gewaltbegriff, bei dem auch psychische Gewalt genügt, ist mittlerweile überholt[240], doch gerade in der Rechtspraxis wird im Zuge der Zweite-Reihe-Rechtsprechung des BGH wie bereits gesehen in puncto Straßenblockaden Gewalt gem. § 240 StGB angenommen. Dagegen ist nach *Dreier* Gewaltfreiheit mit Druck und Beeinträchtigungen der Bewegungsfreiheit Dritter vereinbar, d. h. Nötigung lässt Gewaltfreiheit nicht automatisch scheitern.[241] Auch nach *Frankenberg* muss die Protesthandlung die physische und psychische Integrität des Protestgegners und unbeteiligter Dritter wahren sowie im Verhältnis zum Protestzweck stehen.[242] Straßenblockaden prinzipiell als Gewalt zu begreifen, lässt außer Acht, dass es sich anders als bei widerständischen Kampfhandlungen um symbolischen Protest handelt.[243] Völlige Gewaltfreiheit ist nicht mit „Ungehorsam" zu vereinbaren, schon weil Protest ohne Schädigung unmöglich ist.[244] Auch wenn so Gewaltfreiheit bejaht wird, muss diese immer im Verhältnis gesehen werden. Der Zusammenhang von Sachschäden und Personenschäden darf nicht außer Acht gelassen werden, insbesondere, dass die tolerierbare Schadenshöhe sich relativ zum Vermögen des Geschädigten verhält.[245] Daher kann Gewalt noch einzelfallspezifisch angenommen werden. Dadurch wäre ein Fehlen des Appellcharakters impliziert.[246] Doch dieser ist auch bei Annahme von Gewaltfreiheit fragwürdig, denn „momentan scheint es der Letzten Generation nicht zu gelingen, den Gerechtigkeitssinn der Mehrheit und der Regierenden erfolgreich zu adressieren und auf bereits herrschende und zukünftige Klimaun-

---

239  https://letztegeneration.org/mitmachen/werte-protestkonsens/ (Stand:25.12.2023); https://a22network.org/de/ (Stand: 15.12.2023).
240  *Zimmermann, Griesar* JuS 2023, 401 (402 f.); *Zoll, Schäfer* Stimmen der Zeit 2023, 643 ff..
241  *Habermas* in *Glotz*, Ziviler Ungehorsam im Rechtsstaat, 29 (35).
242  *Frankenberg* JZ 1984, 266 (269).
243  *Zoll, Schäfer* Stimmen der Zeit 2023, 643 ff..
244  *Gesang* KlimR 2022, 147 (148).
245  *Gesang* KlimR 2022, 147 (148).
246  *Forst* in *Höffe*, Rawls ThdG, 184 (186).

gerechtigkeit [...] aufmerksam zu machen", sodass es am für *Rawls* wichtigen zielführenden Charakter der Aktionen fehlt.[247] Nach *Rawls* ist für das Verständnis des Zusammenhangs von Symbol und Handlung zu sorgen.[248] Spätestens bei Angriffen auf Kunstwerke mit Kartoffelbrei ist die Verbindung zum Klimaschutz nicht mehr ersichtlich. Mangels Appellcharakters kann eine Prüfung der Verhältnismäßigkeit von Aktion und Mittel sowie die Frage, ob es sich um extreme Ungerechtigkeit handelt, gegen die vorgegangen wird, dahinstehen, auch wenn Letzteres in Bezug auf unzureichende Klimamaßnahmen in Anbetracht der Folgen wohl zu bejahen wäre. Die Letzte Generation wird den Kriterien legitimen zivilen Ungehorsams nach *Rawls* nicht gerecht.

## 4. Jürgen Habermas – ziviler Ungehorsam als Notwendigkeit

*Jürgen Habermas* (*1929) setzte sich im Kontext von Friedens-, Umweltschutz- und Frauenbewegung, Protesten gegen Atomkraft und dem sich anbahnenden „heißen Herbst" 1983 in seinem Aufsatz „Ziviler Ungehorsam – Testfall für den demokratischen Rechtsstaat. [...]" mit zivilem Ungehorsam auseinander.[249] Er vertritt die These, dass jede selbstsichere rechtsstaatliche Demokratie „zivilen Ungehorsam als normalisierten, weil notwendigen Bestandteil ihrer politischen Kultur" betrachte und insofern „ziviler Ungehorsam als Element einer reifen politischen Kultur" anzusehen sei.[250] Darunter versteht er Akte, die formal illegal sind, obwohl ihre Ausführung unter Berufung auf allgemein anerkannte Legitimationsgrundlagen der demokratisch-rechtsstaatlichen Ordnung erfolgt[251] und bei denen die Bereitschaft gegeben ist, für die rechtlichen Folgen einzustehen[252].

---

247 *Miller* moritz.magazin 163 (2023), 21.
248 *Pape* PERIPHERIE, Bd. 3 (2017), 449 (455).
249 *Habermas* in *Glotz*, Ziviler Ungehorsam im Rechtsstaat, S. 29 -52.
250 *Habermas* in *Glotz*, Ziviler Ungehorsam im Rechtsstaat, 29 (32, 43).
251 *Ebd.*, 29 (33).
252 *Ebd.*, 29 (34, 35).

*Habermas* stimmt insoweit mit *Rawls* überein, dass es sich bei zivilem Ungehorsam um einen Appell an den Gerechtigkeitssinn der Mehrheit handelt.[253] Die vorgesehenen Revisionsmöglichkeiten müssen ausgeschöpft sein.[254] Zudem ist ziviler Ungehorsam öffentlich, i. d. R. angekündigt, gewaltfrei und lediglich von symbolischem Charakter, d. h. er stellt die Rechtsordnung als solche nicht infrage.[255] Jene sei aus Einsicht und insofern freiwillig anzuerkennen.[256] Ein wesentlicher Unterschied liegt jedoch darin, dass Habermas eine Unterscheidung zwischen Legalität, also der Übereinstimmung mit dem Gesetz und Legitimität als Übereinstimmung mit anerkennungswürdigen Prinzipien auch außerhalb des positiven Rechts, vornimmt.[257] Die Prinzipien zur Rechtfertigung der Verfassung dürften nicht von der Übereinstimmung mit positivem Recht abhängen, d. h. nicht ausschließlich auf die Legalität gestützt werden[258], nur dann könne Gesetzesgehorsam - kein unbedingter, sondern ein qualifizierter[259] - erwartet werden.[260] Werden Regelverletzende mit den üblichen Strafen sanktioniert, da die Würde des zivilen Ungehorsams, die aus dem Legitimationsanspruch des Rechtsstaates folgt, nicht geachtet wird, so kommt es nach Habermas zum Verfall in einen „autoritären Legalismus".[261] Ziviler Ungehorsam beruhe v. a. auf einer Auseinandersetzung und Prüfung jener anerkennungswürdigen Prinzipien außerhalb der Rechtsordnung in Bezug auf tatsächliche Begebenheiten und erfülle damit eine wichtige Funktion für den demokratischen Rechtsstaat, welcher letztlich sogar davon abhängig sei[262]. Kritikfähig-

---

253  *Ebd.*, 29 (34 f.); *Kiesewetter* Zeitschrift für Praktische Philosophie, Band 9, Heft 1 (2022), 77 (81).
254  *Habermas* in *Glotz*, Ziviler Ungehorsam im Rechtsstaat, 29 (34).
255  *Ebd.*, 29 (35, 42); *Kiesewetter* Zeitschrift für Praktische Philosophie, Band 9, Heft 1 (2022), 77 (81).
256  *Habermas* in *Glotz*, Ziviler Ungehorsam im Rechtsstaat, 29 (36).
257  *Ebd.*, 29 (37).
258  *Ebd.*, 29 (38).
259  *Ebd.*, 29 (38).
260  *Ebd.*, 29 (37).
261  *Ebd.*, 29 (43).
262  *Ebd.*, 29 (41).

keit sei Kennzeichen eines demokratischen Rechtsstaates.[263] Fraglich ist, worum es sich konkret bei diesen Prinzipien handeln soll. *Habermas* bezieht sich dabei auf *Kants* Vernunftethik, in der ein verallgemeine-rungsfähiges Interesse verbunden mit der wohlerwogenen Zustimmung aller Betroffenen hervorgehoben wird,[264] und spricht von einer „histo-risch eingelebte[n] materiale[n] Wertordnung"[265], ohne diese näher zu konkretisieren. Jedenfalls agiere das Volk als Hüter der Legitimität, da es über die nötige Sensibilität und Urteilskraft verfüge, Legitimitäts-verletzungen ausfindig zu machen und „notfalls […] ungesetzlich zu handeln".[266] D. h. im Fall, dass Gesetze den Prinzipien widersprechen, haben Bürger das „Recht"[267] bzw. die „potentielle Pflicht"[268], sich zu widersetzen - unabhängig vom positiven Recht. Dies sei „oft die letzte Möglichkeit, Irrtümer im Prozeß der Rechtsverwirklichung zu korrigie-ren oder Neuerungen in Gang zu setzen."[269] Somit komme es zur Über-windung der „Spannung zwischen sozialer Faktizität und Geltung".[270] Die Legitimität sei daher vergleichbar mit einem „Schrittmacher für überfällige Korrekturen und Neuerungen".[271] „Das „Recht" auf zivilen Ungehorsam" bleibt laut *Habermas* berechtigt „in der Schwebe zwi-schen Legitimität und Legalität".[272] Diese macht die Stärke des zivilen Ungehorsams aus[273] und „signalisiert", dass „der demokratische Rechts-staat mit seinen legitimierenden Verfassungsprinzipen über alle Gestal-ten ihrer positiv-rechtlichen Verkörperung hinausweist"[274]. *Habermas* betont jedoch auch, dass derjenige, der Regeln verletzt, „skrupellos" prüfen müsse, „ob die Wahl spektakulärerer Mittel der Situation wirk-

---

263  *Pape* PERIPHERIE, Bd. 3 (2017), 449 (455).
264  *Habermas* in *Glotz*, Ziviler Ungehorsam im Rechtsstaat, 29 (37).
265  *Ebd.*, 29 (38).
266  *Ebd.*, 29 (38 f.).
267  *Ebd.*, 29 (51).
268  *Pape* PERIPHERIE Bd. 3 (2017), 449 (454).
269  *Habermas* in *Glotz*, Ziviler Ungehorsam im Rechtsstaat, 29 (40).
270  *Habermas,* Faktizität und Geltung, S. 646.
271  *Habermas* in *Glotz*, Ziviler Ungehorsam im Rechtsstaat, 29 (40).
272  *Ebd.*, 29 (43,51); *Pape* PERIPHERIE, Bd. 3 (2017), 449 (452).
273  *Pape* PERIPHERIE, Bd. 3 (2017), 449 (466).
274  *Habermas* in *Glotz*, Ziviler Ungehorsam im Rechtsstaat, 29 (43).

lich angemessen ist [...] und nicht einer Anmaßung entspringt".[275] Eine Rechtfertigung zivilen Ungehorsams beruhe auf einem dynamischen Verständnis der Verfassung.[276] Diese sei langfristig nicht als „fertiges Gebilde" anzusehen, sondern in Wirklichkeit fehlbar und revisionsbedürftig.[277] Bei einer Änderung der Umstände, müsste das Recht neu realisiert werden, d. h. anders interpretiert und radikaler ausgeschöpft werden.[278] Offen bleibt allerdings die Frage, wie sich dies rechtsdogmatisch umsetzen ließe.

Bei der Anwendung *Habermas'* Verständnis auf die heutige Zeit kann zum Großteil auf die Ausführungen zu *Rawls* verwiesen werden. Eine etwaige Einstufung spektakulärer Aktionen der Letzten Generation als Anmaßung aus elitärer Gesinnung oder narzisstischem Trieb[279] ist nicht völlig ausgeschlossen, soll aber nicht näher vertieft, sondern dem Leser selbst überlassen werden.

## III. Zwischenfazit

Übergesetzliches Recht entfaltet keine Bindungswirkung, kann jedoch als moralischer Appell gesehen werden. Der neue Ansatz, die hostis populi Grenze auf das Volk selbst anzuwenden, ist zwar in sich schlüssig, jedoch nicht praxistauglich. Die Protestaktionen lassen sich aufgrund der gewählten Mittel nicht rechtsphilosophisch im Rahmen übergesetzlichen Rechts rechtfertigen.

---

275 *Ebd.*, 29 (42).
276 *Habermas,* Faktizität und Geltung, S. 646.
277 *Ebd.*
278 *Ebd.*
279 *Pape* PERIPHERIE, Bd. 3 (2017), 449 (455).

# F.  Fazit

Ziviler Ungehorsam verfügt über wichtiges politisches und gesellschaftliches Potenzial. Dennoch kann er Straftatbestände, bspw. §§ 240 I, 303, 304 StGB, verwirklichen und somit dem Gesetz zuwiderlaufen. Doch gerade seine Illegalität macht ihn einerseits aus[280] und ist andererseits kaum vermeidbar, um notwendige Effekte zu erzielen. Dennoch muss ziviler Ungehorsam zum Wohl der Allgemeinheit gedacht werden und dementsprechend auch verständliche Mittel im Sinne aller wählen. Ein Recht auf zivilen Ungehorsam gibt es nicht.[281] „Wer Gesetze unter Berufung auf eine höhere Legitimität brechen will", kann dies zwar tun, muss jedoch auch die rechtlichen Konsequenzen tragen.[282] Eine achtenswerte moralisch politische Motivation allein, kann nicht die Rechtswidrigkeit des Verhaltens aufheben.[283] Insbesondere greifen die Rechtfertigungsgründe des §§ 32, 34 StGB sowie ziviler Ungehorsam als solcher nicht für momentane Protestaktionen. So wie eine gesetzliche Rechtfertigung von Aktionen der Letzten Generation nicht gelingen mag, scheint auch eine rechtsphilosophische Rechtfertigung nicht erfolgversprechend. Die Beurteilung zivilen Ungehorsams, gesetzlich und übergesetzlich, muss jedoch stets einzelfallbezogen sein, ohne auf Grundlage einmal gebildeter Ansichten zu stagnieren. Doch selbst dann steht noch nicht fest, wer am Ende als Tor hervorgehen wird.

---

280  *Habermas* in *Glotz*, Ziviler Ungehorsam im Rechtsstaat, 29 (43,51).
281  *Pape* PERIPHERIE, Bd. 3 (2017), 449 (464).
282  *Schwarz* NJW 2023, 275 (280).
283  *Matt/Renzikowski/Engländer,* Vorbemerkung zu § 32 Rn. 46.

# Literaturverzeichnis

**Bergmann, Jan (Hrsg.):** Handlexikon der Europäischen Union 6. Auflage, Baden-Baden 2022 (zitiert als: Bearbeiter in Bergmann, Handlexikon der Europäischen Union, Stichwort).

**Bleckat, Alexander:** „Klimakleber" – Mitglieder einer kriminellen Vereinigung?, Neue Justiz 2023, S. 293 – 296.

**Degenhart, Christoph:** Staatsrecht I – Staatsorganisationsrecht: Mit Bezügen zum Europarecht, 39. Auflage, Heidelberg 2023 (zitiert als: Degenhart, Staatsrecht I, Rn. …).

**Dreier, Horst (Hrsg., Bearb.) / Wittrek, Fabian (Bearb.) / Bauer, Hartmut (Bearb.) / Brosius-Gersdorf, Frauke (Bearb.) / u. a.:** Grundgesetz-Kommentar, Band 2, 3. Auflage, Tübingen 2015 (zitiert als: Dreier/Bearbeiter, GG, Bd. 2, Art. … Rn. …).

**Eberl, Matthias:** Ziviler Ungehorsam und Friedlicher Widerstand im demokratischen Verfassungsstaat: Wo liegen die Grenzen politischer Opposition in der rechtsstaatlichen Demokratie?, Zeitschrift für Politik 1994, S. 359 – 388.

**Erb, Volker (Hrsg.) / Schäfer, Jürgen (Hrsg.):** Münchener Kommentar zum StGB, Band 6, 4. Auflage, München 2022 (zitiert als MüKo StGB/Bearbeiter, § … Rn. …).

**Erb, Volker:** „Klima-Kleber" im Spiegel des Strafrechts, NStZ 2023, S. 577 – 585.

**Fischer, Thomas:** Ist die „Letzte Generation" eine kriminelle Vereinigung?, LTO-Kolumne vom 22.05.2023, https://www.lto.de/recht/meinung/m/kriminelle-vereinigung-thomas-fischer-letzte-generation/ (Stand: 15.12.2023).

**Forst, Rainer:** Die Pflicht zur Gerechtigkeit, In: Höffe, Otfried (Hrsg.), Klassiker auslegen, Band 15, Rawls Eine Theorie der Gerechtigkeit, 3. Auflage, Berlin 2013, S. 184 – 190 (zitiert als: Forst in Höffe, Rawls ThdG, Anfangsseite (genaue Seite)).

**Frankenberg, Günter:** Ziviler Ungehorsam und rechtsstaatliche Demokratie, JZ 1984, S. 266 – 275.

**Gätsch, Cäcilia:** Legitimität und Legalität von zivilem Ungehorsam im Kampf gegen die Klimakrise, KlimR 2023, S. 141 – 145.

**Gesang, Bernward:** Autobahnblockaden und „Spaziergänge": Was sind die Grenzen zivilen Ungehorsams?, KlimR 2022, S. 147 – 149.

**Görres-Gesellschaft (Hrsg.) / Verlag Herder, Freiburg (Hrsg.):** Staatslexikon. Recht Wirtschaft und Gesellschaft, Band 5, 8. Auflage, Freiburg 2021; Band 6, 8. Auflage, Freiburg 2017 (zitiert als: Bearbeiter in Görres-Gesell., Staatslexikon, Band, Begriff).

**Habermas, Jürgen:** Ziviler Ungehorsam – Testfall für den demokratischen Rechtsstaat. Wider den autoritären Legalismus in der Bundesrepublik, In: Glotz, Peter (Hrsg.), Ziviler Ungehorsam im Rechtsstaat, Frankfurt am Main 1983, S. 29 – 53, (zitiert als: Habermas in Glotz, Ziviler Ungehorsam im Rechtsstaat, S. …).

**Ders.:** Faktizität und Geltung. Beiträge zur Diskurstheorie des Rechts und des demokratischen Rechtsstaats, 4. Auflage, Frankfurt am Main 1994 (zitiert als: Habermas, Faktizität und Geltung, S. …).

**Hirsch, Philipp-Alexander:** Freiheit und Staatlichkeit bei Kant: Die autonomietheoretische Begründung von Recht und Staat und das Widerstandsproblem, In: Baum, Manfred (Hrsg.) / Dörflinger, Bernd (Hrsg.) / Klemme, Heiner (Hrsg.), Kantstudien-Ergänzungshefte, Band 194, Berlin, Boston 2017 (zitiert als: Hirsch, Freiheit und Staatlichkeit bei Kant, S. …).

**Hobbes, Thomas:** Leviathan, In: The Everyman Library, London 1994 (zitiert als: Hobbes, Leviathan, Kap. …, S. …).

**Ders.:** Leviathan Erster und zweiter Teil, aus dem Englischen von Mayer, Jacob Peter, Stuttgart 2021, (zitiert als: Hobbes, Mayer, Leviathan, Kap. …, S. …).

**Hofmann, Birgit:** Das Verhältnis von Gesetz und Recht: Eine verfassungsrechtliche und verfassungstheoretische Untersuchung zu Art. 20 Abs. 3 GG, Berlin 2003, (zitiert als: Hofmann, Das Verhältnis von Gesetz und Recht, S. …).

**Honer, Mathias:** Ziviler Ungehorsam in der freiheitlichen Demokratie des Grundgesetzes, JuS 2023, S. 408 – 414.

**Jarass, Hans (Begr.) / Pieroth, Bodo (Begr.) / Kment, Martin (Bearb.):** Grundgesetz für die Bundesrepublik Deutschland. Kommentar, 17. Auflage, München 2022 (zitiert als: Jarass/Pieroth/Bearbeiter, Art. … Rn. …).

**Kant, Immanuel / Weischedel, Wilhelm (Hrsg.):** Die Metaphysik der Sitten, In: Werkausgabe Band VIII, 1. Auflage, Sinzheim 1977 (zitiert als: Kant, Metaphysik der Sitten, S. …).

**Kersting, Wolfgang:** Wohlgeordnete Freiheit. Immanuel Kants Rechts- und Staatsphilosophie, Berlin, De Gruyter 2011, ©1984, In: Patzig, Günther (Hrsg.) / Scheibe, Erhard (Hrsg.) / Wieland, Wolfgang (Hrsg.) Quellen und Studien zur Philosophie, Band 20, Berlin, New York 1984 (zitiert als: Kersting, Wohlgeordnete Freiheit, S. …).

**Kiesewetter, Benjamin:** Klimaaktivismus als ziviler Ungehorsam, Zeitschrift für Praktische Philosophie, Band 9, Heft 1, 2022, S. 77 – 114.

**Kindhäuser, Urs (Hrsg.) / Neumann, Ulfrid (Hrsg.) / Paeffgen, Hans-Ullrich (Hrsg.) / Saliger, Frank (Hrsg.):** NOMOS KOMMENTAR, Strafgesetzbuch, 6. Auflage, Baden-Baden 2023 (zitiert als: Kindhäuser/Neumann/Bearbeiter, § … Rn. …).

**Kipker, Dennis-Kenji:** Hackback in Deutschland: Wer, was, wie und warum? Zeitschrift für das Gesamte Sicherheitsrecht 2020, S. 26 – 29.

**Kleger, Heinz / Makswitat, Eric:** Digitaler Ungehorsam. Wie das Netz den zivilen Ungehorsam verändert, Forschungsjournal neue soziale Bewegungen, Dezember 2014, S. 8 – 17.

**Kraft, Dennis / Meister, Johannes:** Rechtsprobleme virtueller Sit-ins, Multimedia und Recht 2003, S. 366 – 374.

**Kuhli, Milan / Papenfuß, Judith:** Warum die „Letzte Generation" (noch)keine kriminelle Vereinigung ist, KriPoZ 2023, S. 71 – 77.

**Lackner, Karl / Kühl, Kristian / Heger, Martin (Bearb.):** Strafgesetzbuch, Kommentar, 30. Auflage, München 2023 (zitiert als: Lackner/Kühl/Bearbeiter, § …, Rn. …).

**Landmann, Robert (Begr.) / Rohmer, Gustav (Begr.) / Beckmann, Martin (Hrsg.) / Durner, Wolfgang (Hrsg.) / u. a.:** Umweltrecht Kommentar, Band 1, Stand: 102. Ergänzungslieferung, München 2023 (zitiert als: Landmann/Rohmer/Bearbeiter, Umweltrecht, Art. …, Rn. 8…).

**Locke, John / Euchner, Walter (Hrsg.):** Zwei Abhandlungen über die Regierung, aus dem Englischen von Hoffmann, Hans Jörn Frankfurt am Main 1977 (zitiert als Locke, Zwei Abhandlungen über die Regierung, Angabe der Abhandlung, § …, S. …).

**Matt, Holger (Hrsg.) / Renzikowski, Joachim (Hrsg.):** Strafgesetzbuch, Kommentar, 2. Auflage, München 2020 (zitiert als Matt/ Renzikowski/Bearbeiter, § … Rn. …).

**Maunz, Theodor (Begr.) / Dürig, Günter (Begr.) / Herzog, Roman (Hrsg.) / Scholz, Rupert (Hrsg.) / Herdegen, Matthias (Hrsg.) / Klein, Hans H. / u. a.:** Grundgesetz-Kommentar, Band 3, Art. 17 - 28, Loseblatt, Stand: 101. EL Mai 2023 (zitiert als: Maunz/Dürig/ Bearbeiter, Art.… Rn. …).

**Merkel, Wolfgang:** Wer ist der Souverän? Wissenschaftszentrum Berlin für Sozialforschung, https://www.wzb.eu/de/forschung/corona-und-die-folgen/wer-ist-der-souveraen, Stand: 13. 12. 2023.

**Miller, Maya Elinor:** Rawls´ ziviler Ungehorsam und die Letzte Generation, moritz.magazin 163 (2023), S. 21.

**Münch, Ingo (Begr.) / Kunig, Philip (Begr.) / Kotzur, Markus (Hrsg.) / Kämmerer, Jörn Axel (Hrsg.):** Grundgesetz Kommentar, Band 1, 7. Auflage, München 2021 (zitiert als: Münch/Kunig/Bearbeiter, Art. … Rn. …).

**Pape, Carina:** Die neue Sichtbarkeit: ziviler Ungehorsam zweiter Stufe, PERIPHERIE – Politik, Ökonomie, Kultur, Band 3 (2017), S. 449 - 468.

**Preuß, Tamina:** Die strafrechtliche Bewertung der Sitzblockaden von Klimaaktivisten, NVZ 2023, S. 60 – 74.

**Püttner, Günter:** Der schwierige Weg der Verfassungsgerichtsbarkeit, In: Wilke, Dieter (Hrsg.), Festschrift zum 125jährigen Bestehen der Juristischen Gesellschaft zu Berlin, Berlin 1984, S. 573 – 606 (zitiert als: Püttner in Wilke, FS zum 125jährigen Bestehen der Juristischen Gesellschaft zu Berlin, S. …).

**Radbruch, Gustav:** Gesetzliches Unrecht und übergesetzliches Recht, Süddeutsche Juristen-Zeitung, 1946, S. 105 – 108.

**Rawls, John:** A theory of justice, 22. Auflage, Cambridge 1997 (zitiert als: Rawls, a theory of justice, § …, S. …).

**Rönnau, Thomas:** Grundwissen – Strafrecht: Klimaaktivismus und ziviler Ungehorsam, JuS 2023, S. 112 – 115.

**Rousseau, Jean-Jaques / Burgelin, Pierre (Hrsg.):** Du contrat social, Paris 1966(zitiert als: Rousseau, contrat social, Angabe Buch, Kapitel …, S. …).

**Rousseau, Jean-Jaques / Brockard, Hans (Hrsg.):** Vom Gesellschaftsvertrag oder Grundsätze des Staatsrechts, aus dem Französischen von Pietzcker, Eva, Stuttgart 1977 (zitiert als: Rousseau, Gesellschaftsvertrag, Angabe Buch, Kapitel …, S. …).

**Sachs, Michael (Hrsg.):** Grundgesetz Kommentar, 9. Auflage, München 2021 (zitiert als: Sachs GG/Bearbeiter, Art. … Rn. …).

**Schwarz, Kyrill-Alexander:** Rechtsstaat und ziviler Ungehorsam NJW 2023, S. 275 – 280.

**Sophokles / Leis, Mario (Hrsg.) / Hönsch, Eva (Hrsg):** Antigone, aus dem Griechischen von Kurt Steinmann, Stuttgart 2021 (zitiert als: Sophokles, Antigone, Epeisodion, Vers …).

**Wassermann, Rudolf:** Gibt es ein Recht auf zivilen Ungehorsam? Gewaltfreier Widerstand und Rechtsordnung, Zeitschrift für Politik 1983, S. 343 – 348.

**Weber, Klaus (Hrsg.):** Rechtswörterbuch, 31. Edition, München 2023 (zitiert als Bearbeiter in Weber, Rechtswörterbuch, Stichwort).

**Willaschek, Marcus (Hrsg.) / Stolzenberg, Jürgen (Hrsg.) / Mohr, Georg (Hrsg.) / Bacin, Stefano (Hrsg.):** Kant-Lexikon, Band 3, Berlin/Boston 2015 (zitiert als: Willaschek, Kant-Lexikon/ Bearbeiter, S. …).

**Zachariä, Heinrich Albert:** Über das Verhältnis der Justiz zur Administration, insbesondere nach hannoverschem Rechte, Magazin für hannoversches Recht, Band 1 (1851), S. 7 – 42.

**Zimmermann, Till / Griesar, Fabio:** Die Strafbarkeit von Straßenblockaden durch Klimaaktivisten gem. § 240 StGB, JuS 2023, S. 401 – 408.

**Zoll, Patrick / Schäfer, Vincent:** Ziviler Ungehorsam. Eine philosophische Reflexion, Stimmen der Zeit 2023, S. 643 – 652.

Beitrag von

# Paul Dittrich und Georg Roeder

# Zivilrecht gegen zivilen Ungehorsam?

## A. Einleitung und Problemdarstellung

Die Versammlungs- und Meinungsfreiheit sind wesentliche Merkmale einer freiheitlich demokratischen Gesellschaftsordnung und daher von besonderer Bedeutung für die Bundesrepublik Deutschland.[1] Die Wichtigkeit dieser demokratiekonstituierenden Grundrechte gilt um so mehr im geschichtlichen Kontext der nationalsozialistischen Gewaltherrschaft sowie der SED-Diktatur: Pluralität und Meinungsvielfalt in der Zivilgesellschaft sind nicht zu missbilligen, sondern führen zu dem Bewusstsein, dass jeder Bürger Mitträger des Staates ist; nur so kann Demokratie gelebt werden![2]

Doch auch wenn im Willensbildungsprozess einer parlamentarischen Demokratie wesensnotwendig verschiedene Meinungen und Interessen aufeinandertreffen, ist ein tragender Grundsatz das Mehrheitsprinzip,[3] um schließlich zu legitimierten Entscheidungen nach den Maßgaben

---

1   Siehe zur Meinungsfreiheit BVerfG, Urt. v. 15.01.1958 – 1 BvR 400/57 = NJW 1958, 257 (258).

2   Gespräch in Cadenabbia, August 1964, in: *Poppinga*, Meine Erinnerungen an Konrad Adenauer.

3   Dürig/Herzog/Scholz/*Grzeszick* GG Art. 20 Rn. 41 ff.

des Grundgesetzes zu finden. Das Grundgesetz sieht neben dem förmlichen Verfahren, der Ausübung von kommunikativen Grundrechten (z.B. in Form von Meinungsäußerungen und Versammlungen) auch verschiedene Formen des Minderheitenschutzes vor.[4] Doch schon seit Inkrafttreten des Grundgesetzes kommt es stetig zu Situationen, in denen das Spielfeld des Grundgesetzes verlassen wird, um die eigenen Vorstellungen mithilfe der Protestform des „zivilen Ungehorsams" durchzusetzen.[5]

## I. Eingrenzung des Untersuchungsgegenstandes

Mannigfaltige Erscheinungsformen von zivilem Ungehorsam sind denkbar. In der Gegenwart sind die Blockaden und Farbattacken der sog. Letzten Generation omnipräsent; deshalb beschränkt sich diese Untersuchung auf solche Protestformen. Ihre Aktivisten handeln überwiegend in drei Handlungsmodi, mit denen sie öffentliche Aufmerksamkeit auf den Klimawandel lenken und so Entscheidungsträger zu Maßnahmen bewegen möchten:[6] Erstens kleben sich Klimaaktivisten an fremde und häufig sehr bekannte Gegenstände oder beschmutzen diese mit Farbe und Lebensmitteln. Besonders viel Aufmerksamkeit erhielt der Wurf von Kartoffelbrei auf ein Monet-Gemälde im Potsdamer Museum Barberini;[7] andere Aktivisten klebten sich an den Bilderrahmen eines Rubens-Gemäldes[8] oder sogar an einem Dinosaurierskelett[9] fest. Nach diesem Motto erstrahlte auch das Brandenburger Tor zum wie-

---

4    Ebd., Art. 20 Rn. 53.

5    Beispielhaft:    https://www.bpb.de/themen/zeit-kulturgeschichte/68er-bewegung/; Hinweis: Alle Internetquellen wurden zuletzt am 05.03.2024 abgerufen.

6    https://letztegeneration.org/forderungen/.

7    https://www.handelsblatt.com/politik/deutschland/klimaaktivisten-die-letzte-generation-und-der-staat-droht-eine-eskalation/29175846.html.

8    https://www.br.de/nachrichten/bayern/klima-kleber-zu-aktion-an-rubensgemaelde-raeumen-fehler-ein,TdGOaub.

9    https://www.rnd.de/panorama/klimaaktivisten-kleben-sich-an-dino-skelettletzte-generation-protest-im-berliner-naturkundemuseum-HFHAEB3H-ISOG7KCQTCND2RG5AI.html.

derholten Male in orangener Farbe[10] sowie auch Privatjets am Berliner Flughafen[11]. Zweitens sind häufig unbeteiligte Dritte von den Protestaktionen betroffen, indem die Aktivisten den Verkehr behindern oder gänzlich zum Stillstand bringen. Regelmäßig blockieren sie wichtige Verkehrsknotenpunkte und Bundesautobahnen, indem sie die Fahrbahn verschmutzen, beschädigen und/oder sich an ihr festkleben.[12] Drittens kleben sie sich nach diesem Vorbild auch auf Rollfeldern von Flughäfen fest, wodurch über mehrere Stunden kein Flugverkehr möglich ist.[13] Diese verschiedenen Handlungsmodi lösen unterschiedliche Rechtsfragen aus, so dass an den relevanten Stellen nach ihnen zu differenzieren ist.

## II. Gang der Untersuchung

Ziviler Ungehorsam ist ein facettenreicher Begriff, der mindestens eine politische, ethische und rechtsstaatliche Dimension aufweist.[14] Im Zentrum dieser Arbeit steht die rechtsstaatliche Dimension und im Speziellen die Frage: Wie haften zivilen Ungehorsam ausübende Aktivisten zivilrechtlich für etwaig entstandene Schäden? Eine strafrechtliche Verantwortlichkeit bleibt unberücksichtigt.[15] Durch die Protestaktionen kann es zur Kollision zwischen Grundrechten der Aktivisten und denen betroffener Dritter kommen. Vor diesem verfassungsrechtlichen Spannungsverhältnis stellen sich vielfältige Herausforderungen, die zugleich den Gang der Untersuchung vorgeben:

Erstens ist zu fragen, was ziviler Ungehorsam am Beispiel der Letzten Generation ist und ob ziviler Ungehorsam als zulässiges Mittel im

---

10 https://www.zeit.de/gesellschaft/zeitgeschehen/2023-11/letzte-generation-beschmiert-brandenburger-tor-orange-farbe-festnahmen.
11 https://www.berliner-zeitung.de/news/flughafen-ber-letzte-generation-besprueht-privatjets-mit-farbe-li.345392.
12 https://www.rbb24.de/politik/beitrag/2023/10/berlin-blockaden-letzte-generation-autobahnen-a100-a111-a113.html.
13 https://www.abendblatt.de/meinung/article238938143/Die-Klima-Kleber-muessen-endlich-gestoppt-werden.html.
14 Vgl. *Akbarian*, S. 258.
15 Siehe dazu nur *Erb*, NStZ 2023, 577 (577 ff.).

Willensbildungsprozess einzuordnen ist (unter B.). Zweitens lebt diese Protestform von der Betroffenheit unbeteiligter Dritter und Sachen, so dass dem Zivilrecht eine erhebliche Bedeutung zukommen kann. In diesem Zusammenhang ist aufgrund der grundrechtlichen Wertungen auch eine Drittwirkung von Grundrechten und eine mögliche Verstärkung dieser Wirkung durch Art. 20a GG zu thematisieren (unter C.). Dabei kommt dem Gedanken der Einheit der Rechtsordnung sowie der Herstellung praktischer Konkordanz Bedeutung zu. Nach diesen Vorüberlegungen ist drittens anhand von konkreten Anspruchsgrundlagen zu untersuchen, ob und in welchen Fällen Schadensersatzansprüche gegen die Aktivisten der Letzten Generation bestehen können (unter D.). Ein Fazit fasst die gewonnen Erkenntnisse in Thesen zusammen (unter E.).

# B. Ziviler Ungehorsam als demokratisches Mittel?

„Wann ist es gerechtfertigt, Gesetze zu brechen, um für ein höheres Ideal einzustehen?" ist die Frage, die mit den neuesten Formen des Klima-Aktivismus und dem Begriff „ziviler Ungehorsam" in Verbindung gebracht wird.[16] Zunächst ist zu klären, was ziviler Ungehorsam ist und welche Rolle er in der freiheitlich demokratischen Grundordnung des Grundgesetzes hat.

## I. Begriffsverständnis

Die lange Historie von zivilem Ungehorsam zeigt, dass Widerstand gegen die geltenden Gesetze in gewissen Situationen zulässig und die Forderung zum Gehorsam gegenüber dem Gesetz keine ausnahmslose Regel sein kann.[17] Obwohl diese Form des Protestes in der jüngeren Ge-

---

16  https://verfassungsblog.de/ziviler-ungehorsam-als-demokratie/.
17  *Braune*, in: Ziviler Ungehorsam, S. 9; siehe zur Entwicklung auch *Eidam*, JZ 2023, 224 (226).

schichte nicht selten vorkam, entwickelte sich bisher weder historisch noch rechtswissenschaftlich ein eindeutiges Begriffsverständnis.[18] Als terminologische Grundlage dieser Untersuchung dient die Definition des BVerfG in der Entscheidung vom 11.11.1986 zur Strafbarkeit von Sitzblockaden: „Unter zivilem oder bürgerlichen Ungehorsam wird – im Unterschied zum Widerstandsrecht gegenüber einem Unrechtssystem – ein Widerstehen des Bürgers gegenüber einzelnen gewichtigen staatlichen Entscheidungen verstanden, um einer für verhängnisvoll und ethisch illegitim gehaltenen Entscheidung durch demonstrativen, zeichenhaften Protest bis zu aufsehenerregenden Regelverletzungen zu begegnen."[19] Eine nähere Auseinandersetzung mit den genauen Merkmalen des Phänomens[20] ist aber nicht notwendig, da es sich um keinen Rechtsbegriff als solchen handelt.[21] Vielmehr dienen allein die konkreten Handlungen von Aktivisten der Letzten Generation als Anknüpfungspunkt für die Frage, ob diese Schadensersatzansprüche auslösen können.

## II. Ziviler Ungehorsam im Spiegel der freiheitlichen Demokratie des Grundgesetzes

Ziviler Ungehorsam verläuft auf einem schmalen Grat zwischen demokratischer Partizipation und Extremismus und wird im Falle der Letzten Generation von einigen auch mit einer kriminellen Vereinigung in Verbindung gebracht.[22] Ein klarer Widerspruch zu ihrer Eigenwahrnehmung: Auf ihrer Website drückt sie schließlich ihre demokratische Verbundenheit aus.[23] Dies führt zu der Frage, ob die Letzte Generation

---

18  Vgl. *Heinig*, NK 2023, 231 (234 ff.).
19  BVerfG, Urt. v. 11.11.1986 – 1 BvR 713/83 = NJW 1987, 43 (47); vgl. auch Denkschrift, Evangelische Kirche und freiheitliche Demokratie, S. 21 f.
20  Zum Streit um die Merkmale der Definition vgl. *Heinig*, NK 2023, 231 (236).
21  *Honer*, JuS 2023, 408 (410).
22  Näher dazu nur *Singelnstein/Winkler*, NJW 2023, 2815 (2815 ff.); vgl. zum Anfangsverdacht LG München I, Beschl. v. 16.11.2023 – 2 Qs 14/23.
23  https://letztegeneration.org/ziviler-widerstand/.

schlicht einem „Missverständnis dessen [unterliegt], was Demokratie ist"[24]?

## 1. Grundgesetzliches Demokratieverständnis

Für die Ermittlung des grundgesetzlichen Demokratieverständnisses ist vor allem Art. 20 Abs. 1 und 2 GG ausschlaggebend: Nach Art. 20 Abs. 1 GG ist die Bundesrepublik Deutschland ein demokratischer Bundesstaat, in dem nach Art. 20 Abs. 2 S. 1 GG alle Staatsgewalt vom Volke ausgeht. Die von dem Volk in allgemeiner, unmittelbarer, freier, gleicher und geheimer Wahl gewählten Repräsentanten kommen nach den Art. 70 ff. GG zu demokratisch legitimierten Entscheidungen.[25] Es handelt sich dabei um eine repräsentative Mehrheitsdemokratie,[26] die konträr zu dem totalitären Unrechtssystem der Nationalsozialisten ausgestaltet ist und neben der Wahl von Abgeordneten nur sehr wenige direktdemokratische Mitwirkungsinstrumente vorsieht.[27] Herzstück des demokratischen Willensbildungsprozesses ist das Streiten um Mehrheiten im Parlament. Insofern sieht das Grundgesetz eine demokratische Partizipation durch Wahlen, die Mitwirkung in Parteien sowie die öffentliche Debatte vor.[28]

Wichtig zu betonen ist, dass das Demokratieprinzip eine formelle Legitimation genügen lässt und es gerade nicht auf die von einem Experten als beste bzw. richtig qualifizierte Entscheidung ankommt.[29] Insoweit fehlt es der Demokratie an dem Anspruch, eine absolut richtige Entscheidung treffen zu können und zu wollen.[30] Allerdings darf Demo-

---

24 *Merkel*, APuZ 26-27/2021, 4 (8).
25 Zur Bedeutung der Legitimationsketten Dürig/Herzog/Scholz/*Grzeszick* GG Art. 20 Rn. 119 ff.
26 *Akbarian*, S. 13.
27 Dürig/Herzog/Scholz/*Grzeszick* GG Art. 20 Rn. 79.
28 *Akbarian*, S. 14.
29 BVerfG, Urt. v. 17.08.1956 – 1 BvB 2/51 = BeckRS 1956, 103566; *Münkler*, S. 288.
30 *Münkler*, S. 282.

kratie nicht bloß zu einem „lediglich formale[n] Zurechnungsprinzip"[31] verkommen, da stets die freie Selbstbestimmung jedes Einzelnen ein übergeordnetes Ziel des Demokratieprinzips ist. Art. 79 Abs. 3 GG zeigt ferner, dass das Grundgesetz selbst trotz der grundsätzlichen Offenheit und Freiheitlichkeit auch materielle Grenzen der Demokratie vorsieht.[32] Insoweit handelt es sich um eine wertgebundene Demokratie.[33]

Diesem Gedanken folgend kann gerade nicht das Argument vieler Aktivisten tragen, dass die Politik schlicht so zu entscheiden habe, wie es die Wissenschaft schon längst bewiesen hat. Vielmehr müssen auch diese Erkenntnisse das förmliche parlamentarische Gesetzgebungsverfahren durchlaufen, um demokratisch legitimiert zu werden.[34] Dies liegt vor allem daran, dass der Gesetzgeber dabei häufig sehr komplexe Abwägungen vornehmen muss, in die viele interdisziplinäre Erkenntnisse aus Wissenschaft, Zivilgesellschaft und Wirtschaft einfließen können und müssen. Damit stellt er zugleich sicher, dass er die verfassungsrechtlich gebotene Rationalitäts- und Wissensgrundlage für seine Entscheidungen schafft.[35] Dem Grundgesetz ist es hingegen zu Recht fremd, dass Gesetze automatisch in der Folge von wissenschaftlichen Erkenntnissen erlassen werden; vielmehr verbleibt die Letztentscheidung dem demokratisch legitimierten Hoheitsträger.[36] Art. 20 Abs. 3 GG unterstreicht dies dadurch, dass die Gesetzgebung an die formellen wie materiellen Vorgaben des Grundgesetzes umfassend gebunden ist; die Exekutive und die Judikative sind ebenfalls an „Recht und Gesetz" gebunden.

---

31  BVerfG, Urt. v. 12.10.1993 – 2 BvR 2134/92 (u.a.) = BeckRS 1993, 8465 Rn. 105.
32  Dürig/Herzog/Scholz/*Grzeszick* GG Art. 20 Rn. 56.
33  Ebd., Art. 20 Rn. 57.
34  *Münkler*, S. 294.
35  Ebd., S. 217; einfachgesetzliche Ausgestaltung durch Anhörungen, vgl. § 70 GoBT.
36  Ebd., S. 652.

## 2. Auswirkungen von BVerfG, Beschluss vom 24.03.2021 auf das Demokratieverständnis?

Der Beschluss des BVerfG vom 24.03.2021 ist eine klimapolitisch und dogmatisch historische Entscheidung.[37] In der Literatur wird mit Blick auf diesen Beschluss darüber diskutiert, ob ziviler Ungehorsam eine verfassungsrechtlich legitime Protestform gegen „demokratisch legitimierte, aber verfassungsbrüchige Regierungen sein kann"[38]. Hat der Beschluss Auswirkungen darauf, wie die Demokratie im Sinne des Grundgesetzes zu verstehen ist?

Richtig ist, dass Art. 20a GG „politische Entscheidungsspielräume [des Gesetzgebers begrenzt], Maßnahmen zum Umweltschutz zu ergreifen oder es zu lassen" und damit der demokratischen Entscheidung inhaltliche Bedingungen auferlegt[39]. Folglich wird Umweltschutz zur Angelegenheit der Verfassung, da ein wirksamer Klimaschutz im demokratischen Prozess langfristiger Anstrengungen bedarf.[40] Auf der anderen Seite verbleiben dem Gesetzgeber erhebliche Entscheidungsspielräume, die jedoch der verfassungsgerichtlichen Kontrolle unterliegen.[41] Folglich unterläuft der Beschluss nicht das soeben dargestellte Demokratieverständnis, sondern gibt dem Gesetzgeber nur bestimmte inhaltliche Anforderungen, die seinen Entscheidungs- und Gestaltungsspielraum beschränken.

## 3. Ziviler Ungehorsam als ambivalentes Phänomen

Ziviler Ungehorsam steht nach dem vorstehend Gesagten in einem gewissen Widerspruch zu dem demokratischen Willensbildungsprozess, den das Grundgesetz verkörpert.[42] Denn diese Form des Protests stört

---

37  *Kahl*, EnWZ 2021, 268 (273).
38  *Gätsch*, KlimR 2023, 141 (144).
39  BVerfG, Beschl. v. 24.03.2021 – 1 BvR 2656/18 (u.a.) = NJW 2021, 1723 Rn. 206.
40  Ebd.
41  BVerfG, Beschl. v. 24.03.2021 – 1 BvR 2656/18 (u.a.) = NJW 2021, 1723 Rn. 207.
42  *Akbarian*, S. 14.

bewusst übliche Abläufe in der Gesellschaft, um Aufmerksamkeit für das Anliegen der Aktivisten zu schaffen bzw. zu erzwingen[43] und den gesellschaftlichen Mehrheitskonsens in die Richtung der Wertevorstellung dieser zu verschieben.[44] Insoweit steht dieses Vorgehen im Gegensatz zu dem förmlichen Verfahren der Willensbildung sowie dem Mehrheitsprinzip des Grundgesetzes: Dies lasse „die Gefahr einer Radikalisierung der politischen Auseinandersetzung entstehen, die in einem demokratischen Rechtsstaat nicht hinnehmbar"[45] sei. Dem folgend gibt es auch Reibungspunkte mit den Gedanken einer repräsentativen Demokratie.[46] Der bewusste Rechtsbruch durch zivilen Ungehorsam kann deshalb eine Gefahr für den Erhalt und die Stabilität des demokratischen Rechtsstaates darstellen.[47] Andere Vertreter stehen zivilem Ungehorsam positiver gegenüber: So kann er unter Umständen auch den Rechtsstaat und die Demokratie erneuern und weiterentwickeln.[48] In diesem Sinne soll ziviler Ungehorsam auch als Interpretation der durch die Verfassung verkörperten Ordnung zu verstehen sein.[49]

## III. Zwischenergebnis

Ziviler Ungehorsam ist ein vielschichtiger Begriff, der aus verschiedenen Perspektiven zu betrachten ist und für den es keine abschließende Definition gibt. Mit Blick auf das Demokratieverständnis des Grundgesetzes ist ziviler Ungehorsam nicht vorgesehen, kann nach Meinung anderer aber in funktionierenden Demokratien auch gewisse Funktionen erfüllen. Insoweit handelt es sich um einen ambivalenten Begriff.

---

43 BGH, Beschl. v. 05.05.1988 – 1 StR 5/88 = NJW 1988, 1739 (1742).
44 *Gätsch*, KlimR 2023, 141 (142).
45 BGH, Beschl. v. 05.05.1988 – 1 StR 5/88 = NJW 1988, 1739 (1742).
46 *Dreier*, in: Glotz, Ziviler Ungehorsam im Rechtsstaat, S. 54 (73).
47 *Akbarian*, S. 15.
48 Ebd., S. 257.
49 Ebd.

# C.  Zivilrecht im System des Rechtsstaates

Das Zivilrecht verkörpert die Freiheit des Einzelnen (vgl. Art. 2 Abs. 1 GG). Die Regelungsmaterie ist keinesfalls frei von verfassungsrechtlichen Wertungen,[50] sondern ist vielmehr auch in materieller Hinsicht an das Grundgesetz gebunden[51]. Während das Zivilrecht das Verhältnis zwischen Privaten regelt, betrifft das öffentliche Recht (inklusive des Verfassungsrechts) als „Amtsrecht" den Staat und seine Organe[52]. Individuelle Grundrechte haben damit Freiheits- sowie Abwehr- und im Einzelfall Leistungsfunktionen im Verhältnis von Privaten zum Staat.[53] Im Gegensatz dazu dienen zivilrechtliche Ansprüche als wichtiger Ausgleichsmechanismus zwischen gleichgeordneten Parteien.[54] Bei Rechtsverletzungen verschafft es dem Einzelnen Abwehr- und Schadensersatzansprüche und erfüllt damit eine gänzlich andere Funktion als das öffentliche Recht oder das Strafrecht. Das Zivilrecht gibt dem Einzelnen zudem die Möglichkeit der Rechtsbehauptung, die zwar im Rahmen eines staatlichen Gerichtsverfahrens verläuft, jedoch von den Parteien abhängt (sog. Dispositionsmaxime[55]). Das Privatrecht nimmt daher eine wichtige Rolle im Rechtsstaat neben dem öffentlichen Recht und dem Strafrecht ein.

Das Grundgesetz stellt eine objektive Werteordnung dar, die auch auf privatrechtliche Verbindungen Einfluss nimmt.[56] Trotz der unterschiedlichen Wirkrichtung von Zivilrecht und öffentlichem Recht bildete sich das Konzept der (unmittelbaren und mittelbaren) Drittwirkung von Grundrechten heraus,[57] nach dem in bestimmten Fallgruppen in die Rechtsbeziehung zwischen Privaten auch die Wertungen des Grundgesetzes hineinstrahlen.[58] Diese Entwicklung findet in einer Vielzahl

---

50  Vgl. *Canaris*, S. 18.
51  *Dürig*, FS Nawiasky, 157 (158).
52  MüKoBGB/*Säcker* Einl. BGB Rn. 3.
53  *Maurer/Schwarz*, § 8, Rn. 14; *Manssen*, § 3, Rn. 57.
54  *Stadler*, § 1, Rn. 2; *Köhler*, § 2, Rn. 2.
55  Vgl. hierzu MüKoZPO/*Rauscher* ZPO Einl. Rn. 337 ff.
56  MüKoBGB/*Schubert* BGB § 242 Rn. 134.
57  Vgl. Staudinger/*Honsell* (2018) BGB Einleitung BGB Rn. 195 m.w.N.
58  Vgl. *Manssen*, § 5, Rn. 140 ff.

von Rechtsfortbildungen und Neuinterpretationen zivilrechtlicher Normen durch das BVerfG, den BGH und das BAG Ausdruck.[59] Es hat sich zwar eine gewisse methodische Form zur Bearbeitung derartiger Konstellationen etabliert, dennoch gibt es keine abschließenden Lehren und Prinzipien; vielmehr bleibt es bei einer Fall zu Fall-Betrachtung[60]. Im Ergebnis muss der Staat seine einfachgesetzliche Rechtsordnung so ausgestalten, dass Grundrechte auch im horizontalen Privatrecht ihre Wirkung entfalten können.[61]

In Bezug auf Aktionen der Letzten Generation können grundgesetzliche Wertungen besonders bei der Rechtfertigung von Rechtsverstößen, in der Abwägung in Rahmenrechten sowie bei der Auslegung von unbestimmten Rechtsbegriffen (vgl. „sittenwidrig") relevant werden. Insbesondere die Versammlungs- und die Meinungsfreiheit entfalten eine intensive Ausstrahlwirkung in die einfachgesetzliche Rechtsordnung.[62] Dies setzt jedoch voraus, dass sich die Aktivisten noch im Schutzbereich des Art. 8 Abs. 1 GG bzw. Art. 5 Abs. 1 GG bewegen, denn nur in diesen Fällen kann die grundgesetzliche Wertung überhaupt in zivilrechtliche Ansprüche ausstrahlen und gegebenenfalls durch die Staatszielbestimmung des Art. 20a GG verstärkt werden. Fällt ein Verhalten, das einen zivilrechtlichen Anspruch begründet, in den Schutzbereich von Grundrechten, so stellt die zivilrechtliche Haftung einen Eingriff in das jeweilige Grundrecht dar. Folglich muss im Rahmen der praktischen Konkordanz dem betroffenen Grundrecht sowie dem durch den zivilrechtlichen Anspruch zum Ausdruck gebrachten Grundrecht zur maximalen Wirkungsentfaltung verholfen werden. Insoweit ist zunächst der Schutzbereich dieser Grundrechte zu konturieren und anschließend sind die in dieser Untersuchung relevanten Konstellationen daraufhin zu überprüfen, ob sie in den Schutzbereich fallen. Es lässt sich nüchtern fragen: Bewegen sich die Aktivisten überhaupt noch im Rahmen von Art. 8 Abs. 1 GG und Art. 5 Abs. 1 GG?

---

59 Vgl. MüKoBGB/*Säcker* Einl. BGB Rn. 63 m.w.N.
60 Vgl. ebd., Einl. BGB Rn. 64 m.w.N.
61 Ebd.
62 BeckOK GG/*Schneider* Art. 8 Rn. 31.

# I. Ausstrahlwirkung der Versammlungsfreiheit

Fraglich ist zunächst, ob und wenn ja welche der hier relevanten Protestformen in den Schutzbereich des Art. 8 Abs. 1 GG fallen. Nach Art. 8 Abs. 1 GG haben alle Deutschen das Recht, sich ohne Anmeldung, friedlich und ohne Waffen zu versammeln. Ohne auf die Uneinigkeiten hinsichtlich des Begriffsverständnisses eingehen zu wollen,[63] handelt es sich bei den typischen Protestformen der Letzten Generation regelmäßig um eine Personenmehrheit, die durch einen gemeinsamen Zweck oder Willen innerlich verbunden ist.[64] Zusätzlich verfolgen die Aktivisten mit ihren Aktionen regelmäßig den Zweck, die Öffentlichkeit auf die Gefahren des Klimawandels aufmerksam zu machen und erfüllen auf den ersten Blick den strengsten der denkbaren Versammlungsbegriffe.

## 1. Kein genereller Ausschluss aus dem Schutzbereich

Es ist in der Rechtswissenschaft umstritten, ob (Sitz-)Blockaden unter den Schutz des Art. 8 Abs. 1 GG fallen. Einerseits wird in der Literatur[65] vertreten, dass Sitzblockaden grundsätzlich nicht in den Schutzbereich des Art. 8 Abs. 1 GG fallen. Andere sehen in Sitzblockaden eine typische geschützte Versammlungsform.[66] Vorzugswürdig ist vielmehr ein differenzierter Blick: Die Protestformen der Letzten Generation finden an sehr unterschiedlichen Orten (Straßen, Museen, Flughäfen usw.) statt. Es hängt davon ab, ob es sich bei dem jeweiligen Eigentümer des Ortes um einen Grundrechtsverpflichteten handelt und ob der für die konkrete Aktion gewählte Ort dem Schutz von Art. 8 Abs. 1 GG unterliegt. Je nach der Gesellschaftsform ist eine unmittelbare Grundrechtsbindung oder bei Privaten eine mittelbare Drittwirkung von Grundrechten ange-

---

63  Vertiefend BeckOK GG/*Schneider* Art. 8 Rn. 3 ff.

64  Dürig/Herzog/Scholz/*Depenheuer* GG Art. 8 Rn. 45.

65  Ebd., Art. 8 Rn. 68.

66  Vgl. BVerfG, Beschl. v. 1.12.1992 – 1 BvR 88/91 u.a. = NJW 1993, 581 (581): „Auch Sitzblockaden genießen den Schutz der Versammlungsfreiheit.".

zeigt.[67] Ferner muss auch das fragliche Verhalten in den Schutzbereich (vgl. „Friedlichkeitsvorbehalt") fallen.

## 2. Versammlungsort und Grundrechtsverpflichteter

Eine Versammlung darf grundsätzlich an einem frei gewählten Ort durchgeführt werden,[68] muss sich jedoch im Rahmen der rechtlichen Verfügungsbefugnis über den Versammlungsort halten[69]. Insoweit verschafft Art. 8 Abs. 1 GG kein unmittelbares Zutrittsrecht zu jedem beliebigen Ort.[70] Kein Zutrittsrecht gibt es für Orte, die der Öffentlichkeit nicht allgemein zugänglich sind oder zu denen Zugang nach den äußeren Umständen nur zu bestimmten Zwecken gewährt wird.[71]

### a) Öffentlicher Straßenraum

Sitzblockaden finden regelmäßig auf öffentlichen Straßen statt, die dem Gemeingebrauch gewidmet sind und folglich auch für Versammlungen ohne weiteres zur Verfügung stehen,[72] denn der öffentliche Straßenraum ist das „natürliche und geschichtlich leitbildprägende Forum, auf dem Bürger ihre Anliegen besonders wirksam in die Öffentlichkeit tragen und hierüber die Kommunikation anstoßen können"[73].

Nach diesem Maßstab fallen Sitzblockaden im öffentlichen Straßenraum in den Schutzbereich des Art. 8 Abs. 1 GG[74], da gerade dieser öffentliche Straßenraum als Kommunikationsforum besonders schützenswert ist. Nach § 1 Abs. 1, 3 S. 1 FStG sind auch Bundesautobahnen öffentliche Straßen, die nach dem Vorstehenden deshalb ebenfalls als Versammlungsorte in Betracht kommen dürften. Doch auch hier besteht in der Rechtswissenschaft Uneinigkeit.[75] Zwar verbietet z.B.

---

67  BVerfG, Urt. v. 22.2.2011 – 1 BvR 699/06 = NJW 2011, 1201 Rn. 68.
68  *Deiseroth/Kutscha*, in: Ridder/Breitbach/Deiseroth Grundgesetz Art. 8 Rn. 103.
69  Ebd., Art. 8 Rn. 109.
70  BVerfG, Beschl. v. 18.7.2015 – 1 BvQ 25/25 = NJW 2015, 2485 Rn. 5.
71  *Deiseroth/Kutscha*, in: Ridder/Breitbach/Deiseroth Grundgesetz Art. 8 Rn. 109.
72  Ebd., Art. 8 Rn. 111.
73  BVerfG, Urt. v. 22.2.2011 – 1 BvR 699/06 = NJW 2011, 1201 Rn. 67.
74  *Behme*, NJW 2023, 327 (328).
75  *Eibenstein*, JA 2023, 764 (767).

§ 13 Abs. 1 S. 3 VersG-NRW einfachgesetzlich Versammlungen auf Bundesautobahnen, jedoch darf die Wertung eines einfachen Gesetzes nicht zur Bestimmung des Schutzumfanges von Art. 8 Abs. 1 GG herangezogen werden. Einige vertreten, dass allein die Einstufung als Bundesautobahn nicht darüber entscheiden könne, ob dort eine Versammlung stattfinden darf.[76] Vielmehr sei die besondere Gefährlichkeit auf Ebene der Rechtfertigung bzw. Verhältnismäßigkeit zu berücksichtigen.[77] Dem ist nicht zu folgen: Öffentliche Kommunikationsräume sind von Stätten abzugrenzen, die der Allgemeinheit nach ihren äußeren Umständen nur zu ganz bestimmten Zwecken zur Verfügung stehen und insoweit keinen Raum des Flanierens, Verweilens und der Begegnung schaffen.[78] Nach diesem Maßstab sind Bundesautobahnen richtigerweise keine geschichtlich leitprägenden Kommunikationsorte, da sie ausschließlich verkehrsspezifischen Zwecken, nicht jedoch als Begegnungsstätte zum Meinungsaustausch dienen.[79] Als Abgrenzungskriterium kann daher herangezogen werden, ob im Einzelfall aufgrund der konkreten Ausgestaltung des Ortes mit einer Versammlung gerecht werden kann. Im öffentlichen Straßenraum muss man mit Versammlungen rechnen, auf Bundesautobahnen hingegen nicht.

### b) Flughäfen

Gleichermaßen sind Protestaktionen an Flughäfen zu qualifizieren: Flughäfen sind regelmäßig in privaten Rechtsformen organisiert, werden jedoch meist von der öffentlichen Hand beherrscht, so dass die Betreiber unmittelbar an die Grundrechte gebunden sind.[80] Das Rollfeld eines Flughafens wurde jedoch nicht für den allgemeinen Verkehr geöffnet und stellt damit keinen Ort für allgemeinen kommunikativen Verkehr dar, so dass das Festkleben dort nicht von Art. 8 Abs. 1 GG geschützt wird.[81] Aktionen im Empfangsbereich eines Flughafens ge-

---

76  VGH München, Beschl. v. 12.5.2023 – 10 CS 23.847 = BayVBl 2023, 630 Rn. 12.
77  Ebd.
78  BVerfG, Urt. v. 22.2.2011 – 1 BvR 699/06 = NJW 2011, 1201 Rn. 70.
79  *Eibenstein*, JA 2023, 764 (767).
80  BVerfG, Urt. v. 22.2.2011 – 1 BvR 699/06 = NJW 2011, 1201 Rn. 49.
81  Ebd., 1201 Rn. 69.

nießen hingegen Schutz nach Art. 8 Abs. 1 GG, da dieser für den allgemeinen Verkehr geöffnet wurde[82] und dort keine Personenkontrolle stattfindet.

### c) Museen

Museen sind regelmäßig juristische Personen des öffentlichen Rechts[83] und deshalb unmittelbar an Grundrechte gebunden.[84] Aus diesem Grund haben sie auch die Versammlungsfreiheit nach Art. 8 Abs. 1 GG bei der Ausübung ihrer Eigentümerbefugnisse (vgl. Art. 14 GG) zu berücksichtigen. Bringen Klimaaktivisten ihren Unmut in Museen zum Ausdruck, dann könnte es sich bei diesen auch um einen Ort allgemeiner Kommunikation handeln. Orte allgemeiner Kommunikation (bspw. Einkaufszentren, Ladenpassagen) eröffnen einen öffentlichen Verkehr in ähnlicher Weise wie der öffentliche Straßenraum.[85] Allerdings kontrollieren Museen den Eintritt individuell und gestatten den Zutritt nur für bestimmte Zwecke, so dass sie den Ausstellungsbereich – im Gegensatz zum Eingangsbereich des Museums – nicht für den allgemeinen Verkehr geöffnet haben.[86] Zwar könnte man argumentieren, dass Museen einen gewissen kommunikativen Austausch zwischen den Besuchern hervorrufen möchten, jedoch wird diese Kommunikation auf ein bestimmtes Thema gerichtet sein (bspw. das Ausstellungsthema) und Museen sind damit nicht zur allgemeinen Kommunikation bestimmt. Mögliche Aktionen der Letzten Generation im Ausstellungsbereich fallen daher nicht in den Schutzbereich des Art. 8 Abs. 1 GG.

## 3. Friedlichkeitsvorbehalt

Schützenswert sind nur solche Versammlungen, die friedlich und ohne Waffen durchgeführt werden.[87] Mit Blick auf die absichtliche Beein-

---

82 Ebd., 1201 Rn. 72.
83 Siehe beispielhaft https://www.museumfuernaturkunde.berlin/de/impressum.
84 Dürig/Herzog/Scholz/*Herdegen* GG Art. 1 Abs. 3 Rn. 54.
85 BVerfG, Urt. v. 22.2.2011 – 1 BvR 699/06 = NJW 2011, 1201 Rn. 68.
86 Vgl. ebd., 1201 Rn. 69.
87 Dürig/Herzog/Scholz/*Depenheuer* GG Art. 8 Rn. 83.

trächtigung von Rechten Dritter durch Blockaden des (Straßen-)Verkehrs und durch physische Beeinträchtigungen von Gemälden, Hauswänden und Flugzeugen lässt sich durchaus kritisch fragen, ob ein solches Verhalten dem Friedlichkeitsvorbehalt noch genügt.[88] Nach Ansicht des BVerfG ist eine Versammlung unfriedlich, „wenn Handlungen von einiger Gefährlichkeit wie etwa aggressive Ausschreitungen gegen Personen oder Sachen oder sonstige Gewalttätigkeiten stattfinden, nicht aber schon, wenn es zu Behinderungen Dritter kommt, seien diese auch gewollt und nicht nur in Kauf genommen"[89]. Deshalb kann die Friedlichkeit der Versammlung trotz mehrfacher Rechtsverstöße nicht ohne weiteres in Abrede gestellt werden.[90] Umgekehrt bedeutet dies, dass einer Versammlung ein gewisses Maß an Rechtsbruch als versammlungstypisch immanent sein kann.[91]

Im Gegensatz dazu sprechen andere von einer „fragwürdigen" Auslegung des Verfassungstextes.[92] Teilweise fordern sie, dass das zielgerichtete Eingreifen in Rechtspositionen Dritter durch Sitzblockaden nicht mehr versammlungstypisch sei und deshalb die Friedlichkeit der Versammlung entfallen lasse.[93] Richtigerweise ist der Schutzbereich von Grundrechten weit zu verstehen und das gilt umso mehr bei demokratiekonstituierenden Grundrechten wie der Versammlungsfreiheit.[94] Deshalb kann die Kritik nicht überzeugen: Schlichte (passive) Sitzblockaden genügen regelmäßig nicht, um eine Unfriedlichkeit zu begründen.[95] Die Kollision mit anderen Grundrechten und Rechten von Verfassungsrang ist an anderer Stelle in einer Interessenabwägung mit dem Ziel praktischer Konkordanz aufzulösen. Werden hingegen durch Aktivisten Gegenstände und Gebäude mit Farbe und Lebensmitteln be-

---

88  *Schwarz,* SächsVBl 2023, 41 (42).
89  BVerfG, Beschl. v. 7.3.2011 – 1 BvR 388/05 = NJW 2011, 3020 Rn. 33.
90  *Kniesel/Poscher,* in: Lisken/Denninger, Handbuch des Polizeirechts, J, Rn. 66.
91  *Schwarz,* SächsVBl 2023, 41 (43).
92  Dürig/Herzog/Scholz/*Depenheuer* GG Art. 8 Rn. 86.
93  *Schwarz,* SächsVBl 2023, 41 (43).
94  Vgl. *Deiseroth/Kutscha,* in: Ridder/Breitbach/Deiseroth Grundgesetz Art. 8 Rn. 152.
95  M.w.N. BeckOK GG/*Schneider* Art. 8 Rn. 13.1.

worfen, liegt die Unfriedlichkeit der Versammlung deutlich näher, so dass sie auch deshalb aus dem Schutzbereich herausfallen kann. Von einer solchen Handlung von einiger Gefährlichkeit kann hingegen nicht bei einem bloßen Kleben an einem Gemälde oder einer Straße ausgegangen werden.

## II. Ausstrahlwirkung der Meinungsfreiheit

Die in Art. 5 Abs. 1 S. 1 Hs. 1. GG verbürgte Meinungsfreiheit spielte in der richtungsweisenden *Lüth*-Entscheidung des BVerfG zur Ausstrahlwirkung von Grundrechten in das Zivilrecht eine zentrale Rolle,[96] sodass sie auch in den hier untersuchungsrelevanten Fällen Bedeutung erlangen kann. Generell schützt sie das subjektive Recht auf freie Rede,[97] die Freiheit zur Äußerung und Verbreitung einer Meinung, den Prozess der Kommunikation und die Freiheit des Einzelnen, daran teilzunehmen.[98] Meinungen i.S.d. Art. 5 Abs. 1 S. 1 Hs. 1 GG sind durch Elemente der Stellungnahme, des Dafürhaltens und der Beurteilung geprägt.[99] Deshalb dürfte die durch die Aktivisten vertretene Ansicht, dass für den Klimaschutz seitens der Politik nicht genügend Maßnahmen bzw. nicht ausreichend weitreichende Maßnahmen ergriffen werden, nach dieser Definition grundsätzlich in den Schutzbereich fallen. Es ist gerade die persönliche Auffassung der sich äußernden Aktivisten, die in den Schutzbereich fällt.[100]

Eine davon zu unterscheidende Frage ist, ob die konkrete Art und Weise der Äußerung schützenswert ist: Als geschützte Verhaltensform sind sowohl das Äußern und Verbreiten der Meinung, der Inhalt sowie Form und Art und Weise der Äußerung erfasst.[101] Hierzu gehören auch die Wahl des Ortes und des Zeitpunktes der Äußerung, wobei ebenso wie

---

96 BVerfG, Urt. v. 15.1.1958 – 1 BvR 400/57 = NJW 1958, 257 (257 ff.).
97 BeckOK GG/*Schemmer* Art. 5 Rn. 1.
98 Ebd.
99 BVerfG, Beschl. v. 22.6.1982 – 1 BvR 1376/79 = NJW 1983, 1415 (1416).
100 BeckOK GG/*Schemmer* Art. 5 Rn. 4.
101 Jarass/Pieroth/*Jarass* GG Art. 5 Rn. 9.

Art. 8 Abs. 1 GG auch Art. 5 Abs. 1 S. 1 Hs. 1 GG keinen Anspruch auf Zutritt zu sonst nicht zugänglichen Orten umfasst.[102] Zudem fallen gerade solche Äußerungsformen nicht in den Schutzbereich, die physisch, psychisch, wirtschaftlich oder vergleichbar wirkenden Druck ausüben.[103] Daher wird die Grenze des Schutzbereichs dort gesehen, wo die Äußerung in ihrer Wirkung nicht allein in der Kundgabe besteht, sondern sich anderer Mittel als der Argumentation bedient.[104] Dies ist beispielsweise der Fall, wenn anderen eine Meinung aufgezwungen wird.[105] Fordert der Äußernde die Aufmerksamkeit des Anderen mit Gewalt ein, in dem er diesen am Weggehen hindert oder anderweitig die Aufmerksamkeit erzwingt, kann dieser den Schutzbereich nicht mehr für sich beanspruchen.[106]

Die Aktivisten nutzen als Äußerungsform häufig faktisches Verhalten, indem sie Gemälde, Häuser und Flugzeuge mit Farbe besprühen oder sich an Gegenstände, Straßen und Rollfelder kleben.[107] Zerstören oder beschädigen die Aktivisten durch ihre gewählte Form der Meinungskundgabe ein Exponat in einem Museum, so wird gleichermaßen mit anderen Mitteln als dem Diskurs Aufmerksamkeit auf sich gezogen und damit der Schutzbereich der Meinungsfreiheit verlassen. Denn die Aktivisten schaffen durch ihr Verhalten eine faktische Lage (das zerstörte/beschmutzte Gemälde), die dem Diskurs nicht mehr zugänglich ist. Durch das Festkleben auf der Straße üben sie auf die unbeteiligten Dritten einen solch starken Druck aus, dass diese Form der Meinungsäußerung ebenfalls aus dem Schutzbereich herausfallen kann. Schließlich liegt auch hier eine Form der Meinungsäußerung vor, die sich nicht mehr den Mitteln eines Diskurses bedient. Hier werden die unbeteiligten Autofahrer als Werkzeug der Meinungskundgabe instrumentalisiert

---

102  BVerfG, Urt. v. 22.2.2011 – 1 BvR 699/06 = NJW 2011, 1201 Rn. 97 f.
103  Dürig/Herzog/Scholz/*Grabenwarter* GG Art. 5 Abs. 1, Abs. 2 Rn. 85 m.w.N.
104  BeckOK GG/*Schemmer* Art. 5 Rn. 13.
105  Ebd., Art. 5 Rn. 1; BVerfG, Beschl. v. 26.2.1969 – 1 BvR 619/63 = NJW 1969, 1161 (1161).
106  Sondervotum der Richterin *Haas* zu BVerfG, Beschl. v. 24.10.2001 – 1 BvR 1190/90 = NJW 2002, 1031 (1036).
107  Vgl. Dürig/Herzog/Scholz/*Grabenwarter* GG Art. 5 Abs. 1, Abs. 2 Rn. 85.

und durch die Sitzblockade derart bedrängt, dass sie an der Fortbewegung gehindert werden.[108]

In diesem Sinne ist auch im Fall der Blockade von Start- und Landebahnen zu argumentieren, da sie durch ihr Verhalten eine gewisse Drucksituation auf die Passagiere und vor allem auf die Flughafenbetreiber erzeugen, indem sie einen sicheren Ablauf des Betriebs behindern. Durch das Verhalten der Aktivisten können die Start- und Landebahnen nicht im angedachten Sinne genutzt werden und die Aufmerksamkeit von Passagieren, Flughafenbetreibern und Fluggesellschaften wird zwangsweise auf die Aktivisten gelenkt. Da sich die Aktivisten mit ihrer gewählten Form der Meinungsäußerung anderer Mittel als des Diskurses bedienen und insbesondere in dieser Situation unzulässigen Druck auf Dritte ausüben, können sie sich regelmäßig nicht auf den Schutz aus Art. 5 Abs. 1 S. 1 Hs. 1. GG berufen.[109] Dient das beschriebene Verhalten nur dazu, um Aufmerksamkeit für eine spätere Meinungsäußerung zu generieren, so ist fraglich, ob das Verhalten überhaupt noch im Zusammenhang mit der Äußerung steht. Verneint man dies, ist auch hier der Schutzbereich des Art. 5 Abs. 1 GG nicht eröffnet.

## III. Verstärkung der grundrechtlichen Wertungen mit Art. 20a GG

Die Staatszielbestimmung des Art. 20a GG dient dem Schutz der natürlichen Lebensgrundlagen und enthält eine verfassungsrechtliche Wertentscheidung zugunsten des Umweltschutzes.[110] Demgegenüber enthält Art. 20a GG keine subjektiven Rechte und ist demzufolge kein Grundrecht.[111] Im Zusammenhang mit möglichen Aktionen der Letzten Gene-

---

108  Siehe zur Bedrängung von Passanten OLG Köln, Beschl. v. 28.7.1999 – 16 Wx 97/99 = NVwZ 2000, 350 (351).

109  Ebenso Sondervotum der Richterin *Haas* zu BVerfG, Beschl. v. 24.10.2001 – 1 BvR 1190/90 = NJW 2002, 1031 (1035 f.); Dürig/Herzog/Scholz/*Depenheuer* GG Art. 8 Rn. 68.

110  Dürig/Herzog/Scholz/*Calliess* GG Art. 20a Rn. 1 f.

111  BVerfG, Beschl. v. 24.03.2021 – 1 BvR 2656/18 (u.a.) = NJW 2021, 1723 Rn. 112.

ration kann Art. 20a GG dennoch insoweit Bedeutung erlangen, als dass er Grundrechte verstärken und somit mittelbar zur Geltung kommen kann.[112] Dies kann zu einer faktischen Subjektivierung des materiellen Gehalts von Art. 20a GG führen,[113] obwohl primärer Adressat von Art. 20a GG der Gesetzgeber ist[114]. Dies ist bei entsprechenden Abwägungsentscheidungen (z.b. in § 826 BGB und dem Recht am eingerichteten und ausgeübten Gewerbebetrieb) zu berücksichtigen.

## IV. Zwischenergebnis

Die vorstehende Untersuchung zeigte, dass sich die Aktivisten der Letzten Generation in den überwiegenden Fällen (Aktionen auf einer Bundesautobahn, in einem Museum oder auf einer Flughafenlandebahn) nicht auf einen grundrechtlichen Schutz berufen können, da ihr Verhalten schon nicht in den Schutzbereich fällt. Allein die Blockade von öffentlichen Straßen mit Ausnahme von Bundesautobahnen liegt (noch!) im Schutzbereich des Art. 8 Abs. 1 GG, der dann verstärkend mit Art. 20a GG aufgeladen werden kann.

# D. Ziviler Ungehorsam in zivilrechtlichen Schadensersatzansprüchen[115]

Wie unter B. und C. dargestellt, befindet sich das Phänomen des „Zivilen Ungehorsams" in einem Spannungsverhältnis: So stellt es auf der einen Seite eine häufige Protestform dar, mit der auf der anderen Seite Rechtsverstöße einhergehen. Fällt der zivile Ungehorsam in seiner konkreten Form unter den Schutz von Grundrechten, so können sich in diesen Fällen zivilrechtliche Wertungen aufgrund der Drittwirkung von

---

112  Jarass/Pieroth/*Jarass* GG Art. 20a Rn. 2.
113  Ebd., Art. 20a Rn. 16.
114  Dürig/Herzog/Scholz/*Calliess* GG Art. 20a Rn. 202.
115  In Einzelfällen könnte auch eine Eingriffskondiktion angedacht werden.

Grundrechten verschieben, insbesondere mit Blick auf den Grundsatz der praktischen Konkordanz. In den nun folgenden Schadensersatzansprüchen sind diese Wertungen auch unter dem Gesichtspunkt der Einheit der Rechtsordnung zu berücksichtigen. Den Schwerpunkt bilden deliktsrechtliche Ansprüche.

## I. Vertragliche und vertragsähnliche Ansprüche

In nur wenigen Konstellationen sind vertragliche Schadensersatzansprüche denkbar, insbesondere aber im Fall des Festklebens an oder Beschmutzens von Kunstwerken in Museen.[116] Als vertragliche Anspruchsgrundlage ist §§ 280 Abs. 1, 241 Abs. 2 BGB maßgeblich. Ein Schuldverhältnis in Form eines geschlossenen Vertrages besteht hier, da ein Ticket erworben werden muss, um Zugang zu dem Museumsexponat zu erhalten.[117] Ist das Exponat hingegen erreichbar, ohne dass zuvor ein Ticket erworben werden muss (vor allem in offenen Galerien), so wird man sich zumindest in einem vorvertraglichen Schuldverhältnis nach § 311 Abs. 2 BGB befinden.[118] Beschmutzen die Aktivisten sodann ein Exponat, wird dies regelmäßig eine Nebenpflichtverletzung i.S.d. § 241 Abs. 2 BGB darstellen.[119] Werden Autofahrer oder Flugzeuge durch festgeklebte Aktivisten blockiert, treten die Aktivisten schon nicht in den für eine vorvertragliche Haftung notwendigen Austausch, sodass von einem geschäftlichen Kontakt i.S.d. § 311 Abs. 2 Nr. 3 BGB oder dem Vorliegen der Voraussetzungen einer der anderen Alternativen nicht ausgegangen werden kann.[120]

---

116  *Lutzi*, JuS 2023, 385 (386).
117  Ebd.
118  Ebd.
119  Ebd.
120  MüKoBGB/*Emmerich* BGB § 311 Rn. 44 ff.

181

## II. Dingliche Ansprüche

Kleben sich Klimaaktivsten an Bildern fest oder bewerfen sie diese mit Farbe oder Lebensmitteln, dann stellt dieses Vorgehen verbotene Eigenmacht i.S.v. § 858 Abs. 1 BGB dar, die zu den besitzschutzrechtlichen Ansprüchen (§ 859 Abs. 1 BGB, § 862 Abs. 1 BGB und § 1004 Abs. 1 BGB) führen kann.[121] Weitere Ansprüche aus einem Eigentümer-Besitzer-Verhältnis scheiden darüber hinaus aus, da das Kleben an fremden Sachen nicht dazu führt, dass der Klebende die tatsächliche Gewalt über die Sache erlangt, d.h. unmittelbarer Besitzer i.S.v. § 854 Abs. 1 BGB wird.[122]

## III. Deliktsrechtliche Ansprüche, §§ 823 ff. BGB

Das Recht der unerlaubten Handlungen bzw. das Deliktsrecht beinhaltet verschiedene Schadensersatzansprüche nach den §§ 823 ff. BGB. Neben dem Ausgleich von konkret entstandenen Schäden wirkt die Haftungsandrohung verhaltenssteuernd und schadenspräventiv[123], besitzt jedoch gerade keine Straffunktion.[124] Dadurch bietet das Deliktsrecht nicht nur die Möglichkeit, bereits entstandene Schäden auszugleichen, sondern auch zivilen Ungehorsam in gewisser Weise präventiv zu verhindern.

## 1. § 823 Abs. 1 BGB

In der deliktsrechtlichen Generalklausel stellen sich bei den unter A. genannten Protestformen Fragen hinsichtlich des Vorliegens einer Rechtsgutverletzung und der haftungsbegründenden Kausalität.

---

121  Näher dazu *Lutzi*, JuS 2023, 385 (386 f.).
122  Ebd., 385 (387).
123  Im Detail umstritten vgl. MüKoBGB/*Wagner* BGB Vor § 823 Rn. 45 ff.
124  MüKoBGB/*Wagner* BGB Vor § 823 Rn. 43 ff.; *Wandt*, § 14 Rn. 2.

## a) Eigentum und berechtigter Besitz

Die Protestaktionen der Letzten Generation können das Eigentum sowie den als sonstiges Recht anerkannten[125] berechtigten Besitz verletzen. An dieser Stelle ist jedoch besonders darauf zu achten, dass es sich nicht lediglich um Vermögensschäden handeln darf.[126] Ein Eingriff in diese Rechtsgüter wird regelmäßig vorliegen, wenn sich Aktivisten an fremden Sachen festkleben oder diese mit Farbe bzw. Lebensmitteln bewerfen.[127] Wertvolle Gemälde werden in der Regel von einer Glasscheibe geschützt, so dass in diesen Fällen lediglich der Bilderrahmen oder die Glasscheibe als möglicher Anknüpfungspunkt für eine Eigentumsverletzung in Betracht kommt.[128] In diesem Sinne dürfte auch das Beschmieren von Gebäuden und Flugzeugen mit Farbe einzuordnen sein, da die Entfernung von der Farbe mit erheblichem Aufwand verbunden ist.[129] Können demgegenüber Klebereste ohne erheblichen Aufwand und ohne nennenswerte Kosten entfernt werden, liegt keine Beeinträchtigung der Sachsubstanz vor.[130] Im Einzelfall könnte auch angedacht werden, ob in der Minderung der ästhetischen Wirkung eines Kunstwerkes bereits eine Eigentumsverletzung zu sehen ist.

Erheblich schwieriger ist die – besonders für die Zivilbevölkerung spürbare – Blockade von Straßen einzuordnen. In diesen Fällen werden Fahrzeuge durch die Blockade von Straßen an einer Weiterfahrt für einen unbestimmt langen Zeitraum gehindert. Zudem verbinden sich Klimaaktivisten teilweise durch Kleber und Sand so mit der Straße, dass die Fahrbahn aufgesägt werden muss.[131] Insoweit ist zwischen der Straße an sich und den im Stau stehenden Fahrzeugen zu differenzieren: Die Straße wird infolge des Festklebens und unter Umständen in Folge des

---

125  M.w.N. MüKoBGB/*Wagner* BGB § 823 Rn. 324 ff.
126  Ebd., § 823 Rn. 274.
127  *Lutzi*, JuS 2023, 385 (387).
128  Vgl. *Behme*, NJW 2023, 327 (327).
129  Ebd.
130  BeckOGK/*Spindler* BGB § 823 Rn. 123.
131  https://www.swr.de/swraktuell/rheinland-pfalz/mainz/klimaaktivisten-letzte-generation-blockade-alicenbruecke-mainz-rlp-100.html.

Aufsägens in ihrer Sachsubstanz geschädigt, so dass es sich um eine Eigentumsverletzung handeln kann.[132]

Fraglich ist, ob auch die an der Weiterfahrt gehinderten Fahrer in ihrem Eigentum oder dem berechtigten Besitz verletzt werden, da sie ihr Fahrzeug nicht so verwenden können, wie von ihnen gewollt. Die Blockade der Fahrzeuge kann zu einer Nutzungsbeeinträchtigung führen, die auch eine Eigentumsverletzung i.S.v. § 823 Abs. 1 BGB darstellt. Jedoch ist nicht jede Nutzungsbeeinträchtigung zugleich eine Eigentumsverletzung, so dass an dieser Stelle eine Abgrenzung zu bloßen Vermögensschäden vorzunehmen ist, in der die Interessen des Eigentümers sowie die Interessen anderer zu berücksichtigen sind.[133]

Ob die Beeinträchtigung der Nutzungsmöglichkeit zu einer Eigentumsverletzung führt, hängt nach der Rechtsprechung vor allem von ihrer Intensität ab: Eine Eigentumsverletzung liege dann vor, wenn die Verwendungsfähigkeit der Sache praktisch aufgehoben ist; eine zusätzliche Überschreitung einer zeitlich definierten Erheblichkeitsschwelle sei nicht erforderlich.[134] Bei Fahrzeugen liege dies dann vor, wenn es vorübergehend seine Bewegungsfähigkeit verliert, da dann der Entzug des bestimmungsgemäßen Gebrauches wie eine zeitweilige Wegnahme der Sache wirke.[135] Ein Fahrzeug verliert in Abgrenzung dazu allerdings nicht seine Bewegungsfreiheit, wenn es nur an einer konkret geplanten Fahrt gehindert wird, da es dann nur in einzelnen Nutzungsmöglichkeiten eingeschränkt wird.[136] In Anbetracht dieser abstrakten Kriterien ist die konkrete Anwendung schwierig und hängt auch von dem im Einzelfall als billig empfundenen Ergebnis ab.[137]

Vergleichsweise unproblematisch sind zunächst Konstellationen einzuordnen, in denen Baumaschinen durch Aktivisten besetzt und blockiert

---

132  Vgl. *Wandt*, § 16 Rn. 17 „Ursachenkette".
133  Ebd., § 16 Rn. 30.
134  BGH, Urt. v. 27.9.2022 – VI ZR 336/21 = NJW 2022, 3789 Rn. 7; m.w.N. Staudinger/*Hager* (2017) BGB § 823 Rn. B 90.
135  BGH, Urt. v. 27.9.2022 – VI ZR 336/21 = NJW 2022, 3789 Rn. 8.
136  Ebd., 3789 Rn. 9.
137  *Behme*, NJW 2023, 327 (328).

werden.[138] In diesen Fällen ist die Möglichkeit zur zweckentsprechenden Nutzung vollständig aufgehoben, so dass dies eine Verletzung des Eigentums darstellt.[139] Setzen und kleben sich demgegenüber Aktivisten auf eine Straße, können die im Stau stehenden Fahrzeuge nach dem soeben Gesagten wohl kaum mehr als vor und zurück stoßen; jedenfalls fehlt ihnen dann jede sinnvolle Verwendung als Fortbewegungsmittel.[140] Dies ist mit dem Hin- und Herfahren eines Schiffes im berühmten „Fleet-Fall"[141] vergleichbar. Eine Eigentumsverletzung liegt somit dem Grunde nach nahe. Allerdings realisiere sich in einem Stau nur das allgemeine Lebensrisiko eines jeden Verkehrsteilnehmers, so dass es auch nicht darauf ankommen kann, ob die Ursache des Staus in einer Baustelle, einem Unfall oder in einer Blockade von Klimaaktivisten liegt.[142] Andere verweisen auf die Sozialadäquanz von im Stau stehenden Fahrzeugen.[143] Insofern scheidet eine Eigentumsverletzung hinsichtlich der Fahrzeuge aus, da die Intensität der Nutzungsbeeinträchtigung regelmäßig nicht stark genug sein wird.

Blockieren Klimaaktivisten die Start- und Landebahn eines Flughafens, gilt im Hinblick auf eine Verletzung des Eigentums und des berechtigten Besitzes an den Flugzeugen nichts anderes als für infolge eines Streiks „gestrandete" Flugzeuge:[144] Eine Eigentumsverletzung scheidet aus, da sie sich auf dem Rollfeld frei bewegen können und durch die Blockade nur ein konkret geplanter Start- oder Landevorgang vereitelt wird.[145] Anders sieht es jedoch hinsichtlich des Rollfeldes an sich aus: Dieses steht regelmäßig im Eigentum einer Flughafenbetreibergesellschaft und

---

138 https://www.aachener-zeitung.de/nrw-region/braunkohle/aktivisten-besetzen-bagger-im-tagebau-inden_aid-83146411.
139 MüKoBGB/*Wagner* BGB § 823 Rn. 271.
140 *Behme*, NJW 2023, 327 (328).
141 BGH, Urt. v. 21.12.1970 – II ZR 133768 = NJW 1971, 886 ff.
142 *Behme*, NJW 2023, 327 (328).
143 *Lutzi*, JuS 2023, 385 (388).
144 BAG, Urt. v. 25.8.2015 – 1 AZR 754/13 = NJW 2016, 666 ff.
145 BeckOGK/*Spindler* BGB § 823 Rn. 137; *Behme*, NJW 2023, 327 (331); enger wohl *Lutzi*, JuS 2023, 385 (388), wonach eine Eigentumsverletzung zu verneinen sei, wenn nur eine von mehreren Rollfeldern blockiert ist.

darf weder von unbefugten Dritten betreten werden, noch darf sich an diesem festgeklebt werden. Für die Dauer dieser Protestaktion auf dem Rollfeld ist die bestimmungsgemäße Nutzung als Start- und Landebahn gänzlich unmöglich, so dass eine Eigentumsverletzung vorliegt.[146]

Es zeigt sich somit, dass eine Vielzahl von Konstellationen zu unterscheiden sind. Insgesamt sollte die das Deliktsrecht durchziehende Wertung Berücksichtigung finden, dass reine Vermögensschäden auszuklammern sind.[147] Deshalb liegt die Annahme einer Eigentumsverletzung bei Ereignissen tendenziell ferner, die eine Vielzahl von Personen gleichermaßen betreffen und die im Rahmen eines gesellschaftlichen Zusammenlebens einzukalkulieren sind.[148] Es bleibt somit bei einer Einzelfallbetrachtung.

### b) Leben, Körper und Gesundheit

Führt die Blockade einer Straße dazu, dass Rettungskräfte nicht oder nicht rechtzeitig zu einer verletzten Person fahren können, wodurch sich die Verletzung intensiviert und/oder der Tod eintritt, dann liegt regelmäßig die Verletzung von den absolut geschützten Rechtsgütern Leben, Körper und Gesundheit vor.[149]

### c) Recht am eingerichteten und ausgeübten Gewerbebetrieb

Das Recht am eingerichteten und ausgeübten Gewerbebetrieb ist als sonstiges Recht i.S.v. § 823 Abs. 1 BGB von der Rechtsprechung anerkannt, um verbliebene Schutzlücken zu schließen.[150] Insoweit ist dieses Recht nur subsidiär heranzuziehen.[151] Als Rahmenrecht ist dieses grundsätzlich weit zu verstehen und schützt die ungestörte Betätigung und Entfaltung des Unternehmers und umfasst damit die Gesamtheit

---

146 *Behme*, NJW 2023, 327 (330); a.A. BeckOGK/*Spindler* BGB § 823 Rn. 137.
147 Vgl. MüKoBGB/*Wagner* BGB § 823 Rn. 276.
148 MüKoBGB/*Wagner* BGB § 823 Rn. 276.
149 *Patros/Pollithy*, NJOZ 2023, 1 (1 f.).
150 Zur rechtshistorischen Entwicklung nur MüKoBGB/*Wagner* BGB § 823 Rn. 361 ff.
151 Staudinger/*Hager* (2017) BGB § 823 Rn. D 20; *Wandt*, § 16 Rn. 81.

des wirtschaftlichen Wertes des Betriebes.[152] Somit dehnt es den Schutz auf primäre Vermögensschäden aus.[153] Damit ein Eingriff in dieses Rahmenrecht vorliegt, muss dieser unmittelbar betriebsbezogen sein und über bloße Belästigungen und sozial übliche Behinderungen hinausgehen.[154] Einschränkend ist zudem zu berücksichtigen, dass sich Inhalt und Grenzen dieses Rechts erst aus einer „Interessen- und Güterabwägung mit der im Einzelfall konkret kollidierenden Interessensphäre anderer ergeben"[155]. Insofern ist die Rechtswidrigkeitsprüfung ein Einfallstor, um auch verfassungsrechtliche Wertungen berücksichtigen zu können.[156] Dies erfolgt an anderer Stelle, der Übersichtlichkeit wegen.[157] Im Folgenden sind erneut verschiedene Konstellationen zu unterscheiden:

Ist ein Museum von einer Protestaktion betroffen, werden sich die Betreiber – wenn nicht schon eine Verletzung des Eigentums oder des berechtigten Besitzes einschlägig ist – wohl tatbestandsmäßig auf das Recht am eingerichteten und ausgeübten Gewerbebetrieb berufen können.[158] Die Protestierenden stören den Betrieb des Museums zielgerichtet, indem sie sich an Kunstwerken festkleben oder diese mit Farbe und Lebensmitteln beschmutzen, um für ihr Anliegen Aufmerksamkeit zu generieren.[159] Wurde bereits das Eigentum und/oder der berechtigte Besitz verletzt, tritt ein Eingriff in das Recht am eingerichteten und ausgeübten Gewerbebetrieb im Wege der Subsidiarität zurück.

Kommt ein Unternehmer aufgrund einer Sitzblockade auf einer öffentlichen Straße nicht rechtzeitig zu einem Kunden oder Termin und entgeht diesem dadurch ein Gewinn, dann könnte es sich um einen Eingriff in das Recht am eingerichteten und ausgeübten Gewerbebetrieb handeln. Allerdings richtet sich die Sitzblockade nicht unmittelbar gegen den im

---

152  BGH, Urt. v. 15.5.2012 – VI ZR 117/11 = NJW 2012, 2579 (2580).
153  Eckpfeiler/*Hager* (2022) Rn. T 401.
154  MüKoBGB/*Wagner* BGB § 823 Rn. 368 f.
155  BGH, Urt. v. 15.5.2012 – VI ZR 117/11 = NJW 2012, 2579 (2581).
156  MüKoBGB/*Wagner* BGB § 823 Rn. 370.
157  Siehe unten D.IV.1.a).
158  So wohl *Lutzi*, JuS 2023, 385 (387).
159  Zurückhaltender *Lutzi*, JuS 2023, 385 (387).

Stau stehenden Unternehmer, sondern sie trifft ihn lediglich mittelbar.[160] Folglich ist in diesen Fällen regelmäßig kein unmittelbarer betriebsbezogener Eingriff in das Recht am eingerichteten und ausgeübten Gewerbebetrieb gegeben.[161] Anders dürfte jedoch der Fall zu beurteilen sein, wenn Klimaaktivisten die öffentliche Zufahrtsstraße zu einem bestimmten Unternehmen blockieren, da es sich dann um einen unmittelbaren betriebsbezogenen Eingriff handelt.[162]

Kleben sich Aktivisten an das Rollfeld eines Flughafens, dann können sie auch das Recht am eingerichteten und ausgeübten Gewerbebetrieb verletzt haben: Im Hinblick auf die bestehende Eigentumsverletzung bezüglich des Rollfelds tritt eine Verletzung des Rechts am eingerichteten und ausgeübten Gewerbebetrieb des Flughafenbetreibers im Wege der Subsidiarität zurück.[163] Im Gegensatz dazu kommt dem Recht am eingerichteten und ausgeübten Gewerbebetrieb bei der von der Protestaktion behinderten Fluggesellschaft eine eigenständige Bedeutung zu, da hinsichtlich der Flugzeuge eine Eigentumsverletzung nicht in Betracht kommt. Es handelt sich in dieser Konstellation auch um einen unmittelbaren betriebsbezogenen Eingriff, da durch das Festkleben auf dem Rollfeld der Geschäftsablauf der Fluggesellschaften zielgerichtet gestört wird.[164]

### d) Haftungsbegründende Kausalität

Konnte in einem Einzelfall eine Rechtsgutverletzung bejaht werden, dann muss gerade die Verletzungshandlung kausal zu dieser geführt haben (sog. haftungsbegründende Kausalität). Entscheidend ist, ob die Rechtsgutverletzung auf dem konkret pflichtwidrigen Verhalten beruht und demnach im Sinne der conditio-sine-qua-non-Formel bei sorgfalts-

---

160  *Patros/Pollithy*, NJOZ 2023, 1 (1).

161  Vgl. Eckpfeiler/*Hager* (2022) Rn. T 424.

162  Vgl. BGH, Urt. v. 18.3.1969 – VI ZR 204/67 = NJW 1969, 1207 (1208); *Patros/Pollithy*, NJOZ 2023, 1 (1); ablehnend bei bloßen Sitzblockaden Eckpfeiler/*Hager* (2022) Rn. T 424.

163  *Behme*, NJW 2023, 327 (331).

164  Ebd.

gemäßem Verhalten nicht eingetreten wäre.[165] Für die Pflichtwidrigkeit des Verhaltens kommt es auf die konkrete Vorhersehbarkeit und Vermeidbarkeit des Verletzungserfolges an.[166]

Kleben sich Aktivisten auf die Straße oder das Rollfeld, so ist dieses Handeln ohne weiteres kausal für die eintretende Substanzverletzung, wenn die Oberfläche im Nachgang aufgeschnitten werden muss oder das Rollfeld nicht genutzt werden kann. Wenn ein Exponat mit Farbe oder Ähnlichem beschmutzt wird, verhält es sich gleichermaßen.

Zweifel entstehen in den Fällen, in denen ein Krankenwagen infolge einer Sitzblockade nicht den Patienten erreichen kann und sich dadurch eine Rechtsgutverletzung (Leben und Köper) ergibt: Unterfällt dies noch dem Schutzzweck der Norm oder fällt ein Verkehrsstau bereits unter das allgemeine Lebensrisiko?[167] Von der conditio-sine-qua-non-Formel ausgehend, kann die Straßenblockade nicht hinweggedacht werden, ohne dass der Erfolg – hier die Verletzung oder Tod der nicht behandelten Person – in seiner konkreten Gestalt entfällt. Zwar liegt danach faktisch Kausalität vor, jedoch treten zu diesem Kriterium noch normative Wertungskriterien (Adäquanz, Schutzzweck der Norm und Rechtswidrigkeitszusammenhang) hinzu.[168] Diese Kriterien dienen dazu, die Zurechnung des Verletzungserfolgs im Interesse der Billigkeit einzuschränken.[169] Insbesondere sollen durch diese Kriterien solche Erfolge nicht dem Handelnden zugerechnet werden, die völlig außerhalb aller Wahrscheinlichkeit liegen; dies soll dann gegeben sein, wenn völlig ungewöhnliche Umstände zum Erfolg führen.[170]

Einerseits wird vertreten, dass es sich um einen solchen atypischen Zusammenhang handle, wenn es um die Verzögerung der Rettung ei-

---

165　BGH, Urt. v. 18.9.2009 – V ZR 75/08 = NJW 2009, 3787 Rn. 33; MüKoBGB/*Wagner* BGB § 823 Rn. 71.

166　Ebd., § 823 Rn. 73 m.w.N.

167　*Patros/Pollithy*, NJOZ 2023, 1 (2).

168　*Wandt*, § 16 Rn. 129.

169　Ebd., § 16 Rn. 139 m.w.N.

170　Ebd., § 16 Rn. 140.

ner Person durch das im Stau „gefangene" Rettungsfahrzeug geht.[171] Andererseits wird die Auffassung vertreten, dass sich gerade in den provozierten Staus der Klimaaktivisten nicht mehr das allgemeine Lebensrisiko realisiere und deshalb die Rechtsgutsverletzung noch zu zurechnen sei.[172] Die letztere Ansicht kann nicht überzeugen, da sie eine Abgrenzung anhand dessen vornimmt, ob ein verkehrsfremder oder verkehrstypischer Umstand zum Stau führt.[173] Jedoch treten Proteste regelmäßig im öffentlichen Straßenraum auf und führen zu Staus. Gerade auf diesen Kommunikationsorten im Innenstadtbereich sollen aber Versammlungen stattfinden. Damit fällt ein Krankenwagen, der in einem von einer Demonstration veranlassten Stau stecken bleibt, noch in das allgemeine Lebensrisiko. Kommt es hingegen zur Blockade einer Bundesautobahn ist dies anders zu beurteilen, da diese regelmäßig keinen Ort der öffentlichen Kommunikation darstellt. Folglich ist hier mit einer Protestaktion nicht zu rechnen, so dass die Folgen den Protestierenden zuzurechnen sind.

## 2. § 823 Abs. 2 BGB i.V.m. Schutzgesetz

Ein Schadensersatzanspruch kann sich auch aus § 823 Abs. 2 i.V.m. einem Schutzgesetz ergeben. Verletzte Schutzgesetze finden sich regelmäßig in Normen des Strafrechts, im Bereich von Aktionen der Letzten Generation vor allem in den §§ 303, 240, 123, 315b, 222 bzw. 229 StGB. Insbesondere auf Ebene der Rechtswidrigkeit und bei der Verwerflichkeitsprüfung des § 240 Abs. 2 StGB stellen sich parallele Fragen, so dass diese Straftatbestände hier nicht vertieft werden sollen.[174] Zudem kommt im Falle verbotener Eigenmacht als verletztes Schutzgesetz § 858 BGB in Betracht.[175]

---

171  *Behme*, NJW 2023, 327 (332) m.w.N.
172  Vgl. *Patros/Pollithy*, NJOZ 2023, 1 (2 f.).
173  Ebd.
174  Weiterführend *Behme*, NJW 2023, 327 (329 f.).
175  BGH, Urt. v. 7.3.1956 – V ZR 106/54 = NJW 1956, 787 (788).

## 3. § 826 BGB

Nach § 826 BGB ist derjenige zum Schadensersatz verpflichtet, der in einer gegen die guten Sitten verstoßenden Weise einem anderen vorsätzlich Schaden zufügt. Im Gegensatz zu § 823 BGB ersetzt § 826 BGB auch reine Vermögensschäden.[176] Die Art der Schadenszufügung muss sittenwidrig sein, wobei daran strenge Anforderungen zu stellen sind.[177] Nach der Rechtsprechung ist ein Verhalten sittenwidrig, das nach seinem Gesamtcharakter gegen das Anstandsgefühl aller billig und gerecht Denkenden verstößt.[178] Das Verhalten muss deshalb besonders verwerflich erscheinen, was „sich aus dem verfolgten Ziel, den eingesetzten Mitteln, der zutage getretenen Gesinnung oder den eingetretenen Folgen ergeben"[179] kann. Insoweit verkörpert § 826 BGB den Gedanken des Missbrauchs persönlicher oder wirtschaftlicher Freiheit.[180] Gerade an dieser Stelle kommt es auf die verfassungsrechtlichen Grundwertungen an, die auch Ausdruck in den Grundrechten finden.[181] Zudem ist präventiv zu schauen, inwiefern ein rücksichtsloses oder missbräuchliches Verhalten Nachahmer finden kann, die weitere Störungen des Rechtsverkehrs verursachen könnten.[182]

Fraglich ist nach dem Vorstehenden, ob die typischen Protestformen der Letzten Generation, gegen das Anstandsgefühl aller billig und gerecht Denkenden verstoßen und damit sittenwidrig i.S.v. § 826 BGB sind. Zwar ist die Sittenwidrigkeit einzelfallabhängig festzustellen, doch es können abwägungsleitend gewisse Interessen benannt werden; eine pauschale und abschließende Beantwortung ist jedenfalls nicht möglich.[183]

---

176 MüKoBGB/*Wagner* BGB § 826 Rn. 13; kritisch bei der Störung öffentlicher Infrastruktur MüKoBGB/*Wagner* BGB § 826 Rn. 19.

177 BeckOGK/*Spindler* BGB § 826 Rn. 2.

178 BGH, Urt. v. 25.5.2020 – VI ZR 252/19 = NJW 2020, 1962 Rn. 15.

179 Ebd.

180 MüKoBGB/*Wagner* BGB § 826 Rn. 21.

181 BeckOGK/*Spindler* BGB § 826 Rn. 5; MüKoBGB/*Wagner* BGB § 826 Rn. 12.

182 BeckOGK/*Spindler* BGB § 826 Rn. 5; MüKoBGB/*Wagner* BGB § 826 Rn. 22.

183 BeckOGK/*Spindler* BGB § 826 Rn. 109.

## a) Museumsfälle

Kleben sich Aktivsten an Kunstwerke oder werfen sie Lebensmittel und Farbe auf sie, dann fällt ihr Verhalten nicht in den Schutzbereich ihrer kommunikativen Grundrechte (Art. 8 Abs. 1 und Art. 5 Abs. 1 GG). Zudem kann die Verfolgung politischer Ziele in Richtung eines effektiven Klimaschutzes hier auch nicht zugunsten der Aktivisten berücksichtigt werden, da eine derartige Eigentumsverletzung (vgl. Art. 14 GG) mit der freiheitlich demokratischen Grundordnung nicht vereinbar ist.[184] Selbst wenn die Ziele positiv zu berücksichtigen wären, dann stünde ihr kommunikatives Anliegen (effektiver Klimaschutz) in keinem unmittelbaren Zusammenhang mit den beeinträchtigten Kunstwerken.[185] Für eine Sittenwidrigkeit spricht zudem, dass die Werke schlicht instrumentalisiert werden, um Aufmerksamkeit für das Anliegen der Aktivisten zu schaffen. Dieses Vorgehen findet außerhalb des demokratischen Willensbildungsprozesses statt.[186] Im Ergebnis liegt eine sittenwidrige Schädigung nah.

## b) Blockade von Straßen

Finden Blockaden im öffentlichen Straßenraum statt, spricht gegen eine Sittenwidrigkeit, dass das Verhalten regelmäßig vom Schutzbereich des Art. 8 Abs. 1 GG umfasst wird, wohingegen die Blockade von Bundesautobahnen nicht geschützt wird. In ersterer Konstellation ist die Staatszielbestimmung des Art. 20a GG verstärkend zu berücksichtigen.[187] Zudem steht das kommunikative Anliegen der Aktivisten in einem deutlich engeren Zusammenhang mit dem klimabelastenden Straßenverkehr.[188] Für eine Sittenwidrigkeit spricht aber, dass Blockaden regelmäßig spontan stattfinden, unbeteiligte Dritte betroffen sind und die Dauer erheblich sein dürfte,[189] gerade wenn die Qualität des verwen-

---

184 *Behme*, NJW 2023, 327 (328).
185 *Lutzi*, JuS 2023, 385 (388).
186 Ebd.
187 BeckOGK/*Spindler* BGB § 826 Rn. 109.
188 *Patros/Pollithy*, NJOZ 2023, 1 (4).
189 *Behme*, NJW 2023, 327 (329); zurückhaltender BeckOGK/*Spindler* BGB § 826 Rn. 109.

deten Klebstoffes ein langes Bleiben ermöglicht. Dafür spricht auch, dass eine sehr große Zahl von unbeteiligten Dritten von der Blockade instrumentalisiert wird,[190] so dass einige Vertreter in der Objektivierung der Menschen eine Verletzung ihrer Menschenwürde sehen[191]. In Bezug auf Bundesautobahnen ist das deutlich erhöhte Gefahrenpotenzial infolge der hohen Geschwindigkeiten zu berücksichtigen.[192] Insgesamt finden Klimaaktivisten viele Nachahmer, so dass auch präventive Wirkungen Berücksichtigung finden sollten.

Im Ergebnis handelt es sich bei Blockaden des öffentlichen Straßenverkehrs in der Regel um keine sittenwidrige Schädigung: Zum einen besteht ein enger Zusammenhang zwischen dem Kommunikationsanliegen und dem klimabelastenden Straßenverkehr und zum anderen ist § 826 BGB eng auszulegen und soll nur als ultima-ratio zur Anwendung kommen, weshalb bei Blockaden im öffentlichen Straßenraum Zurückhaltung geboten ist. Im Gegensatz dazu erscheint die Blockade von Bundesautobahnen sittenwidrig, da dort das Gefahrenpotential im Vergleich zum normalen Straßenverkehr erheblich höher ist und das Verhalten auch nicht in den Schutzbereich des Art. 8 Abs. 1 GG fällt.[193]

## c) Blockade von Flughäfen

Die Gesamtabwägung der Umstände des Einzelfalles zeigt bei der Blockade der Start- und Landebahn deutlicher in Richtung einer Sittenwidrigkeit:[194] Zum einen ist die Blockade von Rollfeldern keine von Art. 8 Abs. 1 GG geschützte Versammlung. Die Aktivisten verlassen damit abermals den Bereich des demokratischen Willensbildungsprozesses, um für ihr Anliegen unzulässig Aufmerksamkeit zu erzeugen. Zum anderen besteht im Vergleich zu einem Verkehrsstau eine deutlich erhöhte abstrakte Gefährlichkeit, wenn in den Betriebsablauf

---

190  *Behme*, NJW 2023, 327 (329).
191  Dürig/Herzog/Scholz/*Depenheuer* GG Art. 8 Rn. 69.
192  Vgl. *Behme*, NJW 2023, 327 (329).
193  Eher für die Sittenwidrigkeit *Behme*, NJW 2023, 327 (330); die Sittenwidrigkeit ablehnend *Patros/Pollithy*, NJOZ 2023, 1 (5).
194  BeckOGK/*Spindler* BGB § 826 Rn. 110; *Behme*, NJW 2023, 327 (331).

eines Flughafens eingegriffen wird.[195] Flugzeuge können nicht eine beliebig lange Zeit auf eine Landung warten und zudem nicht zu jeder Zeit auf einen anderen Flughafen ausweichen. Zwar ist ihr meist altruistisch verfolgtes Fernziel eines effektiven Klimaschutzes gedanklich nah mit dem Flugverkehr verknüpft,[196] jedoch kann dies im Vergleich mit den Gegenargumenten nicht überzeugen, gerade auch mit Blick auf das hohe Gefahrenpotential für Leib und Leben von Flugpassagieren.[197]

## IV. Weitere Voraussetzungen und Besonderheiten

Schadensersatzansprüche setzen typischerweise Rechtswidrigkeit, Verschulden/Vertretenmüssen sowie einen ersatzfähigen Schaden voraus. Im Deliktsrecht kommt zudem eine gemeinschaftliche Haftung in Betracht und es können die Besonderheiten nach § 302 Nr. 1 InsO zu berücksichtigen sein.

## 1. Rechtswidrigkeit

Viele Haftungsnormen des Zivilrechts erfordern den Vorwurf der Rechtswidrigkeit: § 823 Abs. 1 BGB spricht im Wortlaut von „widerrechtlich"; § 823 Abs. 2 BGB verweist insbesondere in Straftatbestände, die nach der strafrechtlichen Dogmatik rechtswidrig begangen werden müssen; bei etwaigen Schadenersatzansprüchen aus dem Eigentümer-Besitzer-Verhältnis sowie aus Vertrag enthält das Merkmal „Vertretenmüssen" als ungeschriebene Voraussetzung den Vorwurf der Rechtswidrigkeit der Pflichtverletzung[198]. Von den hier relevanten Anspruchsgrundlagen erfordert allein § 826 BGB keine gesonderte Feststellung der Rechtswidrigkeit, da sittenwidriges Handeln niemals rechtmäßig sein kann.[199]

---

195  *Behme*, NJW 2023, 327 (331).
196  https://www.lto.de/recht/hintergruende/h/blockade-letzte-generation-flughafen-deliktsrecht-schadensersatz/.
197  So auch *Behme*, NJW 2023, 327 (331).
198  BeckOGK/*Riehm* BGB § 280 Rn. 180; Übersicht bei *Lutzi*, JuS 2023, 385 (389).
199  BeckOGK/*Spindler* BGB § 826 Rn. 6.

Nach der (im Zivilrecht herrschenden) Lehre vom Erfolgsunrecht indiziert eine verursachte Rechtsgutsverletzung die Rechtswidrigkeit;[200] positiv festgestellt werden muss sie insbesondere bei Rahmenrechten, hier dem Recht am eingerichteten und ausgeübten Gewerbebetrieb.[201] Auch bei vertraglichen Ansprüchen wird die Rechtswidrigkeit durch die Pflichtverletzung indiziert, da die Abweichung des Schuldners vom vertraglich bzw. gesetzlich Geschuldeten einen objektiven Verstoß gegen die Rechtsordnung darstellt.[202] Es greifen insoweit die allgemeinen Rechtfertigungsgründe und bei der Verletzung von Schutz- und Rücksichtnahmepflichten (hier: § 241 Abs. 2 BGB) besteht kein struktureller Unterschied zur Rechtfertigung in der Deliktshaftung, sodass auf die dort geltende Dogmatik zurückgegriffen werden kann.[203]

### a) Rechtswidrigkeit bei Eingriffen in Rahmenrechte

Besonderheiten weist die Rechtswidrigkeit bei der Verletzung von Rahmenrechten auf: Aufgrund des offenen Schutzbereiches ist anhand einer umfassenden Interessen- und Güterabwägung mit der im Einzelfall konkret kollidierenden Interessensphäre anderer[204] zu prüfen, ob der Eingriff in das Recht am eingerichteten und ausgeübten Gewerbebetrieb rechtswidrig war. Die Rechtswidrigkeit des Verhaltens wird gerade nicht indiziert.[205] Interpretationsleitende Interessen sind insbesondere die Grundrechte.[206] Rechtswidrig ist ein Eingriff demzufolge nur dann, wenn die Interessen des betroffenen Gewerbebetriebes überwiegen.[207] In dieser Interessenabwägung ist je nach Konstellation genau zu schauen, ob und wenn ja welche Grundrechte zu berücksichtigen sind. Es stellt sich wiederum das Spanungsverhältnis zwischen dem Interesse am größtmöglichen Beachtungserfolg der Versammlung sowie den (ge-

---

200  *Wandt*, § 16 Rn. 165.
201  Ebd., § 16 Rn. 166.
202  BeckOGK/*Riehm* BGB § 280 Rn. 180.
203  Ebd., § 280 Rn. 181.
204  BGH, Urt. v. 28.2.2013 – I ZR 237/11 = NJW 2013, 2760 Rn. 18.
205  MüKoBGB/*Wagner* BGB § 823 Rn. 370.
206  BGH, Urt. v. 15.1.2019 – VI ZR 506/17 = NJW 2019, 781 Rn. 19.
207  Ebd.

zielt) beeinträchtigten Rechten Dritter.[208] An dieser Stelle kann deshalb in großen Umfang auf die obigen Ausführungen verwiesen werden.

## b) Rechtfertigungsgründe

Die Rechtswidrigkeit ist zu verneinen, wenn ein Rechtfertigungsgrund eingreift. Es sind viele Rechtfertigungsgründe anerkannt, von denen im Falle der Letzten Generation aber nur die Folgenden in Betracht kommen dürften:[209]

### (1) Notwehr

Zwar kommen im Zivilrecht als Notwehrtatbestände im Rahmen der Rechtswidrigkeit § 227 BGB und auch § 32 StGB in Betracht,[210] jedoch scheidet eine Rechtfertigung von den Aktionsformen regelmäßig aus, da die Aktivisten durch ihren Protest keinen gegenwärtigen rechtswidrigen Angriff abwehren.[211]

### (2) Notstand, §§ 228, 904 BGB bzw. § 34 StGB

Literatur[212] und Rechtsprechung[213] beschäftigen sich intensiv damit, ob sich Straßenblockaden und die übrigen Protestformen der Letzten Generation mit dem in §§ 228, 904 BGB bzw. § 34 StGB verkörperten Notstandsgedanken rechtfertigen lassen. Richtigerweise sind auch Rechtsgüter der Allgemeinheit notstandsfähig, so dass auch das menschengerechte Klima (bzw. Klimaschutz) notstandsfähig ist.[214] Der Klimaschutz findet seine verfassungsrechtliche Grundlage in der Staats-

---

208  BeckOK GG/*Schneider* Art. 8 Rn. 31.2.

209  Vgl. MüKoBGB/*Wagner* BGB § 823 Rn. 77.

210  MüKoBGB/*Wagner* BGB § 823 Rn. 77.

211  Vgl. OLG Rostock, Hinweisbeschl. v. 23.3.2023 – 2 U 33/22 = BeckRS, 8261 Rn. 15.

212  Siehe nur *Homan*, JA 2023, 649 (649 ff.).

213  Siehe nur AG Flensburg, Urt. v. 07.11.2022 – 440 Cs 107 Js 7252/22 = BeckRS 2022, 34906.

214  OLG Rostock, Hinweisbeschl. v. 23.3.2023 – 2 U 33/22 = BeckRS 2023, 8261 Rn. 14; AG Flensburg, Urt. v. 07.11.2022 – 440 Cs 107 Js 7252/22 = BeckRS 2022, 34906 Rn. 16.

zielbestimmung des Art. 20a GG,[215] die alle staatlichen Organe zur Reduktion von Treibhausgasemissionen und der damit einhergehenden Klimaneutralität verpflichtet[216]. Eine Rechtfertigung scheitert jedoch an den übrigen Voraussetzungen:

Für eine Rechtfertigung nach § 228 BGB müsste die Gefahr von der betroffenen Sache selbst ausgehen. Kleben sich Klimaaktivisten an ein Bild oder sprühen sie Farbe an Sachen, geht von diesen nicht einmal mittelbar eine Gefahr für das Klima aus.[217] Auch wenn Autos und Flugzeuge $CO_2$ emittieren und daher grundsätzlich eine Gefahr darstellen würden, dann führt die Blockade eher dazu, dass auch im Stau Emissionen entstehen und es deshalb nicht zu einer Reduktion des Schadstoffausstoßes kommt.[218] Zudem emittieren Flugzeuge nach einer Protestaktion unter Umständen noch mehr $CO_2$, wenn sie ohne Passagiere zu einem Positionierungsflug aufbrechen müssen. Es ist schlicht keine geeignete Notstandshandlung: In Bezug auf den Schutz des Klimas ist eine Notstandshandlung dann geeignet, wenn sie den Temperaturanstieg begrenzt, indem sie zur Reduzierung der $CO_2$-Emissionen beiträgt.[219]

Zwar könnte sich eine Rechtfertigung auch aus einem Aggressivnotstand gem. § 904 BGB ergeben, jedoch hat dieser Rechtfertigungsgrund im Vergleich zu § 228 BGB nochmal erhöhte Voraussetzungen und würde als Rechtsfolge nur eine Duldungspflicht nach § 904 S. 1 BGB begründen. Nach § 904 S. 2 BGB wird aber gerade diese Duldung durch einen Schadensersatzanspruch kompensiert, so dass sie im vorliegenden Fall eine Haftung auf Schadensersatz nicht ausschließen kann.[220]

Als Rechtfertigungsgrund für die Verletzung anderer Rechtsgüter als nur Eigentum und Besitz kommt nach dem Gedanken der Einheit der

---

215  AG Flensburg, Urt. v. 07.11.2022 – 440 Cs 107 Js 7252/22 = BeckRS 2022, 34906 Rn. 16.

216  BVerfG, Beschl. v. 24.03.2021 – 1 BvR 2656/18 (u.a.) = NJW 2021, 1723 Rn. 198.

217  *Lutzi*, JuS 2023, 385 (390).

218  Ebd.

219  Vgl. OLG Schleswig, Urt. v. 9.8.2023 – 1 ORs 4 Ss 7/23 = NStZ 2023, 740 Rn. 34.

220  *Lutzi*, JuS 2023, 385 (390).

Rechtsordnung auch § 34 StGB in Betracht.[221] Selbst wenn das Fahren eines Kraftfahrzeuges oder das Fliegen eines Flugzeuges nach dem Vorstehenden als gegenwärtige Gefahr für das notstandsfähige Rechtsgut eines menschengerechten Klimas zu qualifizieren ist, dann scheitert eine Rechtfertigung jedenfalls an einer geeigneten und erforderlichen Notstandshandlung. An dieser Einschätzung ändert sich auch nichts, wenn infolge der Protestaktionen ein Umdenken in der Politik erreicht würde, denn dies wäre eine bloße mittelbare Folge, die im Rahmen der Rechtfertigungsprüfung keine Berücksichtigung finden darf.[222] Im Ergebnis können etwaige Schadensersatzansprüche nicht mit Notstandsgedanken gerechtfertigt werden.

### (3) Rechtfertigung wegen „Zivilem Ungehorsam"

In einer Verhandlung vor dem OLG Celle wurde erwogen, ob eine Rechtfertigung des tatbestandlichen Verhaltens unmittelbar aus dem Prinzip des zivilen Ungehorsams abgeleitet werden kann.[223] Das Gericht stützt sich hierbei auf das Begriffsverständnis vom „zivilen Ungehorsam", das bereits das BVerfG in seiner oben zitierten Entscheidung[224] zu Grunde legte.[225] Es verneint die Existenz eines solchen Rechtfertigungsgrundes, da niemand berechtigt sei, in die Rechte anderer einzugreifen, um auf diese Weise die Aufmerksamkeit der Öffentlichkeit zu erregen und der eigenen Auffassung Geltung zu verschaffen.[226] Dies folge insbesondere aus Art. 20 Abs. 4 GG, der ein Widerstandsrecht lediglich für eine Situation einräume, in der die grundgesetzliche Ordnung der Bundesrepublik Deutschland bedroht sei und verpflichte im Gegenzug zum Frieden in allen anderen Zeiten.[227] Art. 20 Abs. 4 GG kann folglich nur dann den rechtswidrig handelnden Personen helfen, wenn sich ihre Aktionen gegen einen Versuch der Beseitigung der Verfassungsordnung als Ganzes

---

221 Ebd.
222 OLG Schleswig, Urt. v. 9.8.2023 – 1 ORs 4 Ss 7/23 = NStZ 2023, 740 Rn. 48 f.
223 OLG Celle, Beschl. v. 29.07.2022 – 2 Ss 91/22 = BeckRS 2022, 21494 Rn. 8 ff.
224 Siehe oben B.I.
225 OLG Celle, Beschl. v. 29.07.2022 – 2 Ss 91/22 = BeckRS 2022, 21494 Rn. 9.
226 Ebd., 21494 Rn. 11.
227 Ebd.

richten.[228] Demnach kann ein Rechtfertigungsgrund aus dem „Prinzip" des zivilen Ungehorsams nicht hergeleitet werden, da Art. 20 Abs. 4 GG bezüglich des Widerstandsrechts eine abschließende Regelung darstellt.

## (4) Rechtfertigung unmittelbar aus Grundrechten

Nur bestimmte Protestformen der Letzten Generation fallen in den Schutzbereich von Grundrechten, so dass zu fragen ist, ob sich dann eine Rechtfertigung unmittelbar aus diesen Grundrechten ergeben kann. In der (strafrechtlichen) Literatur ist umstritten, ob Grundrechte überhaupt als Rechtfertigungsgründe wirken können: Einerseits sollen Grundrechte in bestimmten Konstellationen zur Rechtfertigung von Straftaten herangezogen werden können, wohingegen andererseits Grundrechte niemals als Rechtfertigungsgrund dienen können sollen.[229] Mit Blick auf die zivilrechtliche Perspektive ist dieser Streit nicht zu vertiefen, sondern in dieser Untersuchung davon auszugehen, dass Grundrechte im Zivilrecht als Rechtfertigungsgründe in Betracht kommen können.[230] Eine Rechtfertigung aus Grundrechten ist demnach zwar möglich, kommt jedoch nur in Betracht, sofern das Verhalten im jeweiligen Schutzbereich liegt und dann gegebenenfalls noch durch Art. 20a GG verstärkt wird.

Allerdings ist dann eine Rechtfertigung kein Automatismus, denn vielmehr sind in einer Abwägung mögliche Grundrechte der Geschädigten zu berücksichtigen. Dabei können je nach Konstellation insbesondere Art. 1 Abs. 1, 2 Abs. 1, 5 Abs. 1, 12 Abs. 1, 14 Abs. 1 GG Berücksichtigung finden.[231] Mit Blick auf das Erreichen von praktischer Konkordanz ist den jeweiligen Grundrechten der größtmögliche Anwendungsbereich zu eröffnen. Besonders schwer wiegt der Gedanke, dass gerade die Blockade von Straßen Menschen instrumentalisiert und als Objekt benutzt.[232] Dies korrespondiere mit dem Recht jedes Menschen, „in Ruhe gelas-

---

228  Ebd.
229  Überblick zum Meinungsstand bei *Brand/Winter*, JuS 2021, 113 (115 f.).
230  BeckOGK/*Spindler* BGB § 823 Rn. 89.
231  *Lutzi*, JuS 2023, 385 (390).
232  *Schwarz*, SächsVBl 2023, 41 (43).

sen zu werden" und keine Aufmerksamkeit gewähren zu müssen.[233] An die Rechtfertigung von Eingriffen in absolut geschützte Rechtsgüter des § 823 Abs. 1 BGB sind dabei tendenziell höhere Anforderungen zu stellen als bei Rahmenrechten sowie einem Schadensersatzanspruch aus § 826 BGB.[234] Nach alledem sprechen in den typischen Fällen der Letzten Generation gute Gründe dafür, dass eine Rechtfertigung aus Grundrechten ausscheidet. Insbesondere da die Verhaltensweisen meist nicht in den Schutzbereich der Grundrechte fallen.

## 2. Verschulden/Vertretenmüssen

Im Zivilrecht haften Schädiger regelmäßig für fahrlässige und vorsätzliche Schädigungen. Besonderheiten gelten für § 823 Abs. 2 BGB i.V.m. Normen des StGB, da nach § 15 StGB grundsätzlich nur vorsätzliches Handeln strafbar ist. Zudem muss sich der Vorsatz im Rahmen des § 826 BGB auch auf den Schaden beziehen.[235] Dies schließt auch das Bewusstsein ein, hohe Schäden hervorzurufen. Das Verschulden ist zwar vom Einzelfall abhängig, liegt aber sehr nah: Im Regelfall der Museumsfälle kommt es den involvierten Personen gerade darauf an, das Exponat mit Farbe zu beschmieren und infolgedessen die Nebenpflicht zu verletzen bzw. nehmen sie die Verletzung einer solchen Pflicht billigend in Kauf und handeln damit regelmäßig vorsätzlich. Ebenso dürfte die Blockade von Flughäfen und Straßen einzuordnen sein, da die Störung des Flug- bzw. des Straßenverkehrs durch die Aktivisten gerade gewollt ist.[236]

## 3. Ersatzfähiger Schaden

Schließlich müsste dem Anspruchsteller ein ersatzfähiger und damit auch adäquat kausaler Schaden aus der Rechtsgutverletzung des Schädigers entstanden sein, wobei die allgemeinen Schadensersatzregeln

---

233 Sondervotum der Richterin *Haas* zu BVerfG, Beschl. v. 24.10.2001 – 1 BvR 1190/90 = NJW 2002, 1031 (1036).
234 *Lutzi*, JuS 2023, 385 (390 f.).
235 *Wandt*, § 17 Rn. 23.
236 *Behme*, NJW 2023, 327 (331).

gem. §§ 249 ff. BGB gelten.[237] Folgende typische Schäden entstehen durch Aktionen der Letzten Generation:

### a) Reparaturkosten bei Substanzverletzungen

Beeinträchtigt eine Protestaktion das Eigentum an einem Bild oder dessen Rahmen, dann sind jedenfalls Reinigungs- und Reparaturkosten eine unfreiwillige Vermögenseinbuße.[238] In diesem Sinne sind auch die Reparaturkosten von Straßen und Rollfeldern ein Schaden. Der Gläubiger kann nach § 249 Abs. 2 S. 1 Alt. 2 BGB bei Beschädigung einer Sache den nötigen Geldbetrag verlangen, anstatt der tatsächlichen Wiederherstellung des ursprünglichen Zustandes durch den Schuldner.

### b) Behandlungskosten

Scheitert ein Schadensersatzanspruch in einem Einzelfall nicht bereits an der haftungsbegründenden Kausalität, dann können etwaige Behandlungskosten infolge des verspäteten Eintreffens von Rettungskräften einen ersatzfähigen Schaden nach § 249 Abs. 2 S. 1 Alt. 1 BGB darstellen.[239]

### c) Entgangener Gewinn und Haftungsschaden

Ein weiterer Schadensposten ist vor allem in den Fällen der Blockade von Flughäfen der entgangene Gewinn der Fluggesellschaften aufgrund des Eingriffs in den eingerichteten und ausgeübten Betrieb bzw. der entgangene Gewinn der Flughafenbetreibergesellschaft, wenn die Nutzbarkeit des Rollfeldes bereits derart eingeschränkt wurde, dass eine Eigentumsverletzung vorliegt. Ein entgangener Gewinn ist grundsätzlich gem. §§ 249, 252 BGB ersatzfähig. Tritt eine der beschriebenen Sitzblockaden auf und ein geplanter Flug muss storniert werden, so kann davon ausgegangen werden, dass die in § 252 S. 2 BGB vorausgesetzte Wahrscheinlichkeit bezüglich des Gewinns gegeben ist. Schließlich werden die meisten Passagiere bereits ihr Flugticket gebucht haben.

---

237  *Wandt*, § 16 Rn. 194.
238  Ebd., § 24 Rn. 4 m.w.N.
239  Vgl. zu atypischen Schäden auch *Behme*, NJW 2023, 327 (331 f.).

In welchem Umfang Ersatz des entgangenen Gewinns verlangt werden kann, hängt hingegen von vielen tatsächlichen Umständen ab, insbesondere wie die Vertragsverhältnisse zu den Passagieren ausgestaltet sind und ob diesen Ersatzflüge angeboten werden. Weiter könnte sich der Flughafenbetreiber, neben den Kosten für die Wiederherstellung des Flugbetriebes, auch Ansprüchen der Fluggesellschaften ausgesetzt sehen. Zudem ist denkbar, dass die Airlines durch die Ausübung von Fluggastrechten einen Haftungsschaden erleiden. Ebenso können in bestimmten Fällen Museen durch die Protestaktion einen entgangenen Gewinn geltend machen. Ferner ist bei einer Eigentumsverletzung eines Rollfeldes ein Schadensersatzanspruch hinsichtlich der entfallenen Nutzungsmöglichkeiten und Gebrauchsvorteilen denkbar. Da das Rollfeld erwerbswirtschaftlich genutzt wird, ist grundsätzlich Ersatz des entgangenen Gewinns denkbar gem. §§ 249 Abs.1, 252 BGB.[240] Im Detail ist diese Frage jedoch äußerst umstritten und kann im vorliegenden Fall nicht weiter vertieft werden.[241]

## 4. Gemeinschaftliche Haftung, §§ 830, 840 BGB

Die Protestaktionen der Letzten Generation können je nach Einzelfall verschiedene (vor allem deliktische) Schadensersatzansprüche in beträchtlicher Höhe auslösen. Es drängt sich die Frage auf, inwieweit die Protestierenden gemeinschaftlich haften können, um damit auch sicherzustellen, dass eine ausreichende Haftungsmasse besteht und die Ansprüche nicht nur eine „leere Hülle" sind. Gem. § 830 Abs. 1 S. 1 BGB sind diejenigen für den entstandenen Schaden verantwortlich, die gemeinschaftlich (also als Mittäter) eine unerlaubte Handlung begangen und dadurch einen Schaden verursacht haben. In einem nachgelagerten Schritt ordnet § 840 Abs. 1 BGB an, dass die mehreren nach § 830 Abs. 1 S. 1 BGB Verantwortlichen nach den allgemeinen Regeln der Gesamtschuld haften sollen.[242]

---

240  MüKoBGB/*Oetker* BGB § 249 Rn. 61.
241  Vgl. ebd., § 249 Rn 60 ff.
242  MüKoBGB/*Wagner* BGB § 840 Rn. 4.

## a) Aktive Protestteilnehmer

Die Mittäterschaft i.S.d. § 830 Abs. 1 S. 1 BGB bestimmt sich nach der im Strafrecht geltenden Dogmatik.[243] Es ist eine gemeinschaftliche Begehung der Tat nötig, bei der es zu einem bewussten und gewollten Zusammenwirken bei der Tatausführung aufgrund eines gemeinsamen Tatplans kommt.[244] Demnach sind jedenfalls die sich unmittelbar Festklebenden als Mittäter i.S.d. § 830 Abs. 1 S. 1 BGB zu qualifizieren. Schließlich verfolgen sie das kollektive Ziel, sich nach einem zuvor gefassten Plan strategisch entweder so auf die Straße bzw. das Rollfeld zu kleben, dass kein Verkehr mehr passieren kann oder sich an ein Bild zu kleben bzw. dieses mit Farbe zu begießen.

## b) Organisatoren im Hintergrund

Fraglich erscheint, ob auch die im Hintergrund insbesondere mit der Planung solcher Protestaktionen beschäftigten Personen gemeinschaftlich haften, da diese bei der unmittelbaren Tatausführung gerade nicht tätig werden. Die Qualifikation als Mittäter i.S.d. § 830 Abs. 1 S. 1 BGB liegt damit fern. Selbst wenn ein gemeinsamer Tatplan vorläge, werden die Organisatoren und die Aktivisten vor Ort nicht arbeitsteilig tätig. Erstere bleiben häufig im Hintergrund. Jedoch werden nach § 830 Abs. 2 BGB Anstifter und Gehilfen den Mittätern gleichgestellt. Auch auf die Begriffe des Anstifters und Gehilfen sind die strafrechtlichen Definitionen anzuwenden.[245] Nach den §§ 26, 27 Abs. 1 StGB bedarf es für eine Anstiftung bzw. Beihilfe eine vorsätzliche Beteiligung an einer fremden Vorsatztat.[246] Es gibt in der zivilrechtlichen Anstifter- und Gehilfenhaftung aber auch Unterschiede zur strafrechtrechtlichen Teilnehmerhaftung, insbesondere hinsichtlich dessen, dass im Zivilrecht ein Unrechtsbewusstsein notwendig ist.[247]

---

243  Ebd., § 830 Rn. 17 m.w.N.
244  Beispielhaft BGH, Urt. v. 11.3.2009 – I ZR 114/06 = NJW 2009, 1960 (1960).
245  MüKoBGB/*Wagner* BGB § 830 Rn. 21 m.w.N.
246  Ebd., § 830 Rn. 39.
247  Ebd., § 830 Rn. 41.

Im Hintergrund wirkende Organisatoren tragen objektiv zu der Tat bei und können deshalb Teilnehmer i.S.d. § 830 Abs. 2 BGB darstellen, indem sie die unmittelbar wirkenden Aktivisten bei der Planung und Vorbereitung unterstützen. Die Feststellung des Vorsatzes des Einzelnen kann im Einzelfall Schwierigkeiten bereiten und ist äußerst einzelfallabhängig. Regelmäßig kann jedoch angenommen werden, dass die Beteiligten wissen, dass sie sich außerhalb des rechtlich Zulässigen bewegen. Folglich nehmen sie einen Verstoß gegen Rechtsnormen zumindest billigend in Kauf und fallen im Ergebnis in die gesamtschuldnerische Haftung. Auf eine genaue Abgrenzung zwischen Mittätern und Gehilfen kommt es nicht an, da diese deliktsrechtlich gem. § 830 Abs. 2 BGB gleichgestellt werden.[248]

Die Verweisung in § 840 Abs. 1 BGB führt dazu, dass sowohl die aktiven Teilnehmer als auch die planenden Personen im Hintergrund im Außenverhältnis nach §§ 421 ff. BGB grundsätzlich jeder für sich für den gesamten Schaden einzustehen haben.[249] Praktisch schwierig kann sich lediglich die Feststellung aller Personen im Hintergrund darstellen, aufgrund der möglicherweise undurchsichtigen Organisationsstruktur der einzelnen Gruppierungen. Insofern können Beweisschwierigkeiten auftreten.

## 5. § 302 Nr. 1 InsO

Hinsichtlich der Folgen deliktischer Schadensersatzansprüche ist zudem § 302 Nr. 1 InsO zu berücksichtigen, der im Fall einer vorsätzlich begangenen unerlaubten Handlung Anwendung findet.[250] Liegen dessen Voraussetzungen im Einzelfall vor, sind Schadensersatzforderungen aus vorsätzlich begangener, unerlaubter Handlung von der Restschuldbefreiung ausgenommen, da es unbillig erscheint, dass sich Schuldner (hier die Protestierenden) einer Erfüllung solcher Forderungen entziehen könnten.[251]

---

248 BGH, Urt. v. 4.11.1997 – VI ZR 348/96 = NJW 1998, 377 (382).
249 MüKoBGB/*Wagner* BGB § 840 Rn. 14.
250 *Behme*, NJW 2023, 327 (332).
251 Braun/*Pehl* InsO § 302 Rn. 1.

# E. Fazit

Ziviler Ungehorsam stellt unsere Rechtsordnung vor viele Herausforderungen. Das Phänomen ist jedoch nicht neu. Ausgehend von der Fragestellung – Bewegen sich Aktivisten noch im Rahmen der geltenden Gesetze? – lassen sich für zivilen Ungehorsam am Beispiel der Letzten Generation folgende Erkenntnisse für das Zivilrecht konstatieren:

(1) Die verschiedenen Formen des zivilen Ungehorsams im Rahmen des aktuellen Klimaaktivismus lassen sich mit den zivilrechtlichen Anspruchsgrundlagen erfassen. Den Schwerpunkt bildet das Deliktsrecht.

(2) Verfassungsrechtliche Wertungen strahlen in das Zivilrecht aus und sind insbesondere im Recht am eingerichteten und ausgeübten Gewerbebetrieb, § 826 BGB („sittenwidrig") und auf der Rechtfertigungsebene zu berücksichtigen. Im Ergebnis ist in den überwiegenden Fallkonstellationen eine Rechtfertigung weder aus Notstandsgründen, einem „Zivilen Ungehorsam" noch unmittelbar aus Grundrechten möglich.

(3) Der verfassungsrechtliche Schutz der Aktivisten korreliert hierbei mit der zivilrechtlichen Inanspruchnahme durch Geschädigte.

   (a) Protestaktionen in Form von Substanzverletzungen in Museumsfällen unterfallen regelmäßig nicht dem Schutz von Art. 8 Abs. 1 GG und die Beteiligten sehen sich Schadensersatzansprüchen nach §§ 280 Abs. 1, 241 Abs. 2 BGB, § 823 Abs. 1 BGB, § 823 Abs. 2 i.V.m. StGB-Normen und § 826 BGB ausgesetzt.

   (b) Im öffentlichen Straßenraum ist zu differenzieren: Grundsätzlich fallen Straßenblockaden in den Schutzbereich des Art. 8 Abs. 1 GG und zivilrechtliche Ansprüche liegen tendenziell fern. Im Gegensatz dazu unterliegen Blockaden von Bundesautobahnen nicht dem Schutz der Versammlungsfreiheit, so dass Ansprüche aus § 823 Abs.1 BGB, § 823 Abs. 2 BGB i.V.m. StGB-Normen und 826 BGB denkbar sind.

(c) Die Blockade von Rollbahnen auf Flughäfen unterfällt nicht dem Schutz von Art. 8 Abs. 1 GG. Sowohl die Flughafenbetreiber als auch die Fluggesellschaften können verschiedene zivilrechtliche Ansprüche geltend machen. Neben § 823 Abs. 1 BGB und § 823 Abs. 2 i.V.m. StGB-Normen liegt eine Haftung aus § 826 BGB hier am nächsten.

(4) Aktivisten haften hierbei nicht nur allein, sondern im Einzelfall auch als Gesamtschuldner nach §§ 840 Abs. 1, 421 ff. BGB. Den Anspruchsgläubigern stehen demnach eine Vielzahl von Schuldnern gegenüber.

# Literaturverzeichnis

**Akbarian, Samira:** Ziviler Ungehorsam als Verfassungsinterpretation, Tübingen 2023

**Bäcker, Matthias / Denninger, Erhard / Graulich, Kurt (Hrsg.):** Handbuch des Polizeirechts, 7. Auflage, München 2021 (zitiert als: Lisken/Denninger, Handbuch des Polizeirechts)

**Behme, Caspar:** Haftung fürs Haften – Deliktsrechtliche Verantwortlichkeit der „Letzten Generation", NJW 2023, 327 ff.

**Brand, Christian / Winter, Moritz:** Grundrechte als strafrechtliche Rechtfertigungsgründe, JuS 2021, 113 ff.

**Braun, Eberhard (Hrsg.):** Insolvenzordnung (InsO), 9. Auflage, München 2022

**Braune, Andreas (Hrsg.):** Ziviler Ungehorsam – Texte von Thoreau bis Extinction Rebellion, Ditzingen 2017

**Canaris, Claus-Wilhelm:** Grundrechte und Privatrecht, Berlin 1998

**Dreier, Ralf:** Widerstandsrecht und ziviler Ungehorsam im Rechtsstaat, in: Glotz, Peter (Hrsg.), Ziviler Ungehorsam im Rechtsstaat, Frankfurt a.M. 1983

**Dürig, Günter:** Grundrechte und Zivilrechtsprechung, in: Vom Bonner Grundgesetz zur gesamtdeutschen Verfassung – Festschrift zum 75. Geburtstag von Hans Nawiasky, Hrsg. Maunz, Theodor, München 1956, S. 157 ff.

**Dürig, Günter / Herzog, Roman / Scholz, Rupert (Hrsg.):** Grundgesetz Kommentar, 101. Ergänzungslieferung, Mai 2023

**Eibenstein, Henrik:** Aktuelle Entwicklungen im Versammlungsrecht, JA 2023, 764 ff.

**Eidam, Lutz:** Klimaschutz und ziviler Ungehorsam. Lässt sich der Regelbruch legitimieren?, JZ 2023, 224 ff.

**Epping, Volker / Hillgruber, Christian (Hrsg.):** Beck'scher Online-Kommentar Grundgesetz, 56. Edition, Stand: 15.08.2023

**Erb, Volker:** „Klima-Kleber" im Spiegel des Strafrechts, NStZ 2023, 577 ff.

**Gätsch, Cäcilia:** Legitimität und Legalität von zivilem Ungehorsam im Kampf gegen die Klimakrise, KlimR 2023, 141 ff.

**Gsell, Beate / Krüger, Wolfgang / Lorenz, Stephan / Reymann, Christoph (Hrsg.):** Beck-online.GROSSKOMMENTAR – BGB (in Auszügen kommentiert), Stand: 01.07.2023

**Heinig, Hans Michael:** Heiligt der Zweck die Mittel? Zum Umgang mit zivilem Ungehorsam im demokratischen Rechtsstaat, NK 2023, 231 ff.

**Homan, Vanessa:** Heiligt der Zweck alle Mittel? – Die Strafbarkeit der „Letzten Generation" im Rahmen ihrer Klimaproteste – Teil II: Mögliche Rechtfertigungsgründe, JA 2023, 649 ff.

**Honer, Mathias:** Ziviler Ungehorsam in der freiheitlichen Demokratie des Grundgesetzes, JuS 2023, 408 ff.

**Jarass, Hans D. / Pieroth, Bodo (Begr.):** Grundgesetz für die Bundesrepublik Deutschland – Kommentar, 17. Auflage, München 2022

**Kahl, Hartmut:** Anm. zu BVerfG Beschl. v. 24.3.2021 – 1 BvR 2656/18 (u.a.), EnWZ 2021, 268 ff.

**Kirchenamt im Auftrag des Rates der Evangelischen Kirche in Deutschland (Hrsg.):** Evangelische Kirche und freiheitliche Demokratie – Der Staat des Grundgesetzes als Angebot und Aufgabe – Eine Denkschrift der Evangelischen Kirche in Deutschland, 4. Auflage, Gütersloh 1990

**Köhler, Helmut:** BGB – Allgemeiner Teil, 47. Auflage, München 2023

**Krüger, Wolfgang / Rauscher, Thomas (Hrsg.):** Münchener Kommentar zur Zivilprozessordnung, Bd. 1, 6. Auflage, München 2020

**Lutzi, Tobias:** Privatrechtliche Haftung im Zusammenhang mit Klimaaktivismus, JuS 2023, 385 ff.

**Manssen, Gerrit:** Staatsrecht II – Grundrechte, 19. Auflage, München 2022

**Maurer, Hartmut / Schwarz, Kyrill-A.:** Staatsrecht I – Grundlagen Verfassungsorgane Staatsfunktionen, 7. Auflage, München 2023

**Merkel, Wolfgang:** Wissenschaft, Moralisierung und die Demokratie im 21. Jahrhundert, APuZ 26-27/2021, 4 ff.

**Münkler, Laura:** Expertokratie – Zwischen Herrschaft kraft Wissens und politischem Dezisionismus, Tübingen 2020

**Patros, Lenard / Pollithy, Alexander:** Zivilrechtliche Haftungsfolgen von Sitzblockaden zu Protestzwecken – welche Verantwortung trifft die Klimaaktivisten?, NJOZ 2023, 1 ff.

**Poppinga, Anneliese:** Meine Erinnerungen an Konrad Adenauer, München 1972

**Ridder, Helmut / Breitbach, Michael / Deiseroth, Dieter (Hrsg.):** Versammlungsrecht des Bundes und der Länder, 2. Auflage, Baden-Baden 2020

**Säcker, Franz Jürgen / Rixecker, Roland / Oetker, Hartmut / Limperg, Bettina (Hrsg.):** Münchener Kommentar zum Bürgerlichen Gesetzbuch; Band 1: Allgemeiner Teil §§ 1-240, AllgPersönlR, PostG, AGG, 9. Auflage, München 2021; Band 2: Schuldrecht – Allgemeiner Teil I: §§ 241-310, 9. Auflage, München 2022; Band 3: Schuldrecht – Allgemeiner Teil II: §§ 311-432, 9. Auflage, München 2022; Band 7: Schuldrecht – Besonderer Teil IV: §§ 705-853, PartGG, ProdHaftG, 8. Auflage, München 2020

**Schwarz, Kyrill-A.:** Rückbesinnung auf den Friedlichkeitsvorbehalt der Versammlungsfreiheit, SächsVBl 2023, 41 ff.

**Singelnstein, Tobias / Winkler, Dennis:** Wo die kriminelle Vereinigung beginnt – Zur strafverfassungsrechtlichen Reduktion von § 129 StGB, NJW 2023, 2815 ff.

**Stadler, Astrid:** Allgemeiner Teil des BGB, 21. Auflage, München 2022

**v. Staudinger, Julius (Begr.):** Staudinger, Kommentar zum Bürgerlichen Gesetzbuch mit Einführungsgesetz und Nebengesetzen; Buch 1: Allgemeiner Teil: Übersicht Einleitung zum BGB; §§ 1-14; VerschG (Natürliche Personen, Verbraucher, Unternehmer), Neubearbeitung 2018; Buch 2: Recht der Schuldverhältnisse: § 823 A-D (Unerlaubte Handlungen 1 – Rechtsgüter und Rechte, Persönlichkeitsrecht, Gewerbebetrieb), Neubearbeitung 2017; Eckpfeiler des Zivilrechts, 8. Auflage 2022

**Wandt, Manfred:** Gesetzliche Schuldverhältnisse, 11. Auflage, München 2022

Beitrag von

# Deborah Zeh

# Der sog. „zivile Ungehorsam" – eine strafrechtliche Betrachtung unter besonderer Berücksichtigung der Rechtfertigung

## Vorbemerkung

Aus Gründen besserer Lesbarkeit wird im nachfolgenden Beitrag auf gendergerechte Sprache verzichtet und das generische Maskulinum angewandt. Alle geschlechtsspezifischen, personenbezogenen Bezeichnungen beziehen sich hierbei jedoch auf das männliche, weibliche und diverse Geschlecht.

## A. Einleitung

„Ziviler Ungehorsam ist die Negation des demokratischen Rechtsstaats und beraubt ihn seiner Existenzgrundlage."[1] Mit diesen Worten beschreibt Kyrill-Alexander Schwarz das Widerstandsphänomen. Gegenteilige Worte findet Arthur Kaufmann, der meint, wenn Menschen sich mit lauteren Motiven passiv auf Straßen setzen und diese als Gewalttäter bestraft würden, „dann liegt es nahe, daß das Gesetz oder daß

---

1    *Schwarz*, NJW 2023, 275 (280).

die Rechtsprechung nicht stimmt. Das sind doch samt und sonders keine kriminellen Gewalttäter!".[2] Diese Zitate zeigen die Ambivalenz der Protestform des zivilen Ungehorsams und der zugehörigen rechtlichen Bewertung. Durch Aktionen wie „Kleben fürs Klima", Besetzungen in Lützerath und das Bewerfen von Kunstwerken mit Kartoffelbrei im Zusammenhang mit der Klimakrise ist der öffentliche Diskurs über die Bestrafung zivilen Ungehorsams heute wieder sehr aktuell. Aber sind zivil Ungehorsame Kriminelle und sollten wie solche geahndet werden? Oder kann ziviler Ungehorsam einen Rechtfertigungs- oder Entschuldigungsgrund darstellen? Ist er für Klimaschutz gesondert zu beurteilen? Diesen Fragen soll im Folgenden anhand der nachstehenden Thesen nachgegangen werden:

1. Ziviler Ungehorsam als solcher ist kein Rechtfertigungs- oder Entschuldigungsgrund.
2. Ziviler Ungehorsam kann auch nicht durch andere Rechtfertigungs- oder Entschuldigungsgründe straffrei sein.
3. Durch klimabezogenen zivilen Ungehorsam sind neue Rechtfertigungsmöglichkeiten für ebenjenen eröffnet.

# B. Ziviler Ungehorsam und seine Rechtfertigung und Entschuldigung

## I. Begriffserklärungen und Grundlagen

Zunächst sollen die Grundlagen und zentralen Begriffe bestimmt werden.

---

2 *Kaufmann*, NJW 1988, 2581 (2583).

# 1. Ziviler Ungehorsam

Es existiert eine Vielzahl von Definitionen des sog. „zivilen Ungehorsams", die von unterschiedlicher Spannweite sind.[3] Zwar erfolgte die Bezeichnung „Civil Disobedience" erstmals durch Henry David Thoreau,[4] es wird jedoch primär auf die Definition des Moralphilosophen John Rawls abgestellt.[5]

## a) Definition

Demnach ist ziviler Ungehorsam eine gewaltlose, öffentliche und gewissensbestimmte, jedoch gesetzeswidrige Handlung, welche gewöhnlich zur Herbeiführung einer Gesetzesänderung oder einer Änderung in der Regierungspolitik durchgeführt wird.[6] Das Bundesverfassungsgericht wiederum definiert den Begriff als „Widerstehen des Bürgers gegenüber einzelnen wichtigen staatlichen Entscheidungen", um einer Entscheidung, die für ethisch illegitim und verhängnisvoll gehalten wird, durch zeichenhaften und demonstrativen Protest bis hin zu aufmerksamkeitserregenden Regelverletzungen zu begegnen.[7] Beiden Definitionen können die einzelnen Merkmale für den zivilen Ungehorsam entnommen werden.[8]

## b) Merkmale

So muss vorsätzlich ein Rechtsverstoß begangen werden.[9] Hierbei werden Staat und Verfassung grundsätzlich anerkannt, was sich auch in der Bereitschaft, die rechtlichen Konsequenzen des Normbruchs zu tragen, widerspiegelt.[10] Man unterscheidet zwischen direktem zivilen Ungehorsam, der sich gegen die verletzte Norm selbst richtet, und indirektem

---

3    *Radtke*, in: Strafrecht in der Zeitenwende, 73 (75);
     *Pabst*, APuZ 25-26/2012, 23 (24).
4    *Geis*, in: Handbuch Rechtsphilosophie, 534 (534).
5    Vgl. *Habermas*, in: Ziviler Ungehorsam im Rechtsstaat, 29 (34).
6    *Rawls*, S. 401.
7    BVerfGE 73, 206 (250).
8    Vgl. *Kröpil*, JR 2011, 283 (284).
9    *Geis*, in: Handbuch Rechtsphilosophie, 534 (536).
10   *Ebd.*

zivilen Ungehorsam. Bei diesem übertritt man eine Norm, die unabhängig von dem für illegitim gehaltenen Zustand besteht.[11] Weiterhin ist der Akt des zivilen Ungehorsams öffentlich.[12] Die Handlung darf somit nicht im Privaten stattfinden und soll an Öffentlichkeit und Politik adressiert sein.[13] Außerdem muss der Protest „moralisch begründet" sein.[14] Daraus folgt, dass keine privaten Wertvorstellungen, sondern gemeinsame, fundamentale Prinzipien eines demokratischen Rechtsstaats der Handlung als Motiv zugrunde liegen.[15] Ziviler Ungehorsam stellt somit einen politischen Akt dar, der sich zudem durch die Regelverletzung symbolisch gegen einzelne staatliche Maßnahmen richtet, die vermeintlich ungerecht oder nicht legitim sind.[16] Zuletzt ist er von Gewaltfreiheit geprägt, weil lediglich Aufmerksamkeit erzeugt werden soll.[17]

## c) Bedingung der Gewaltfreiheit

Welcher Gewaltbegriff für die Bedingung der Gewaltlosigkeit angewendet werden soll, ist umstritten.[18] Die Diskussion leitet sich vor allem aus jener zur Nötigung ab, deren Tatbestand im Rahmen des zivilen Ungehorsams regelmäßig verwirklicht wird.[19] Nach der Zweite-Reihe-Rechtsprechung des BGH ist im Rahmen von § 240 StGB Gewalt bei Sitzblockaden bei den der ersten Reihe nachfolgenden Kraftfahrzeugfahrern wegen des Vorliegens von physischen, nicht zu beseitigenden Hindernissen, gegeben.[20] In der älteren Literatur werden Elemente der Nötigung nicht per se ausgeschlossen, vielmehr soll Gewalt erst bei Körperverletzungen und Sachbeschädigungen vorliegen. Ansonsten würde ein Großteil des zivilen Ungehorsams, der auch psychischen

---

11    *Radtke*, in: Strafrecht in der Zeitenwende, 73 (75 f.).
12    *Habermas*, in: Ziviler Ungehorsam im Rechtsstaat, 29 (35).
13    *Dreier*, in: Ziviler Ungehorsam im Rechtsstaat, 54 (62).
14    *Habermas*, in: Ziviler Ungehorsam im Rechtsstaat, 29 (35).
15    *Radtke*, GA 2000, 19 (20);
       *Habermas*, in: Ziviler Ungehorsam im Rechtsstaat, 29 (39).
16    *Radtke*, GA 2000, 19 (20).
17    *Geis*, in: Handbuch Rechtsphilosophie, 534 (536).
18    *Dreier*, in: Ziviler Ungehorsam im Rechtsstaat, 54 (62).
19    Vgl. *Geis*, in: Handbuch Rechtsphilosophie, 534 (536).
20    BGH NJW 1995, 2643 (2644).

Druck und die Einschränkung der Bewegungsfreiheit Dritter erfasst, aus dem Begriff herausfallen.[21] Fischer wiederum versteht unter gewaltfreiem zivilen Ungehorsam gerade keine Nötigung Dritter. Indem strafrechtlich z.b. bei Straßenblockaden Gewalt vorliege und der Nötigungstatbestand erfüllt sei, könne es sich schon gar nicht um gewaltlose Aktionen handeln.[22] Dabei kann gerade die Verwirklichung eines Straftatbestandes eine Bedingung des zivilen Ungehorsams darstellen. Es kann also für den hier benötigten Gewaltbegriff nicht jener der Nötigung Anwendung finden. Demnach muss man auf eine restriktivere Auslegung des Gewaltbegriffs, wie in § 113 StGB zurückgreifen, wonach bei Akten zivilen Ungehorsams wie Sitzblockaden keine Gewalt vorliegt, auch wenn der weitere Gewaltbegriff des § 240 StGB zu bejahen ist.[23] Es kann auch auf den ähnlich definierten verfassungsrechtlichen Versammlungsbegriff der Friedlichkeit abgestellt werden.[24] Insofern liegt erst dann wegen Gewaltanwendung kein ziviler Ungehorsam mehr vor, wenn der Widerstand mit einer aktiven Kraftäußerung, meist mit dem Einsatz von physisch wirkenden Zwangsmitteln gegen Personen oder Sachen, einhergeht.[25]

## 2. Politische Aktionen

Politik ist die aktive Teilnahme daran, das menschliche Gemeinwesen zu gestalten und zu regeln.[26] Dabei stellt politisches Handeln ein Verhalten von Bürgern dar, welches zielgerichtet auf die Politik sowie politische Entscheidungen ist.[27] Im Rahmen des zivilen Ungehorsams wird sich in dieser Arbeit zum Beispiel auf Sitzblockaden, u.a. durch

---

21 *Dreier*, in: Ziviler Ungehorsam im Rechtsstaat, 54 (62).
22 *Fischer*, LTO, Eine Frage an *Thomas Fischer*, https://www.lto.de//recht/
   meinung/m/frage-an-fischer-notwehrrecht-klimaaktivistenblockade/.
23 AG Berlin-Tiergarten, NStZ 2023, 239 (240); *Preuß*, NZV 2023, 60 (65 f.).
24 *Laker*, S. 181.
25 BVerfGE 73, 206 (248); *Bosch*, in: MüKo StGB, § 113 Rn. 18 f.
26 Vgl. BPB, Politik, https://www.bpb.de/kurz-knapp/lexika/politiklexi-
   kon/18019/politik/.
27 *Pickel*, in: Politisch Handeln, 39 (41).

Ankleben, Besetzungen von bestimmten Orten, Protest-Camps und „Menschenankettungen" bezogen.[28]

## 3. Rechtfertigungs- und Entschuldigungsgrund

Ein Rechtfertigungsgrund schließt das Unrecht aus und gestattet unter den in bestimmten Normen genannten Bedingungen eine Tatbestandsverwirklichung. Bei Vorliegen eines Rechtfertigungsgrundes ist der Tatbestand zwar verwirklicht, die Tat aber nicht rechtswidrig.[29]

Ein Entschuldigungsgrund liegt vor, wenn sich der Täter in einer besonderen Motivations- und Konfliktlage befindet und die Rechtsordnung auf die Erhebung eines Schuldvorwurfs verzichtet.[30]

## II. Historische Einordnung

Bereits in der Antike und im Mittelalter existierte die Idee eines Widerstandsrechts des Bürgers, meist im Zusammenhang mit dem sog. Tyrannenmord.[31] Der eigentliche Begriff des zivilen Ungehorsams wurde 1848 erstmals von Thoreau im Zusammenhang mit dem Mexiko-Krieg geprägt, indem er dazu aufrief, aus Protest gegen Sklaverei keine Steuern mehr zu zahlen.[32] Auch Mahatma Gandhi gilt als bekanntes Beispiel für Aufrufe zu zivilem Ungehorsam in Südafrika gegen die Apartheid und in Indien gegen die Kolonialmacht Großbritannien Anfang des 20. Jahrhunderts.[33] Er prägte vor allem das Merkmal der Gewaltfreiheit.[34] Daneben war Thoreau auch eine Inspiration für Martin Luther King und dessen afro-amerikanische Bürgerrechtsbewegung gegen die Rassentrennung in den 1950er und 1960er Jahren. Der zivile Ungehorsam wurde hier vor allem auch durch ebenfalls gewaltfreie Sitzstreiks und

---

28  Vgl. *Ballestrem*, in: Handbuch Politische Gewalt, 67 (69 f.).
29  *Kindhäuser/Zimmermann*, Strafrecht AT, § 15 Rn. 1.
30  *Sternberg-Lieben*, in: Schönke/Schröder StGB, Vor §§ 32 ff. Rn. 108.
31  *Kaufmann*, S. 40.
32  *Geis*, in: Handbuch Rechtsphilosophie, 534 (534).
33  *Gillner*, in: Handbuch Friedensethik, 855 (859).
34  Vgl. *Gandhi*, in: Ziviler Ungehorsam – Texte von Thoreau bis Occupy, 73 (76).

sog. „Freedom Rides", Busfahrten, praktiziert.[35] In Deutschland führte die Befürchtung vor einem Missbrauch von Widerstandsregelungen nach der NS-Zeit nur zu einer kurzzeitigen Renaissance der Widerstandsidee.[36] Mit der Notstandsgesetzgebung 1968 änderte sich das jedoch. Sie brachte viele Proteste hervor, während sich gleichzeitig auch die Studentenbewegung 1968 etablierte.[37] Diese nahm weitgehend noch keinen Bezug auf den Begriff des zivilen Ungehorsams.[38] Ab den 1970er Jahren ließ man sich von der Definition von Rawls inspirieren.[39] Politische Entscheidungen wie der Nato-Doppelbeschluss 1979 und der Ausbau der Atomkraft führten zu Protesten, beispielsweise in Form von Protestcamps oder Sitzstreiks auf Zufahrten zu bestimmten Einrichtungen.[40] Proteste gegen Castor-Transporte finden bis heute statt,[41] und insbesondere der Klimaschutzaktivismus hat sich in den letzten Jahren stark intensiviert.[42] Daraus gingen von Gruppierungen wie der „Letzten Generation"[43] weitere Formen des zivilen Ungehorsams wie Besetzungen Lützeraths und des Hambacher Forsts, aber auch die „Klimakleb-Aktionen" hervor.[44] Somit ist die Protestform des zivilen Ungehorsams von besonderer Aktualität geprägt.

### III. Vorliegen zivilen Ungehorsams

Ein Problem des zivilen Ungehorsams ist, dass es keine Einigkeit über sein Verständnis gibt und der Diskurs darüber nicht nur auf juristischer, sondern auch auf politischer und philosophischer Ebene geführt wird.[45]

---

35 *Braune*, in: Staatslexikon, Ziviler Ungehorsam, 555 (555).
36 *Eidam*, JZ 2023, 224 (226).
37 Vgl. *Kröpil*, JR 2011, 283 (283).
38 *Braune*, in: Staatslexikon, Ziviler Ungehorsam, 555 (556).
39 *Gillner*, in: Handbuch Friedensethik, 855 (859).
40 *Geis*, in: Handbuch Rechtsphilosophie, 534 (534).
41 Ebd., 534 (535).
42 *Pietsch*, Kriminalistik 2023, 137 (137).
43 *Rönnau*, JuS 2023, 112 (112).
44 Vgl. *Eidam*, JZ 2023, 224 (224); *Pietsch*, Kriminalistik 2023, 137 (137).
45 *Buhse*, Kriminalistik 2022, 574 (575).

Es kann deswegen herausfordernd sein festzustellen, wann ebenjener vorliegt. So muss beachtet werden, dass die reine Bezeichnung einer Aktion als ziviler Ungehorsam, z. B. durch die Ausübenden oder die „gegnerische" Seite, diese nicht automatisch als solchen klassifiziert und umgekehrt.[46] Wenn eine Gruppierung zum „Tag des zivilen Ungehorsams" aufruft, bei dem es zu gewaltsamen Auseinandersetzungen mit Polizisten kommt und man sich vermummt, liegt kein ziviler Ungehorsam vor. Die Vermummung und somit Nichterkennbarkeit spricht gegen einen öffentlichen Akt.[47] Außerdem schließt ziviler Ungehorsam Gewalt aus.[48] Es liegt also trotz der Bezeichnung kein ziviler Ungehorsam vor.

Obwohl der für zivilen Ungehorsam erforderliche Verstoß sich nicht gegen eine Strafnorm richten muss,[49] wird im Folgenden nur auf Taten eingegangen, die einen Straftatbestand verwirklichen. Es bedarf dafür konkreter Handlungen, die unter Straftatbestände subsumiert werden können, weil es keinen eigenen Tatbestand des zivilen Ungehorsams gibt.[50] Diese konkreten Tatbestände können z.B. § 240 und § 123 StGB sein. Die Rechtsverletzung darf auch nicht so weit gehen, dass die Gewaltlosigkeit nicht mehr gegeben ist. Bei Aktionen wie dem Bewerfen von Kunstwerken ist § 303 StGB meist erfüllt[51] – somit ist fraglich, ob noch von zivilem Ungehorsam die Rede sein kann. Eine Ansicht sieht zwischen Gewaltfreiheit und Sachbeschädigung ein Kontinuum.[52] Dreier zieht eine Einbeziehung von Sachbeschädigungen, die wertmäßig im Verhältnis zum Zweck des Protests völlig unerheblich sind, in Betracht.[53] Laut dem Urteil des OLG Celle zur Sachbeschädigung eines Klimaschutzaktivisten ist jedenfalls keine Rechtfertigung durch

---

46  Vgl. *Fischer*, LTO, Eine Frage an *Thomas Fischer*, https://www.lto.de//recht/meinung/m/frage-an-fischer-notwehrrecht-klimaaktivistenblockade/.
47  *Buhse*, Kriminalistik 2022, 574 (577).
48  *Ebd.*
49  *Schüler-Springorum*, in: Ziviler Ungehorsam im Rechtsstaat, 76 (76 f.).
50  *Kröpil*, RuP 2013, 193 (194).
51  *Montag*, Redaktion beck-aktuell, becklink 2025233.
52  *Pabst*, APuZ 25-26/2012, 23 (26).
53  *Dreier*, in: Ziviler Ungehorsam im Rechtsstaat, 54 (63).

zivilen Ungehorsam gegeben.[54] Dem ist sich anzuschließen, um den Begriff des zivilen Ungehorsams nicht auszureizen.

## IV. Praxis der Rechtsprechung

Überblicksartig lässt sich sagen, dass die Rechtsprechung den zivilen Ungehorsam nur am Rande erwähnt und als eigenen Rechtfertigungsgrund ablehnt.[55] Daneben werden oftmals andere, hier noch näher zu erörternde Rechtfertigungsgründe angesprochen.[56] Diese werden teilweise vor dem zivilen Ungehorsam geprüft.[57] Andere Gerichte erwägen den zivilen Ungehorsam als Inbegriff des § 34 StGB.[58] In einigen Entscheidungen wird er trotz Vorliegen seiner Voraussetzungen nicht erwähnt.[59] Es besteht folglich keine Einigkeit. Dabei beziehen sich viele Urteile auf Proteste gegen die Nachrüstung in den 80er Jahren,[60] aber auch auf jene gegen Castortransporte.[61] In der neueren Rechtsprechung behandeln die Urteile vor allem die Klimaproteste.[62] Insgesamt lässt sich vorwegnehmen, dass es keine einheitliche Linie gibt, wie Akte zivilen Ungehorsams zu beurteilen sind. Die Würdigung des zivilen Ungehorsams spielt sich innerhalb der Rechtsprechung mehrheitlich in der Strafzumessung ab.[63] Es werden aber seine Rechtfertigung und Entschuldigung zumindest diskutiert. Dem wird im Folgenden nachgegangen.

---

54  OLG Celle, NStZ 2023, 113 (113) Rn. 9.
55  OLG Celle NStZ 2023, 113 (113) Rn. 8 ff.;
    LG Dortmund NStZ-RR 1998, 139 (141).
56  OLG Celle NStZ 2023, 113 (113); LG Dortmund NStZ-RR 1998, 139 (140 f.).
57  AG Heilbronn, Urt. v. 6.4.2023 – 26 Ds 16 Js 4813/23- Rn. 26 f.
58  LG Dortmund NStZ-RR 1998, 139 (141).
59  OLG Naumburg NStZ 2018, 472;
    AG Flensburg, Urt. v. 7.1.2022 – 440 Cs 107 Js 7252/22.
60  BVerfGE 73, 206 (208 ff.); OLG Stuttgart NStZ 1987, 121 (121).
61  LG Dortmund NStZ-RR 1998, 139 – 141.
62  AG Mönchengladbach-Rheydt BeckRS 2022, 4182 Rn. 1.
63  LG Gießen, Urt. v. 9.10.2009 – 8 Ns – 501 Js 15915/06 Rn. 50;
    AG Heilbronn, Urt. v. 6.4.2023 – 26 Ds 16 Js 4813/23 Rn. 29.

## V. Ziviler Ungehorsam als Rechtfertigungsgrund

Zunächst soll die Frage erörtert werden, ob ziviler Ungehorsam selbst einen Rechtfertigungsgrund darstellen kann. Nichtjuristische Argumentationen von zivilen Ungehorsam Ausübenden könnten das jedenfalls nahe legen.[64] John Rawls sieht zivilen Ungehorsam unter drei Voraussetzungen als gerechtfertigt an.[65] Erstens muss sich der Protest gegen schwerwiegendes Unrecht wie Verletzungen des gleichen Freiheitssystems oder eklatante Verletzungen der Chancengleichheit richten.[66] Weiterhin muss der zivile Ungehorsam den letzten Ausweg darstellen, weil andere Handlungsmöglichkeiten von legaler Einflussnahme wie Demonstrationen und Appelle bereits versucht worden sind, aber aussichtslos scheinen.[67] Die dritte Bedingung ist, dass die Akte zivilen Ungehorsams nicht solch ein Ausmaß haben dürfen, dass sie die Funktionsfähigkeit der Verfassung gefährden.[68]

Es ist sinnvoll, zwischen ethischer und rechtlicher Rechtfertigung zu unterscheiden und zu dem Schluss zu kommen, dass eine moralphilosophische Rechtfertigung vorliegen kann, während eine rechtliche ausscheidet.[69] Dabei kann es aber für zweitere nicht ausreichen, sich auf ethisch oder politisch begründete Prinzipien zu berufen. Vielmehr muss eine rechtliche Begründbarkeit gegeben sein.[70] Die Bedingungen von Rawls können somit nicht direkt auf die strafrechtliche Rechtfertigung übertragen werden.

Jedoch können auch außerstrafrechtliche Rechtfertigungsgründe innerhalb des Strafrechts Anwendung finden.[71] Dem steht insbesondere der Vorbehalt des Gesetzes gem. Art. 20 III GG nicht entgegen, weil hier gerade kein Eingriff in Rechte des Betroffenen vorliegt, sondern

---

64  *Kröpil*, JR 2011, 283 (284).
65  *Rawls*, S. 409 ff.
66  *Rawls*, S. 409.
67  *Rawls*, S. 410 f.
68  *Habermas*, in: Ziviler Ungehorsam im Rechtsstaat, 29 (34).
69  *Geis*, in: Handbuch Rechtsphilosophie, 534 (537).
70  *Hassemer*, in: FS Wassermann, 325 (335).
71  *Roxin/Greco*, Strafrecht AT I, § 10 Rn. 20.

dieser gerechtfertigt werden soll. Das Verbot strafbegründenden und strafschärfenden Gewohnheitsrechts ist somit nicht erfasst, sondern es läge zulässiges strafmilderndes Gewohnheitsrecht vor.[72] Es bedarf aber für das Vorliegen ebensolchen Gewohnheitsrechts neben der ständigen Übung auch einer allgemeinen Rechtsüberzeugung.[73]

In der Literatur[74] sowie der Rechtsprechung[75] besteht eine solche jedoch keineswegs. Eine Rechtfertigung durch den zivilen Ungehorsam als Rechtfertigungsgrund selbst wird überwiegend abgelehnt (s.o.). Das BVerfG verneint das Konzept des zivilen Ungehorsams zwar nicht per se, es sieht aber jedenfalls keinen Rechtfertigungsgrund in ebenjenem Konstrukt, wenn die Rechte Dritter durch Aktionen wie gezielte Verkehrsbehinderungen berührt sind. Dann nämlich wäre es den staatlichen Organen verwehrt, diese Handlungen als ordnungswidrig oder strafbar zu ahnden. Gleichzeitig spricht das Gericht davon, dass es widersinnig sei, einen Akt, der per definitionem rechtswidrig ist, weil er eine Regelverletzung voraussetzt, als Rechtfertigungsgrund für Gesetzesverletzungen anzunehmen.[76] Es sollte mithin keinen generellen Exemtionsgrund im positivierten deutschen Strafrecht geben.[77] Damit existiert kein eigener Rechtfertigungsgrund des zivilen Ungehorsams. Es ist vielmehr nötig, strafrechtlich anerkannte Gründe für Rechtfertigung oder Entschuldigung anzuwenden.[78] Der zivile Ungehorsam hat somit als solcher keinen Rechtfertigungsgehalt.[79] Die erste These wurde folglich verifiziert.

---

72 *Roxin/Greco*, Strafrecht AT I, § 5 Rn. 50.
73 Vgl. *Kargl*, in: NK-StGB, § 1 Rn. 67a.
74 *Sinn*, in: MüKo StGB, § 240 Rn. 142; *Maurach/Schroeder/Maiwald*, Strafrecht BT TB 1, § 13 Rn. 39; *Fischer*, StGB Kommentar, Vor § 32 Rn. 10a.
75 OLG Celle NStZ 2023, 113 (113) Rn. 10; BayObLGSt 1986, 19 (24).
76 BVerfG JZ 1987, 138 (143).
77 *Schüler-Springorum*, in: Ziviler Ungehorsam im Rechtsstaat, 76 (82).
78 Ebd.
79 *Fischer*, StGB Kommentar, Vor §§ 32 Rn. 10a.

# VI. Rechtfertigungsgründe für zivilen Ungehorsam

Es wird aber vertreten, dass bei Vorliegen anerkannter Rechtfertigungsgründe ziviler Ungehorsam erlaubt sein kann.[80] Wie die potenziellen Rechtfertigungsmöglichkeiten zum zivilen Ungehorsam stehen, wird unterschiedlich beurteilt. So werden sie einerseits als Rechtfertigungsgründe für zivilen Ungehorsam gesehen.[81] Andererseits werden z.B. § 34 StGB und ziviler Ungehorsam einzeln nacheinander geprüft.[82] Weil ziviler Ungehorsam selbst keinen Rechtfertigungsgrund darstellt, handelt es sich bei Verletzungen von Strafgesetzen durch zivilen Ungehorsam um tatbestandsmäßiges Verhalten, was auf seine Rechtswidrigkeit hin inklusive möglicher Rechtfertigungsgründe zu prüfen ist. Es kann sich also eine Rechtfertigung des zivilen Ungehorsams aus anderen Gründen herleiten lassen,[83] sodass diese eine mögliche Rechtfertigung für ihn darstellen können.

## 1. Überpositives Recht und Naturrecht

Als Rechtfertigung wird Naturrecht diskutiert. Bei Verstößen gegen jenes durch positives Recht sollen demnach die positiven Gesetze nicht mehr verbindlich sein. Dagegen spricht aber, dass sich wegen der unterschiedlichen Bewertungen, wann eine solche Situation gegeben ist, kein objektiv gültiges Recht mit intersubjektiver Verbindlichkeit daraus ergeben kann.[84]

## 2. Widerstandsrecht, Art. 20 IV GG

Es kann die Herleitung eines Rechtfertigungsgrundes aus dem Widerstandsrecht gem. Art. 20 IV GG in Erwägung gezogen werden. Das Recht zum Widerstand aus dem Grundgesetz ist nach Art. 20 IV GG

---

80  *Heger*, in: *Lackner/Kühl/Heger* StGB, Vor § 32 Rn. 27.
81  *Eidam*, JZ 2023, 224 (229); *Roxin*, in: FS Schüler-Springorum, 441 (444).
82  OLG Celle NStZ 2023, 113 (113) Rn. 6, 8.
83  Vgl. *Radtke*, in: Strafrecht in der Zeitenwende, 73 (83).
84  *Laker*, S. 194, 196.

darauf gerichtet, durch aktives oder passives Widerstandsverhalten[85] gegen jeden, der die freiheitlich-demokratische Grundordnung beseitigen will,[86] vorzugehen. Wer Widerstand ausübt, ist somit nicht mehr an Gesetze gebunden,[87] wenn jemand versucht, ein oder sämtliche Verfassungsgüter von höchstem Rang durch systematische Aushöhlung in ihrem Kernbestand abzuschaffen.[88] Zu beachten ist, dass es sich hierbei um ein konservierendes Recht handelt,[89] also die bestehende Ordnung bewahrt und nicht etwa verändert oder verbessert werden soll.[90] Weiterhin darf keine andere Abhilfe möglich sein. Die Tat muss für eine Rechtfertigung also ultima ratio sein und darf nur in extremen Ausnahmesituationen vorgenommen werden.[91] Einzelne Meinungen wollen hierin eine Rechtfertigung für zivilen Ungehorsam sehen.[92] Bei sehr schweren Rechtsverstößen der Staatsorgane, gegen die der Bürger vor Gericht nicht klagen kann, solle demnach bei Vorliegen der Voraussetzungen zivilen Ungehorsams dieser auch gerechtfertigt sein.[93] Diese Meinung verkennt aber die bestehenden Unterschiede zwischen den beiden Phänomenen. Zwischen dem „kleinen" und „großen"[94] Widerstandsrecht muss vielmehr eine Abgrenzung erfolgen. Die Mehrheit lehnt eine Rechtfertigung innerhalb des zivilen Ungehorsams deswegen ab.[95] Dafür wird angeführt, dass sonst eine zu gewissensbestimmte Subjektivierung des Widerstandsrechts drohen würde.[96] Ziviler Ungehorsam heißt politisch motivierter Protest gegen einzelne politische Entscheidungen,

---

85  *Rönnau*, in: LK StGB, Vor §§ 32 ff. Rn. 134.
86  *Pietsch*, Kriminalistik 2023, 137 (138).
87  *Grzeszick*, in: Dürig/Herzog/Scholz, Art. 20 IV Rn. 26.
88  *Pietsch*, Kriminalistik 2023, 137 (138).
89  BVerfGE 5, 85 (377 f.).
90  *Schwarz*, NJW 2023, 275 (278).
91  *Rönnau*, in: LK StGB, Vor §§ 32 ff. Rn. 135.
92  *Dreier*, in: FS Scupin, 573 (582); *v. Arnim*, DVBl 2012, 879 (884).
93  *v. Arnim*, DVBl 2012, 879 (884).
94  *Karpen*, JZ 1984, 249 (251).
95  *Fischer*, StGB Kommentar, Vor § 32 Rn. 10a; *Benno/Zabel*, in: NK-StGB, Vor §§ 32 ff. Rn. 180; *Rönnau*, JuS 2023, 112 (113); *Kröpil*, JR 2011, 283 (284).
96  Vgl. *Wittreck*, in: *Dreier* GG, Art. 20 IV Rn. 25.

nicht zur Verteidigung der gesamten rechtsstaatlichen Verfassung.[97] Innerhalb des zivilen Ungehorsams werden die Rechtsfolgen in Kauf genommen, die positive Rechtsordnung als Ganzes also bestätigt,[98] während diese beim Recht nach Art. 20 IV GG selbst verteidigt werden muss. Der Unterschied zwischen den beiden Widerstandsarten wird am Beispiel des Klimaaktivismus deutlich. Dieser richtet sich gegen bestimmte politische Versäumnisse. Jedoch reichen einzelne, selbst evidente Verstöße gegen die Verfassung nicht aus.[99] Die Situation muss vielmehr einem Staatsstreich oder einer Revolution entsprechen.[100] Eine solche existiert aber nicht, obwohl die Klimakrise immer stärkere Ausmaße annimmt. Es ist auch nicht erkennbar, dass die öffentliche Gewalt sich mit der derzeitigen Klimagesetzgebung selbst abschaffen oder die rechtsstaatliche Ordnung vollkommen zu beseitigen versucht.[101] Die im Klimaaktivismus geforderten Veränderungen sind auch nicht konservierend, sondern Bemühungen um Verbesserungen. Schon per definitionem kann in Situationen des zivilen Ungehorsams Art. 20 IV GG nicht einschlägig und somit auch kein Rechtfertigungsgrund dafür sein.

## 3. Grundrechte

Denkbar wäre eine Rechtfertigung zivilen Ungehorsams durch Grundrechte. Durch den politischen Charakter der Taten werden insbesondere die Versammlungs- und Meinungsfreiheit, aber auch die Gewissensfreiheit berührt.[102] Wenn Handlungen durch die grundrechtskonforme Auslegung von Straftatbeständen nicht schon auf Tatbestandsebene als Straftat ausscheiden,[103] könnte eine Einbeziehung auf der Rechtswidrigkeitsebene in Betracht kommen. Ob eine Rechtfertigung unmittelbar durch einzelne Grundrechte grundsätzlich möglich ist, kann jedoch als

---

97 *Kröpil*, JR 2011, 283 (284).
98 *Rönnau*, in: LK StGB, Vor §§ 32 ff. Rn. 131.
99 *Rux*, in: BeckOK GG, Art. 20 Rn. 225.
100 *Paeffgen/Zabel*, in: NK-StGB, Vor §§ 32 ff. Rn. 181.
101 *Pietsch*, Kriminalistik 2023, 137 (139).
102 *Radtke*, GA 2000, 19 (28).
103 *Rönnau*, JuS 2023, 112 (113).

bisher ungeklärt bezeichnet werden.[104] Ein Teil der Literatur lehnt das ab.[105] Innerhalb dessen wird häufig eine mittelbare Berücksichtigung von Grundrechten durch einfachrechtliche verfassungskonforme Konkretisierung angenommen.[106] Als Grund wird u.a. angeführt, eine unmittelbare Einbeziehung sei zu unbestimmt.[107] Jedoch sind die Grundrechte durch die verfassungsgerichtliche Rechtsprechung oft bereits hinreichend konkretisiert,[108] womit diesem Argument nicht zugestimmt werden kann. Auch die Rechtsprechung folgt keiner klaren Linie und spricht sich teilweise dafür,[109] teilweise dagegen[110] aus. Es kann somit sinnvoll sein zu differenzieren, welche einzelnen Grundrechte einen Rechtfertigungsgrund darstellen können.[111] Jedenfalls über Art. 4 I, 5 I 1 und 8 I GG wird sich mit einer unmittelbaren Rechtfertigung auseinandergesetzt.[112]

### a) Art. 5 I 1 GG und Art. 8 I GG

#### aa) Dreiers Ansatz

Vertreten wird der Rechtfertigungsansatz vor allem von Dreier.[113] Er bedient sich der weiten Grundrechtsschutzbereichstheorie und meint, dass alle Handlungen, die den zivilen Ungehorsam betreffen, vom Schutzbereich der Versammlungs- und/oder Meinungsfreiheit erfasst sind. Unter dem Schutzbereich wird lediglich der Grundrechtsnormtatbestand ohne die Schrankenregelung verstanden. Diese weite Auslegung ist nach Dreier vorzugswürdig, um die Grundrechtskontrolle nicht zu verkürzen. Sie führt dazu, dass selbst straftatbestandsmäßiges Verhal-

---

104  *Kühl*, Strafrecht AT, § 9 Rn. 112.

105  *Tiedemann*, S. 36 f; *Rönnau*, JuS 2023, 112 (113).

106  *Rönnau*, in: LK StGB, Vor §§ 32 ff. Rn. 139.

107  *Tiedemann*, S. 36.

108  *Kühl*, Strafrecht AT, § 9 Rn. 112.

109  Vgl. BGHSt 19, 311 (315); 44, 34 (41 f.); OLG Jena NJW 2006 1892 (1892 f.).

110  OLG Celle NStZ 2013, 720 (722) Rn. 12;
     LG Dortmund NStZ-RR 1998, 139 (141).

111  *Kühl*, Strafrecht AT, § 9 Rn. 114.

112  *Kühl*, Strafrecht AT, § 9 Rn. 114.

113  *Dreier*, in: Ziviler Ungehorsam im Rechtsstaat, 54 (60);
     *Dreier*, in: FS Scupin, 573 (590).

ten vom Schutzbereich erfasst ist. Tatsächlich grundrechtlicher Schutz kann aber erst bestehen, wenn sich das Verhalten innerhalb der Grundrechtsschranken befindet.[114] Der Sitzstreik stellt z.b. im strafrechtlichen Sinne eine gewaltsame Meinungsbekundung dar.[115] Darum ist eine vertiefte Schrankenprüfung vorzunehmen, welche bei der Meinungsfreiheit gem. Art. 5 II GG die allgemeinen Gesetze sind, mithin auch die Nötigung nach § 240 I, II StGB als Strafgesetz.[116] Hier nimmt Dreier die grundrechtsfreundliche Auslegung inklusive Güterabwägung nach der Wechselwirkungstheorie vor.[117] Vorliegend wäre also die Meinungsfreiheit gegen das Schutzgut von § 240, also die freie Willensentschließung und -betätigung,[118] abzuwägen. Im Ergebnis kann hier ein Vorrang der Meinungsfreiheit gegeben sein, wenn die Bewegungsfreiheit Dritter nur in geringem Maße eingeschränkt ist.[119] Das ist beispielsweise denkbar, wenn die Sitzblockade nur wenige Minuten andauert.

Bei Art. 8 I GG gilt für Versammlungen unter freiem Himmel nach Abs. II ein allgemeiner Gesetzesvorbehalt, der ebenfalls zu einer Güterabwägung führt. Hier ist zu beachten, dass „friedlich und ohne Waffen" nicht als gewaltfrei im strafrechtlichen Sinne zu interpretieren ist,[120] sondern als „nicht gewalttätig" wie in der Definition des zivilen Ungehorsams (s.o.). Um letztendlich zu einer Rechtfertigung zu kommen, stellt Dreier zwei weitere Rechtfertigungskriterien auf. So muss gegen schwerwiegendes Unrecht protestiert werden und Verhältnismäßigkeit vorliegen.

### bb) Beispiel

Um das Sitzstreik-Beispiel fortzuführen, wird der Fall der ersten Blockade im Rahmen des Ersatzteiltransports für Pershing-II-Raketen herangezogen.[121] Durch eine Sitzblockade auf den Gleisen musste der

---

114  *Dreier*, in: Ziviler Ungehorsam im Rechtsstaat, 54 (64 f.).
115  *Ebd.*, 54 (64).
116  Vgl. *Laker*, S. 258.
117  BVerfGE 7, 198 (208); *Dreier*, in: Ziviler Ungehorsam im Rechtsstaat, 54 (64 f.).
118  *Sinn*, in: MüKo StGB, § 240 Rn. 2.
119  *Dreier*, in: Ziviler Ungehorsam im Rechtsstaat, 54 (65).
120  BVerfGE 73, 206 (248).
121  *Bruhn*, Weltweiter ziviler Ungehorsam, 108.

Transportzug eine Notbremsung einlegen und wurde für 45 Minuten aufgehalten.[122] Für eine verfassungsrechtliche Rechtfertigung müsste schwerwiegendes Unrecht vorliegen, also ein Verstoß gegen Grundrechts- oder Staatszielbestimmungen.[123] Das AG Frankfurt stellte einen Verfassungsverstoß u.a. gegen Art. 26 I GG fest, weil die Stationierung der Raketen geeignet war, das friedliche Zusammenleben der Völker zu stören.[124] Ob Verhältnismäßigkeit gegeben wäre, ist fraglich. Folgt man Dreiers Definition, so reicht für die Geeignetheit das unmittelbare Protestziel aus. Das ist die Chance, sich in der Öffentlichkeit Gehör und Verständnis zu verschaffen,[125] die bei einem solchen Verhalten bejaht werden kann. Für die Erforderlichkeit dürfte das Ziel legal nicht zu erreichen sein und angemessen wäre es, wenn die Folgen der Normübertretung wegen schwerer voraussehbarer Gefährdungen des Rechtsfriedens außer Verhältnis zum Zweck stehen würden.[126] Zwar wären mildere Mittel möglich gewesen, jedoch führten auch damalige Demonstrationen nicht zu einer Umstationierung. Die Angemessenheit wird schwerlich zu bejahen sein. Es muss beachtet werden, dass 45 Minuten keine allzu kurzfristige Blockade mehr darstellen. Bei 12 Minuten ließe sich das eher bejahen.[127] Dabei blieben die Sitzenden zwar friedlich und ließen sich wegtragen.[128] Gleichwohl muss eine grundrechtliche Rechtfertigung verbotenen Handels eine Ausnahme bleiben.[129]

**cc) Kritik**

Neben der grundlegenden Frage, ob eine unmittelbare Rechtfertigung durch Grundrechte überhaupt gegeben sein kann, schlägt dem Ansatz Kritik entgegen. Insbesondere wird angebracht, das Konzept würde die Bedeutung von Rechtsgehorsam und Rechtsfrieden im demokratischen

---

122  *Ebd.*
123  *Dreier*, in: Ziviler Ungehorsam im Rechtsstaat, 54 (67).
124  *Bund/Wasmuth*, Sicherheit und Frieden 1985, 169 (172).
125  *Dreier*, in: Ziviler Ungehorsam im Rechtsstaat, 54 (68).
126  *Dreier*, in: FS Scupin, 573 (595 f.).
127  AG Stuttgart DuR 1983, 455 (459).
128  *Bruhn*, Weltweiter ziviler Ungehorsam, 108.
129  *Dreier*, in: Ziviler Ungehorsam im Rechtsstaat, 54 (64).

Rechtsstaat missdeuten.[130] Andererseits wird hierbei übersehen, dass es gute Gründe für eine weite Schutzbereichsbestimmung gibt, welche verfassungsrechtlich jedenfalls vertretbar ist. Viel gewichtiger ist, dass selbst nach Dreiers Ansatz in der Praxis eine Rechtfertigung nur höchst selten erreicht werden kann.[131] Das hat sich auch im Beispiel gezeigt. Angeführt wird auch, dass wenn die Minderheit nicht durch Mittel wie Wahlen, Demonstrationen und andere legale Proteste die Mehrheit umstimmen kann, dies erst recht nicht durch Rechtsverstöße der Fall sein wird.[132] Ein überzeugendes Argument ist zudem der Unterschied zwischen den Protestformen. Bei der Demonstration sind diese Behinderungen eine Nebenfolge, bei Sitzstreiks aber gerade bezweckte und gezielte Verkehrsbeeinträchtigungen.[133] An diesem Unterschied muss eine Rechtfertigung unmittelbar aus den Grundrechten scheitern.[134] Hier lässt sich das Argument anbringen, dass legale, durch die Mehrheit zustande gekommene Entscheidungen nicht von einer Minderheit durch illegales Verhalten bekämpft werden können.[135] Zusammenfassend sind Handlungen zivilen Ungehorsams ein Paradebeispiel für das Spannungsverhältnis zwischen Grundrechtsgewährleistungen und Schrankenregelungen.[136] Letztendlich muss hier die Rechtfertigung aus Art. 5 I 1 und 8 I GG abgelehnt werden.

## b) Art. 4 I GG

Weiterhin kann eine grundrechtliche Rechtfertigung durch die Gewissensfreiheit in Erwägung gezogen werden, weil die Protestierenden aus einer politischen Überzeugung heraus handeln. Der Unterschied zu den zuvor erörterten Grundrechten besteht hier in den Schranken, welche bei Art. 4 GG lediglich verfassungsimmanent sind.[137] Dadurch entsteht

---

130  *Klein*, in: Freiheit und Verantwortung im Verfassungsstaat, 177 (188).
131  *Radtke*, GA 2000, 19 (29).
132  *Radtke*, GA 2000, 19 (29).
133  BVerfGE 73, 206 (252).
134  *Roxin*, in: FS Schüler-Springorum, 441 (448).
135  *Roxin*, in: FS Schüler-Springorum, 441 (448).
136  *Laker*, S. 257.
137  *Radtke*, GA 2000, 19 (36).

im Rahmen des zivilen Ungehorsams, wo meist mehrere Grundrechte einschlägig sind (s.o.), das verfassungsrechtliche Problem der Grundrechtskonkurrenzen und Schrankendivergenzen. Das ist das Zusammentreffen verschiedener Schranken einzelner Grundrechte.[138] Bei dem reinen Gewissenstäter sind im Gegensatz zum Ungehorsamen stets nur verfassungsimmanente Schranken zu berücksichtigen. Dabei befindet sich der Täter bei einer Gewissenstat in echter Gewissensnot und fühlt eine innere Verpflichtung, nicht anders handeln zu können.[139] Realistischerweise sei einer Ansicht nach eine vollständige Abgrenzung zwischen zivil Ungehorsamen und Gewissenstätern oft schwerlich, weswegen bei zivilem Ungehorsam die strafrechtliche Beurteilung auch oder sogar nur an Art. 4 I, II GG zu treffen sei.[140] Eine Rechtfertigung durch Art. 4 GG wird somit als möglich betrachtet.[141] Zwar besteht die überwiegende Ansicht, dass Art. 4 GG keinen Rechtfertigungsgrund darstellt.[142] Die Gewissensfreiheit könne nicht bedeuten, dass der Staat sich jeder von Gesetzen abweichenden Gewissensentscheidung Einzelner annehmen muss.[143] Grundrechte können jedenfalls nicht als genereller Rechtfertigungsgrund für zivilen Ungehorsam herangezogen werden.[144] Im Ergebnis muss aber im Einzelfall unter Berücksichtigung der konkreten Umstände entschieden werden.[145] Dann kann es hinnehmbar sein, von einem Hausfriedensbruch freizusprechen, wenn die Angeklagten nicht weit und nur für kurze Dauer in einen Tagebau einbrechen, um dort vor einem „Anti-Kohle"-Banner zu musizieren. Dabei handelt es sich laut zuständigem AG um eine Gewissensentscheidung bezüglich des Klimawandels mit seiner herausragenden Bedeutung, welche den Vorrang vor dem geringfügigen Eingriff in das Eigentumsrecht des

---

138  *Laker*, S. 259.
139  *Kühl*, Strafrecht AT, § 12 Rn. 116 f.
140  *Radtke*, GA 2000, 19 (37).
141  *Ebd.*, 19 (38 f.).
142  *Kühl*, Strafrecht AT, § 12 Rn. 114; Roxin, Strafrecht AT I, § 22 Rn. 121.
143  *Roxin*, Strafrecht AT I, § 22 Rn. 121.
144  *Laker*, S. 313.
145  Vgl. *Laker*, S. 297 ff., 307.

Tagebaueigentümers rechtfertigt.[146] Zwar wurde das Urteil vom OLG kassiert, darin aber keine Ausführungen dazu gemacht, ob Art. 4 GG hier Rechtfertigungsgrund sein kann.[147] Eine solche Tendenz in der zukünftigen Rechtsprechung erscheint innerhalb von Klimaprotesten darum möglich.

## 4. Wahrnehmung berechtigter Interessen, § 193 StGB

Auch die Wahrnehmung berechtigter Interessen gem. § 193 StGB wird in der Rechtswissenschaft als möglicher Rechtfertigungsgrund diskutiert.[148] Während der Großteil im Schrifttum[149] sowie der Rechtsprechung[150] eine Anwendbarkeit dessen nur innerhalb der ehrverletzenden Delikte bejaht, erweitert ein Teil der Literatur den Anwendungsbereich entsprechend auf weitere Delikte wie §§ 123, 164, 201 StGB.[151] Des Weiteren existiert eine Tendenz dazu, § 193 als allgemeinen Rechtfertigungsgrund anzusehen.[152] Damit wäre dieser auch in Fällen zivilen Ungehorsams in Betracht zu ziehen.[153] So könnten auch Delikte gerechtfertigt werden, die typischerweise bei Akten zivilen Ungehorsams verwirklicht werden – was bei reinen ehrverletzenden Handlungen eher selten der Fall sein wird.[154] Jedoch ist auch ein Akt der Beleidigung als Rechtsverletzung im Rahmen des zivilen Ungehorsams nicht undenkbar. Bei Delikten, die nicht die Verletzung fremder Ehre betreffen, soll nach der eben genannten Ansicht § 193 StGB einschlägig sein, wenn besonders gemeinschaftsbezogene Rechtsgüter wie die Indiskretions-

---

146  AG Mönchengladbach-Rheydt BeckRS 2022, 4182 Rn. 13, 15.
147  OLG Düsseldorf, Urt. v. 21.09.22 – 4 RVs 48/22 Rn. 10.
148  *Kröpil*, JR 2011, 283 (285).
149  *Valerius*, in: BeckOK StGB, § 193 Rn. 3; *Zaczyk*, in: NK-StGB, § 193 Rn. 12; *Rönnau*, JuS 2023, 112 (114); *Kröpil*, JR 2011, 283 (285).
150  OLG Stuttgart NStZ 1987, 121 (122).
151  *Tiedemann*, JZ 1969, 717 (721); *Geppert*, JURA 1985, 25 (28); *Noll*, ZStW 1965, 1 (31).
152  *Eser*, S. 67.
153  *Laker*, S. 226 f.
154  *Ebd.*, S. 226.

delikte, aber auch z.B. jene aus § 240 StGB[155] betroffen sind.[156] Diese Rechtsgüter seien so sehr mit dem gesellschaftlichen und zwischenmenschlichen Leben verbunden, dass ihr Gebrauch besonders starke Auswirkungen auf die Interessen anderer habe.[157] Es soll derjenige gerechtfertigt sein, der durch die Ausübung seiner allgemeinen Freiheitsrechte wichtige Werte wahrt oder schafft, selbst wenn das mit einer Verletzung weniger bedeutender Werte einhergeht.[158] So wäre die strenge Voraussetzung der erheblichen Wertdifferenz, die für § 34 StGB nötig ist, für diese bestimmten Delikte zur Rechtfertigung nicht mehr erforderlich.[159]

Gegen eine Anwendbarkeit des § 193 StGB auf § 240 StGB spricht aber, dass die in besonderer Weise sozialbezogenen Rechtsgüter durch § 240 II StGB ohnehin schon durch ebenso schutzwürdige Gegeninteressen Dritter relativiert sind, weil Freiheit und Bindung hier beim Rechtsgut der allgemeinen Handlungsfreiheit verschränkt sind.[160] Andere für den zivilen Ungehorsam möglicherweise relevante Delikte wie § 123 StGB seien von der Erweiterung des § 193 StGB ohnehin nicht erfasst.[161] Jedenfalls ist auch der Ansicht, die gemeinschaftsbezogene Rechtsgüter inkludieren möchte, insgesamt nicht zu folgen, womit dahinstehen kann, ob eine Erweiterung auf § 240 StGB überhaupt notwendig wäre. Dagegen spricht, dass die Wertung des § 193 StGB sich nach Sinn und Wortlaut[162] speziell auf die Beleidigungsdelikte bezieht und demnach nicht auf den Schutz von anderen Rechtsgütern übertragbar ist.[163] Eine derartige Anwendbarkeit der Norm würde eine Form des „übergesetzlichen Notstands" darstellen, wobei der Notstand aber in § 34 StGB normiert ist und daher auch nur innerhalb dessen Grenzen

155  *Lenckner*, JuS 1988, 349 (353).
156  *Geppert*, JURA 25 (28 f.).
157  *Eser*, S. 46.
158  *Noll*, ZStW 1965, 1 (32).
159  *Geppert*, JURA 25 (28).
160  *Lenckner*, JuS 1988, 349 (353).
161  OLG Stuttgart NStZ 1987, 121 (122); *Lenckner*, JuS 1988, 349 (353).
162  OLG Stuttgart NStZ 1987, 121 (122).
163  *Regge/Pegel*, in: MüKo StGB, § 193 Rn. 8.

zur Anwendung kommen darf.[164] Auch gilt § 193 StGB nur für „Äuße-
rungen", also geistige Auseinandersetzungen, nicht aber für Handlungen anderer Art.[165] Eine analoge Anwendung des § 193 StGB kommt
somit in keinem Fall in Betracht.[166] Auch als Rechtfertigungsgrund für
die typischen Fälle zivilen Ungehorsams ist § 193 StGB somit nicht
einschlägig.

## 5. Notstand, § 34 StGB

Erwogen wird auch der rechtfertigende Notstand aus § 34 StGB als
Rechtfertigungsgrund.[167] Eine solche Lösung wurde im Besonderen mit
Blick auf die Nachrüstungsfrage vertreten.[168] Dafür wird angeführt, dass
der rechtfertigende Notstand „rand-offen" sei und der Staat selbst die
Vorschrift schon des Öfteren durch Lockspitzel, heimliches Abhören
u.ä. ausgereizt habe, weswegen dies auch für die Friedensbewegung
gelten solle.[169]

### a) Notstandslage

Für das Bestehen einer Notstandslage muss eine gegenwärtige Gefahr für ein Rechtsgut der handelnden Person oder Dritter vorliegen.[170]
Durch die weite Formulierung des „anderen Rechtsguts" in § 34 StGB
stellt diese Voraussetzung im Rahmen des zivilen Ungehorsams keine
Probleme dar. Dazu zählen auch Rechtsgüter der Allgemeinheit wie der
Tierschutz oder atomare und ökologische Katastrophen, wobei in diesen Fällen der Vorrang von staatlichen Abhilfemaßnahmen zu beachten
ist.[171] Eine Gefahr ist ein Zustand, bei dem durch tatsächliche Umstände die Wahrscheinlichkeit eines Schadenseintritts bei einer natürlichen

---

164  OLG Stuttgart NStZ 1987, 121 (122).
165  *Lenckner*, JuS 1988, 349 (352).
166  ; OLG Stuttgart NStZ 1987, 121 (122); RGSt 31, 63 (66); RGSt 72, 96 (98).
167  *Kröpil*, JR 2011, 283 (285).
168  *Schüler-Springorum*, in: Ziviler Ungehorsam im Rechtsstaat, 76 (90).
169  *Ebd.*, 76 (87, 91).
170  *Kindhäuser/Zimmermann*, Strafrecht AT, § 17 Rn. 14.
171  *Erb*, MüKo StGB, § 34 Rn. 72 f.; Laker, S. 230.

Weiterentwicklung des Geschehens besteht.[172] Hier wird durch die Nachrüstung eine Lebensgefahr für Millionen von Menschen angenommen.[173] Bereits das wird in Frage gestellt, weil die reine gedankliche Möglichkeit, dass etwas geschehen könnte, nicht ausreicht.[174] Es muss vielmehr eine Wahrscheinlichkeit, die auf festgestellten, tatsächlichen Umständen beruht, gegeben sein.[175] Schon hier kann somit eine Ablehnung des Rechtfertigungsgrunds erfolgen.

Gegenwärtigkeit heißt, dass die Gefahr während der Tatbegehung schon oder noch existieren muss.[176] Auch Dauergefahren, die irgendwann zukünftig eintreten können, werden erfasst.[177] Dieser Aspekt wird innerhalb der Nachrüstungsthematik mit dem Zeitfaktor und der Weltuntergangsuhr beschrieben, welche damals vor Aufstellung bereits zwei Minuten vor Zwölf betrug. So soll eine gegenwärtige Gefahr bestanden haben.[178] Würde man eine Gefahr annehmen, wäre somit auch die Gegenwärtigkeit gegeben.

## b) Notstandshandlung

Die Tat muss auch zur Abwendung der Gefahr geeignet sein und zugleich das mildeste Mittel darstellen, darf also nicht anders abwendbar sein, § 34 S. 1 StGB.[179] Hier ist der Vorrang staatlicher Stellen zu beachten.[180] Nach der Meinung Schüler-Springorums reiche hier wegen der offenen Struktur des § 34 auch eine bloße Minderung der Gefahr oder sogar die Abwendung einer Gefahrsteigerung aus.[181] Spätestens an diesem Punkt wird von einem Großteil der Rechtfertigungsgrund ab-

---

172 *Rengier*, Strafrecht AT, § 19 Rn. 9.
173 *Schüler-Springorum*, in: Ziviler Ungehorsam im Rechtsstaat, 76 (88).
174 BGHSt 18, 271 (272).
175 *Lenckner*, JuS 1988, 349 (354).
176 *Mitsch*, in: Baumann/Weber/Mitsch/Eisele Strafrecht AT, § 15 Rn. 81.
177 *Erb*, in: MüKo StGB, § 34 Rn. 97.
178 *Schüler-Springorum*, in: Ziviler Ungehorsam im Rechtsstaat, 76 (89).
179 *Kindhäuser/Zimmermann*, Strafrecht AT, § 17 Rn. 22.
180 *Laker*, S. 232.
181 *Schüler-Springorum*, in: Ziviler Ungehorsam im Rechtsstaat, 76 (88 f.).

gelehnt.[182] Bereits die Geeignetheit ist zweifelhaft. Dass das Schutzgut durch die Tat nicht unmittelbar gerettet werden kann, ist typischerweise beim zivilen Ungehorsam der Fall.[183] Aber auch dann ist fraglich, ob Gesetzesverstöße geeignet gewesen wären, die Rüstungspolitik zu ändern.[184] Vor allem bei der Wahl des mildesten Mittels treten hier die bereits angesprochenen Probleme auf, dass Taten zivilen Ungehorsams nicht zwangsläufig effektiver sind als legitime Mittel wie Demonstrationen.[185] Jedenfalls lässt sich das nicht beweisen und z.B. Medienkampagnen könnten mehr Menschen erreichen.[186] Auch diese Prüfung kann mithin negativ ausfallen.

Bei der Interessenabwägung muss das durch die Handlung zu schützende Gut das beeinträchtigte wesentlich überwiegen.[187] Durch eine vom „Indirektheitsmoment" des zivilen Ungehorsams hergeleitete Verfremdung sei danach zu fragen, ob das Bestreben, andere zur Gefahrabwendung zu animieren, wesentlich überlegen gegenüber dem strafbaren Unrecht scheint.[188] Es lässt sich hiergegen die o.g. Kritik an der verfassungsrechtlichen Rechtfertigung einwenden, dass ein illegaler Akt nicht als wesentlich überwiegendes Interesse in einem demokratischen Mehrheitsprinzip gesehen werden kann.[189] Gleiches gilt auch für die Angemessenheit. Eine Rechtfertigung scheidet somit aus.

## c) Ergebnis

Insgesamt muss man den Notstand als Rechtfertigungsgrund spätestens am Kriterium „nicht anders abwendbar" scheitern lassen, nach hier vertretener Auffassung in Bezug auf die Nachrüstung schon an der mangelnden Gefahr.

---

182  *Lenckner*, JuS 1988, 349 (354); *Rönnau*, JuS 2023, 112 (114);
     *Roxin*, in: FS Schüler-Springorum, 441 (446).
183  *Schüler-Springorum*, in: Ziviler Ungehorsam im Rechtsstaat, 76 (88).
184  *Lenckner*, JuS 1988, 349 (354).
185  *Ebd.*
186  *Roxin*, in: FS Schüler-Springorum, 441 (446).
187  *Kindhäuser/Zimmermann*, Strafrecht AT, § 17 Rn. 24.
188  *Schüler-Springorum*, in: Ziviler Ungehorsam im Rechtsstaat, 76 (90 f.).
189  *Roxin*, in: FS Schüler-Springorum, 441 (446).

## 6. Sonderfall Klimanotstand

Etwas anderes könnte aber für den aktuellen Zustand des Klimas gelten. Die Verfasserin sieht hier die Unterschiede insbesondere darin, dass das Bestehen der Gefahr wissenschaftlich fundiert nachweisbar ist und, im Gegensatz zu einer menschlichen Entscheidung wie bei einem Atomkrieg, definitiv eintreten wird bzw. schon eingetreten ist. Es könnte also eine andere Bewertung notwendig sein. Das legt auch eine erste einzelne Entscheidung nahe.[190]

### a) Notstandslage

Als „anderes Rechtsgut" i.S.v. § 34 StGB werden verschiedene Rechtsgüter in Betracht gezogen. Angelehnt an eine Entscheidung des OLG Naumburg,[191] die den Tierschutz als Kollektivrechtsgut bejahte, kann das auch für den Klimaschutz gelten.[192] Andere sehen den Erhalt der natürlichen Lebensgrundlagen als Schutzgut.[193] Individualverfassungsrechtlich kann der Klimaschutz auch durch die Grundrechte innerhalb der intertemporalen Freiheitssicherung Rechtsgut sein.[194] Auch der Klimawandel als Gefahr, genauer als existenzielle Dauergefahr,[195] wird von den Gerichten regelmäßig anerkannt.[196] Es handelt sich um eine gegenwärtige Gefahr, wenn sie zu späteren Zeitpunkten nur noch mit erheblichen Risiken oder nicht mehr abwendbar ist.[197] Zwar ist die Grenze von 1,5 oder 2 Grad bisher nicht überschritten, aber nur jetzt kann ein solcher Temperaturanstieg noch abgewendet werden.[198] Dafür

---

190   AG Flensburg, Urt. v. 7.11.2022 – 440 Cs 107 Js 7252/22.
191   OLG Naumburg NStZ 2018, 472 (473 f.).
192   AG Flensburg, Urt. v. 07.11.2022 – 440 Cs 107 Js 7252/22 Rn. 25.
193   *Esser/Wasmeier*, JuS 2022, 421 (422); *Nestler*, JURA 2022, 1508 (1508).
194   AG Flensburg, Urt. v. 07.11.2022 – 440 Cs 107 Js 7252/22 Rn. 26.
195   *Bönte*, HRRS 2021, 164 (166).
196   OLG Celle NStZ 2023, 113 (113) Rn. 6; *Winter*,VerfBlog, https://verfassungsblog.de/die-strafrechtliche-undeterminiertheit-von-aktionen-des-aufstands-der-letzten-generation/ Fn. 7.
197   *Neumann*, in: NK-StGB, § 34 Rn. 56.
198   *Wolf*, VerfBlog, https://verfassungsblog.de/klimaschutz-als-rechtfertigender-notstand/.

spricht auch, dass bereits jetzt in Deutschland und weltweit erste Folgen des Klimawandels spürbar sind. Die Notstandslage ist folglich gegeben.

## b) Notstandshandlung

### aa) Geeignetheit

Die Geeignetheit wird mehrheitlich mit dem Argument abgelehnt, die einzelne Handlung könne dem Klimawandel nicht entgegenwirken.[199] Jedoch wird auch vertreten, dass zahlreiche einzelne Akte die Gefahr abwenden könnten und das auf den einzelnen zu übertragen sei.[200] Bei diesem Kriterium muss zwischen den verschiedenen Aktionen unterschieden werden. Sitzblockaden als symbolischer Protest tragen nicht direkt zur Gefahrbeseitigung der Erderwärmung bei. Anders könnte das bei Besetzungen von Bäumen als CO2-Speicher beurteilt werden, um diese vor der Rodung zu schützen.[201] Jedoch muss die Geeignetheit verneint werden, wenn die Handlung nur eine sehr unwesentliche Erhöhung der Chance auf Rettung bezwecken könnte.[202] Hiervon kann bei einem einzelnen Baum ausgegangen werden.[203] Trotzdem wird vom AG Flensburg bei einer Baumbesetzung ein unmittelbarer Wirkungszusammenhang zwischen Tat und Gefahrabwendung angenommen. Der Klimawandel stellt eine so komplexe, langfristige Aufgabe dar, dass nur zahlreiche Maßnahmen zusammen ihn bewältigen können.[204] Bei solchen Aufgaben muss nicht jede einzelne strafrechtliche Handlung selbst eine Rettungschance eröffnen, sondern nur einen sinnvollen Bestandteil für die Gefahrbewältigung sein.[205] Das Gericht bejaht die Geeignetheit und auch andere Stimmen bestärken, bei einer so vielschichtigen Gefahr gebe es nicht nur ein einziges geeignetes Mittel, vielmehr sind viele

---

199  OLG Celle NStZ 2023, 113 (113) Rn. 6; *Schmidt*, KlimR 2023, 16 (19 f.); *Rönnau*, JuS 2023, 112 (114).
200  *Nestler*, JURA 2022, 1508 (1508).
201  Vgl. AG Flensburg, Urt. v. 07.11.2022 – 440 Cs 107 Js 7252/22 Rn. 33.
202  *Erb*, in: MüKo StGB, § 34 Rn. 110.
203  *Wolf*, VerfBlog, https://verfassungsblog.de/klimaschutz-als-rechtfertigender-notstand/.
204  AG Flensburg, Urt. v. 07.11.2022 – 440 Cs 107 Js 7252/22 Rn. 36.
205  *Erb*, in: MüKo StGB, § 34 Rn. 113.

individuelle und politische Entscheidungen nötig.[206] Zwar kann diese Argumentation zunächst sehr weit hergeholt erscheinen. Für die mittelbare Geeignetheit überzeugt sie jedenfalls nicht. Jedoch könnte man zumindest bei Vorliegen eines unmittelbaren Wirkungszusammenhangs im Einzelfall eine Geeignetheit annehmen.

### bb) Mildestes Mittel

Mittel wie Demonstrationen oder Werbung sind zwar milder, es ist aber fraglich, ob sie gleich geeignet sind. Zu beachten ist, dass die Auswahl der Mittel auch von der finanziellen Situation der Protestierenden und ihrem Alter oder gesellschaftlichen Status abhängt.[207] Insbesondere bei Wahlen werden Meinungen unter 18-Jähriger nicht repräsentiert. Auch rechtlicher Schutz wird im Zweifel zu viel Zeit in Anspruch nehmen.[208] Fraglich ist auch, ob rechtmäßiges Verhalten die gleiche Aufmerksamkeit und Provokation mit sich bringen würde. Hier kann eingewandt werden, durch Rechtsbrüche ließe sich die Mehrheit erst recht nicht überzeugen (s.o.). Jedoch legt eine Umfrage des NDR nahe, dass eine Mehrheit die Ziele der „Letzten Generation" unterstützt, nur ihre Mittel nicht, sodass die Überzeugung zumindest geteilt wird.[209] Bezüglich des Vorrangs staatlichen Handels wird mit dem OLG Naumburg argumentiert, dass dieser nur gegeben ist, wenn mit behördlichem Eingreifen zu rechnen war oder eine Einschaltung der Behörden nicht schon im Voraus aussichtslos war.[210] Es ist vorliegend Aussichtslosigkeit im Hinblick auf den Schutzauftrag in Art. 20a GG denkbar, der zur Zeit vom Gesetzgeber nicht eingehalten wird.[211] So wird eine nicht andere Abwendbarkeit bejaht.

---

206  *Wolf*, VerfBlog, https://verfassungsblog.de/klimaschutz-als-rechtfertigender-notstand/.
207  *Bönte*, HRRS 2021, 164 (170).
208  Vgl. *ebd.*, 164 (171).
209  NDR, Umfrage Letzte Generation, https://www.ndr.de/ndrfragt/Umfrage-Letzte-Generation-geht-Mehrheit-zu-weit,ergebnisse1158.html.
210  OLG Naumburg NStZ 2018, 472 (474).
211  Vgl. AG Flensburg, Urt. v. 07.11.2022 – 440 Cs 107 Js 7252/22 Rn. 46.

### cc) Interessenabwägung und Angemessenheit

Bei der Interessenabwägung kann mit der überragenden Bedeutung, die der Klimaschutz hat, argumentiert werden, während die Straftaten der zivil Ungehorsamen oftmals Bagatelldelikte darstellen.[212] Auch ist die Beeinträchtigung der Freiheitsgrundrechte durch den Klimawandel nicht zu unterschätzen.[213] Zudem ist als Abwägungspunkt der Ursprung der Notstandsgefahr einzubeziehen. So muss, wer Gefahren für geschützte Güter verursacht, eine Beeinträchtigung eigener Rechte eher zulassen.[214] Schließlich kommt es in der Angemessenheit darauf an, ob das Ergebnis innerhalb der anerkannten Wertmaßstäbe tragbar ist.[215] Einerseits kann diese Voraussetzung wegen der Gesetzesverstöße der Ungehorsamen verneint werden. Andererseits wird argumentiert, dass das Ergebnis, insbesondere durch die verfassungsrechtliche Staatszielbestimmung in Art. 20a GG, als auch durch die betroffenen Grundrechte, auf die sich der Klimaschutz auswirkt, explizit mit dem Verfassungsrecht im Einklang steht.[216] Auch bei diesen Voraussetzungen wird jedoch nur im Einzelfall ein Vorliegen vertretbar sein.

### c) Ergebnis

Es konnte aufgezeigt werden, dass ein Klimanotstand zwar schwierig anzunehmen ist, aber in Ausnahmefällen Rechtfertigungsgrund sein könnte. Denn durch die Erderwärmung nimmt in der Abwägung das relative Gewicht des aus Art. 20a GG folgenden Klimaschutzgebots stetig zu.[217] Ein Klimanotstand wird somit immer vertretbarer werden. Trotzdem stellt er jedenfalls keinen generellen Rechtfertigungsgrund für zivil Ungehorsame dar, die sich auf Klimaschutz berufen. Es ist einzelfallbezogen abzuwägen.

---

212  AG Flensburg, Urt. v. 07.11.2022 – 440 Cs 107 Js 7252/22 Rn. 48 f.
213  *Winter*, VerfBlog, https://verfassungsblog.de/die-strafrechtliche-undeterminiertheit-von-aktionen-des-aufstands-der-letzten-generation/.
214  OLG Naumburg NStZ 2018, 472 (474).
215  *Rosenau*, in: Satzger/Schluckebier StGB, § 34 Rn. 32.
216  AG Flensburg, Urt. v. 07.11.2022 – 440 Cs 107 Js 7252/22 Rn. 53.
217  BVerfGE 157, 30 (138) Rn. 198.

## 7. Verwerflichkeit, § 240 II StGB

Es ist bereits ersichtlich geworden, dass die Nötigung ein innerhalb des zivilen Ungehorsams oftmals verwirklichtes Delikt ist. Die Verwerflichkeit kann zwar dadurch, dass auch andere Tatbestände erfüllt sein können, keinen allgemeinen Rechtfertigungsgrund für zivilen Ungehorsam darstellen. Sie kann ihn aber in gewissen Fällen rechtfertigen. Verwerflichkeit liegt vor, wenn die Verbindung von Nötigungsmittel und -zweck in einem erhöhten Grad sittlich missbilligt wird.[218] Für Sitzblokkaden relevant ist insbesondere die Frage, inwieweit Fernziele in die gesamttatbewertende Feststellung einzubeziehen sind.[219] Am Beispiel eines Sitzstreiks gegen die Nutzung von Atomkraft würde das Nahziel die Behinderung des Straßenverkehrs darstellen, während das Fernziel die Warnung der Öffentlichkeit vor den Gefahren der Atomkraft wäre. Nach Ansicht des BGH sind Fernziele erst in der Strafzumessung, noch nicht bei der Verwerflichkeitsklausel zu berücksichtigen.[220] Dafür spreche, dass ansonsten der Freiheitsraum von Betroffenen verkürzt würde und lediglich aus Tätersicht beurteilt werden würde.[221] Das BVerfG hat entschieden, dass zumindest der Bezug des kommunikativen Anliegens zum Ort der Versammlung und den beeinträchtigten Personen heranzuziehen sind. Eine inhaltliche Bewertung des Anliegens ist den Gerichten dabei verwehrt.[222] Es bleibt somit jedenfalls nicht bei der ausschließlichen Betrachtung der Nahziele. Für eine Berücksichtigung der Fernziele spricht, dass der unmittelbare Nötigungszweck oft mit der Gesamtzielsetzung verbunden und darin eingebettet ist, sodass eine vollständige Ausblendung zweiterer nicht möglich ist.[223] So muss bei Sitzblockaden jedenfalls das Ziel, in der Öffentlichkeit Aufsehen erregen zu wollen, beachtet werden.[224] Bei der notwendigen Abwägung der

---

218   BGHSt 18, 389 (391).
219   *Wessels/Hettinger/Engländer*, Strafrecht BT 1 Rn. 383.
220   BGHSt 35, 270 (273 ff.).
221   BGHSt 35, 270 (278); *Preuß*, NZV 2023, 60 (68).
222   BVerfGE 104, 92 (109 ff.).
223   *Heger*, in: Lackner/Kühl/Heger StGB, § 240 Rn. 18a; *Kindhäuser/Schramm*, Strafrecht BT I, § 13 Rn. 50 f.
224   BVerfGE 104, 92 (110).

Güter und Interessen soll bei der Wertung einbezogen werden, ob der Protestzweck im öffentlichen Interesse steht.[225] Insoweit lassen sich in Fällen zivilen Ungehorsams, wo die Öffentlichkeit angesprochen wird und sich die Themen auch im öffentlichen Interesse befinden, einzelne Blockaden wegen mangelnder Verwerflichkeit rechtfertigen.

## 8. Fazit Rechtfertigungsgründe

Es lässt sich feststellen, dass ziviler Ungehorsam grundsätzlich nicht durch Rechtfertigungsgründe gerechtfertigt werden kann, es sei denn, im Einzelfall kann z.b. eine grundrechtliche Rechtfertigung erfolgen. Die zweite These wurde somit teilweise widerlegt – es kommt auf die Einzelfallbetrachtung an, ob ziviler Ungehorsam gerechtfertigt ist.

# VII. Entschuldigungsgründe/ Verantwortlichkeitsausschluss

## 1. Allgemeines

Wie ersichtlich wurde, werden bezüglich des zivilen Ungehorsams mehrheitlich Diskussionen über mögliche Rechtfertigungs-, weniger über Entschuldigungsgründe geführt. Zwar können im Einzelfall die regulären Entschuldigungsgründe wie § 35 StGB oder ein unvermeidbarer Verbotsirrtum vorliegen. Vor allem letzterer eignet sich in den meisten Fällen aber nicht für eine Entschuldigung zivilen Ungehorsams, weil dieser meist durch bestimmte Gruppierungen organisiert wird, die sich über die rechtlichen Folgen informieren. So bietet z.B. die „Letzte Generation" sog. „Legal Trainings" an und hat ein „Legal Team" für rechtliche Beratung und Unterstützung.[226] Aber auch andere Entschuldigungsgründe kommen als allgemeine Entschuldigung für zivilen Ungehorsam nicht in Betracht. Diese haben ein Entmündigungselement inne, welches einen politisch Protestierenden schwerer treffen könnte

---

225 *Sinn*, in: MüKo StGB, § 240 Rn. 143 f.
226 Letzte Generation, Rechtliches, https://letztegeneration.de/rechtliches/.

als eine Verurteilung strafrechtlicher Art. [227] Dadurch zeigt sich, dass die Entschuldigungsgründe strukturell nicht passend für Akte zivilen Ungehorsams sind.[228] Auch auf Schuldebene werden zudem allgemein Taten von Gewissenstätern diskutiert und unter bestimmten Voraussetzungen angenommen.[229] Für den zivilen Ungehorsam ist dies jedoch aus dem genannten Grund abzulehnen. Dieses Konzept eines bewussten Protests kann nicht auf Schuldebene, wo ein individueller Defekt der handelnden Person wie eine psychische Zwangslage vorausgesetzt ist, gelöst werden.[230] Das gilt auch für die Unzumutbarkeit normgemäßen Verhaltens, die ohnehin nur für Fahrlässigkeits- und Unterlassungsdelikte einschlägig sein soll.[231] Delikte zivilen Ungehorsams werden aber bewusst und somit vorsätzlich begangen. Letztlich ist auch der sehr eng auszulegende übergesetzliche entschuldigende Notstand nicht anwendbar. Die dafür vorgesehene Konstellation ist eine andere und zudem muss diese nicht gesetzlich geregelte Ausnahme ultima ratio bleiben.[232] Es sind somit keine Entschuldigungsgründe ersichtlich.

## 2. Strafrechtlicher Verantwortungsausschluss

Folgt man der von Roxin vertretenen Auffassung, nach der Rechtswidrigkeit zusammen mit der Schuld auch die „Verantwortlichkeit" zu prüfen,[233] kann mit dem strafrechtlichen Verantwortungsausschluss eine weitere Lösungsmöglichkeit in Betracht kommen. Diese beinhaltet neben der Schuld-Prüfung jene der präventiven Strafnotwendigkeit. So liege beim Verantwortungsausschluss zwar Schuld vor, diese sei aber extrem verringert gegenüber dem „normalen" Straftäter. Das gehe einerseits davon aus, dass bereits objektiv wegen der Grundrechtsnähe zu Art. 5, 8 GG und einem nur geringfügigen Gesetzesverstoß Unrecht auf unterster Stufe gegeben sei. Andererseits liege durch das gemein-

---

227  *Hassemer*, in: FS Wassermann, 325 (335).
228  *Radtke*, GA 2000, 19 (30).
229  *Schlehofer*, in: MüKo StGB, Vor § 32 Rn. 318, 321.
230  *Kröpil*, JR 2011, 283 (286).
231  *Wessels/Beulke/Satzger*, Strafrecht AT, Rn. 709.
232  *Kröpil*, JR 2011, 283 (286).
233  *Roxin/Greco*, Strafrecht AT I, § 19 Rn. 3.

wohlorientierte Motiv auch subjektiv nur eine geringe Vorwerfbarkeit vor. Was die präventiven Gründe einer Strafe angeht, sei eine solche bei symbolischem, objektiv harmlosem, ernstlich motiviertem Widerstand nicht notwendig. Da die Täter nicht „kriminell" seien, würde spezial-präventiv eine Strafe fehlschlagen. Vielmehr reiche die Missbilligung, die durch die Rechtswidrigkeit ausgedrückt wird, aus. Zudem könnten Isolation und Radikalisierung des Täters drohen, würde man ihn als kriminell einstufen. Generalpräventiv gesehen solle man einbeziehen, dass unsere Gesellschaft positiv gegenüber systemfreundlichem Protest eingestellt ist, statt Protestierende auszugrenzen. Sodann schränkt Roxin die Exkulpationsmöglichkeit durch sechs weitere Kriterien ein, die weitgehend der Definition zivilen Ungehorsams entsprechen. Außerdem muss der Adressat des Protests mit dem Gesetzesverstoß zusammenhängen und die Beeinträchtigung unerheblich und zeitlich begrenzt bleiben.[234] Dieser Ansatz erscheint nachvollziehbar und kann durch die weitere Abstufung die o.g. Argumente gegen eine Rechtfertigung überwinden. Die Tat ist rechtswidrig, somit kann z.B. durch Polizei rechtmäßig gegen sie vorgegangen werden. Der Staat zeigt seine Missbilligung und trotzdem wird keine Strafe notwendig. Auch wäre so eine gut handhabbare, bestimmte Lösung gefunden, die nicht der Gefahr des Einflusses der politischen Einstellung des Richters unterliegt.[235] Letztendlich muss jedoch auch dieser Ansatz abgelehnt werden. Ob eine Strafbarkeit wegen eines möglichen Nachahmungseffekts notwendig ist oder andernfalls Beeinträchtigungen der Stabilität des gemeinschaftlichen Normbewusstseins zu befürchten wären,[236] mag nicht eindeutig zu klären sein. Im Hinblick auf den Klimaaktivismus jedenfalls spricht sich die Mehrheit gegen die Mittel des Protests aus.[237] Überzeugender ist aber das Argument, dass mit dieser Ansicht rechtsfolgenrelevante Aspekte in die Strafbarkeitsbedingungen einbezogen werden.[238] Die

---

234  *Roxin*, in: FS Schüler-Springorum, 441 (454 ff.).

235  *Ebd.*, 441 (457).

236  *Rönnau*, JuS 2023, 112 (114); *Kröpil*, JR 2011, 283 (286 f.).

237  Zeit, Mehrheit der Deutschen verurteilt Proteste, https://www.zeit.de/politik/deutschland/2022-11/klimaschutz-umweltschutz-proteste-letzte-generation.

238  *Kröpil*, JR 2011, 283 (287).

Präventionsbeurteilungen, die grundsätzlich in der Strafzumessung erwogen werden, werden bei Roxin schon bei den Voraussetzungen der Straftat erörtert. So droht eine Durchmischung der beiden Stufen.[239] Um eine Trennung zu gewährleisten und trotzdem die angesprochenen Aspekte der Spezial- und Generalprävention einbeziehen zu können, löst die überwiegende Ansicht das Problem des zivilen Ungehorsams darum in der Strafzumessung.[240] Dem ist zuzustimmen, weil die von Roxin genannten einzelnen Kriterien ausfüllungsbedürftig in ihrer Bedeutung sind. So entstehen Bedenken bezüglich der Bestimmtheit.[241] Zwar ist Roxin recht zu geben, dass bei Verlagerung der Präventionsgedanken in die StPO die Strafverfolgungsbehörden über die Sanktionierung entscheiden können. Dem ist aber entgegenzuhalten, dass es sich oft um Bagatelldelikte und Straftaten mit geringem Unrechts- und Schuldgehalt handelt.[242] Da die Bedenken gegen die Lösung überwiegen, kann ihr nicht gefolgt werden.

## VIII. Ausnahmesituation Klimakrise

Wie sich aus dem Gesagten zum Klimanotstand und Art. 4 GG ergibt, kann sich die Strafbarkeit bei klimabezogenem zivilen Ungehorsam anders darstellen als bei anderen politischen Motivationen. Laut dem Vorsitzenden des Klima-Expertenrats ist eindeutig erkennbar, dass bei Weiterführung der jetzigen Geschwindigkeit von Emissionsminderungen das Ziel, bis 2030 den Treibhausgas-Ausstoß um 65 Prozent zu verringern, nicht eingehalten werden kann.[243] Inwiefern deshalb auch Straftaten von Klimaaktivisten gerechtfertigt sein können, muss insbesondere davon abhängen, welche legalen Mittel wie Verfassungsbeschwerden noch zur Verfügung stehen. Jedoch bleibt die Wirkung selbst

---

239 *Radtke*, GA 2000, 19 (31).
240 *Rönnau*, JuS 2023, 112 (114); *Kröpil*, JR 2011, 283 (287);
  *Lenckner*, JuS 1988, 349 (355).
241 *Kröpil*, JR 2011, 283 (287).
242 *Radtke*, GA 2000, 19 (31).
243 *Rueter*, dw, Deutschland braucht mehr Tempo, https://www.dw.com/de/ex-pertenrat-deutschland-braucht-mehr-tempo-beim-klimaschutz/a-65350577.

von Entscheidungen des höchsten deutschen Gerichts beschränkt, wenn daraufhin beschlossene Gesetze und Ziele nicht eingehalten werden.[244] Gerade deswegen müssen Gerichte sich intensiver mit den Fällen auseinandersetzen, in denen zum Mittel zivilen Ungehorsams gegriffen wird. Die Rechtsprechung kann und sollte sich unter dem Eindruck neuer Fakten und veränderter gesellschaftlicher sittlicher Werte ändern.[245] Somit wurde die dritte These verifiziert. Es zeichnet sich aber ein „Dilemma" der „Letzten Generation" ab[246] – statt dass das Erreichen der Klimaschutzziele den Kern des Diskurses bildet, wird sich in Medien, Politik und auch in der Rechtswissenschaft über eine verschärfte Ahndung ausgetauscht. Für die Rechtsprechung mag durch die komplexe Thematik die Versuchung bestehen, wichtige Fragen z.B. der Abwägung bezogen auf das Klima auszublenden. Das wird aber nicht der gesellschaftlichen Verantwortung gerecht, die auch die Judikative hat, um die globale Krise bestmöglich abzuwenden.[247] Erste Entscheidungen haben bereits eine Rechtfertigung durch Gewissensfreiheit,[248] Klimanotstand[249] oder Verneinung der Verwerflichkeit[250] angenommen. Zwar bedarf es auch in Zukunft einer einzelfallbezogenen, ausführlichen rechtlichen Bewertung, bei der für einen allgemeinen Rechtfertigungsgrund des Klimanotstands kein Raum ist. Zumindest sollten die einzelnen Entscheidungen Anregung für eine fundiertere Auseinandersetzung mit klimamotiviertem zivilen Ungehorsam sein. Bei fortschreitendem Klimawandel und gleichzeitiger andauernder Insuffizienz des staatlichen Klimaschutzes wird die Wahrscheinlichkeit gegen eine Rechtswidrigkeit einzelner tatbestandsmäßiger Handlungen im Namen

---

244 BReg, Klimaschutzgesetz, https://www.bundesregierung.de/breg-de/themen/klimaschutz/klimaschutzgesetz-2021-1913672; Prüfbericht Expertenrat für Klimafragen, S. 9, 15.

245 *Laker*, S. 301.

246 *Görs*, ntv, Das tiefe Dilemma der Letzten Generation, https://www.n-tv.de/politik/Das-tiefe-Dilemma-der-Letzten-Generation-article23759619.html.

247 *Bönte*, HRRS 2021, 164 (172).

248 AG Mönchengladbach-Rheydt BeckRS 2022, 4182 Rn. 25 ff.

249 AG Flensburg, Urt. v. 07.11.2022 – 440 Cs 107 Js 7252/22.

250 AG Freiburg im Breisgau, Urt. v. 21.11.2022 – 24 Cs 450 Js 18098/22.

des Klimaschutzes steigen.[251] Ein Kritikpunkt der „Klimakleber" ist aber, dass diese die Bevölkerung insgesamt beeinträchtigen und nicht nur den Adressaten oder nur einzelne Zufahrten zu Raketendepots. Das strapaziert die Geduld der Gesamtbevölkerung und es ist zu bezweifeln, dass dies förderlich für die Ziele der Aktivisten ist. Die Wirkung der Proteste ist somit sehr umstritten. Spätestens, wenn Leib oder Leben Dritter gefährdet sind, kann ziviler Ungehorsam unter keinen Umständen gerechtfertigt sein.

## IX. Notwendigkeit einer Nichtbestrafung?

Es bleibt zu klären, ob eine Rechtfertigung oder Entschuldigung, nicht zuletzt auch von den Protestierenden selbst, überhaupt gewollt ist. Es ist gerade auch eine Bedingung des zivilen Ungehorsams, dass man bereit ist, die Konsequenzen seines Handelns zu tragen. Zudem führen auch die Verhängungen von Strafen zur Erregung öffentlicher Aufmerksamkeit in den Nachrichten.[252] Es zeigt sich dadurch, dass die Protestierenden schwere persönliche Beeinträchtigungen wie Haftstrafen in Kauf nehmen, auch die Seriosität, mit der sie hinter ihren Zielen stehen. Das macht sie durch personalisierbare Betroffenheit nahbarer. Teilweise werden staatliche Strafen somit strategisch einkalkuliert.[253] Würde ziviler Ungehorsam nicht mehr bestraft, würde er u.U. ein Massenphänomen und nicht mehr die gleiche Aussagekraft besitzen. Insofern ist es nicht zwangsläufig notwendig, einen generellen Rechtfertigungsgrund für zivilen Ungehorsam anwenden zu können.

---

251 *Satzger/v. Maltitz*, ZStW 2021, 1 (31).
252 Tagesschau, https://www.tagesschau.de/inland/letzte-generation-haftstrafe-101.html.
253 *Bernstorff*, VerfBlog, https://verfassungsblog.de/die-planetarische-burgerrechtsbewegung-vor-gericht/.

# C. Fazit und Ausblick

Zusammenfassend lässt sich sagen, dass ziviler Ungehorsam selbst kein Rechtfertigungs- oder Entschuldigungsgrund ist, womit die erste These bestätigt wurde. Auch andere solcher Gründe existieren nicht pauschal für zivilen Ungehorsam. Wegen der Diversität der einzelnen Akte wäre eine Verallgemeinerung nicht angemessen. Inwieweit eine Rechtfertigung bejaht werden kann, muss einzelfallabhängig entschieden, jedoch mehrheitlich abgelehnt werden. Insofern ist die zweite These so zu berichtigen, dass nur ausnahmsweise ein anderer Rechtfertigungsgrund für zivilen Ungehorsam einschlägig sein kann. Zwar darf ziviler Ungehorsam wegen seines Bezugs zum Gemeinwohl nicht mit herkömmlicher Kriminalität gleichgesetzt werden. Eine moralische Rechtfertigung ist deswegen denkbar. Jedoch ist ein Gegenargument für das Ergebnis ausschlaggebend. Der Staat griffe sich selbst an, wenn er Minderheitsinteressen höher gewichtete als Mehrheitsbeschlüsse.[254] „Was bleibt, ist aber auch Unbehagen und nicht zuletzt eine gewisse Ratlosigkeit", schrieb Lenckner 1988 zur Ablehnung von Rechtfertigung und Entschuldigung zivilen Ungehorsams.[255] Es scheint unbefriedigend, aber das Problem des zivilen Ungehorsams darf i.d.R. erst in der Strafzumessung Beachtung finden, sonst würde sich die Rechtsordnung selbst infrage stellen[256] und die Wirkung von zivilem Ungehorsam würde untergraben. Denn auch die Konsequenzen generieren Aufmerksamkeit. Gegen rein autoritären Legalismus ist aber ein Gedanke Roxins einzuwenden: „Die Stärke einer Demokratie erweist sich nicht in ihrem Bestrafungseifer, sondern in der Toleranz, zu der sie bei allem Bestehen auf der Gültigkeit der Mehrheitsentscheidung fähig ist."[257] Im Hinblick auf das Klima muss man auch eingestehen, dass irreversible Tatsachen geschaffen werden, wenn die Mehrheit sich nicht um umfangreicheren Klimaschutz bemüht. Denn zukünftigen Mehrheiten wird durch den

---

254 *Roxin*, in: FS Schüler-Springorum, 441 (448).
255 *Lenckner*, JuS 1988, 349 (355)
256 *Ebd.*, 349 (355).
257 *Roxin*, in: FS Schüler-Springorum, 441 (456).

Verlust von Lebensgrundlagen ihr Gestaltungsspielraum genommen.[258] Eine differenzierte, vom bisher Dagewesenen losgelöste Betrachtung der derzeit herrschenden Umstände und der beeinträchtigten Rechtsgüter ist deswegen zwingend notwendig. Die dritte These kann also verifiziert werden. Ziviler Ungehorsam muss zwar in der Schwebe zwischen Legalität und Legitimität bleiben.[259] Dabei wird aber das Spannungsverhältnis zwischen dem Fortbestehen der Demokratie und der Bewahrung der Lebensgrundlagen in den kommenden Jahren kontinuierlich größer werden.[260]

# Literaturverzeichnis

**Arnim, Hans Herbert von:** Über Widerstand, DVBl 2012, 879 – 884

**Ballestrem, Karl Graf:** Widerstand, Ziviler Ungehorsam, Opposition – Eine Typologie, in: Handbuch Politische Gewalt, Hrsg. Enzmann, Birgit, Wiesbaden 2013, S. 67 – 74

**Baumann, Jürgen (Begr.) / Weber, Ulrich / Mitsch, Wolfgang / Eisele, Jörg:** Strafrecht Allgemeiner Teil Lehrbuch, 13. Auflage, Bielefeld 2021

**Bernstorff, Jochen von:** Die planetarische Bürgerrechtsbewegung vor Gericht, Verfassungsblog, 13.12.2022, https://verfassungsblog. de/die-planetarische-burgerrechtsbewegung-vor-gericht/, abgerufen am 15.04.2023

**Bönte, Mathis:** Ziviler Ungehorsam im Klimanotstand, HRRS 2021, 164 – 172

**Bruhn, Jürgen:** Weltweiter ziviler Ungehorsam – Die Geschichte einer gewaltfreien Revolution, Baden-Baden 2018

---

258  *Leitmeier*, HRRS 2023, 70 (73).
259  *Habermas*, in: Ziviler Ungehorsam im Rechtsstaat, 29 (43).
260  Vgl. *Leitmeier*, HRRS 2023, 70 (73).

**Buhse, Malte:** Ziviler Ungehorsam – Und seine aktuelle kriminalistische Bedeutung, Kriminalistik 2022, 574 – 578

**Bund, Susanne / Wasmuth, Ulrike C.:** Urteil des Amtsgerichts Frankfurt vom 19. Juni 1985, Sicherheit und Frieden 1985, 169 – 174

**Bundesregierung:** Klimaschutzgesetz, 07.11.2022, https://www.bundesregierung.de/breg-de/themen/klimaschutz/klimaschutzgesetz-2021-1913672, abgerufen am 28.04.2023

**Bundeszentrale für politische Bildung:** Politik (Das Politlexikon), https://www.bpb.de/kurz-knapp/lexika/politiklexikon/18019/politik/, abgerufen am 08.04.2023

**Dreier, Horst (Hrsg.):** Grundgesetz Kommentar, 3. Auflage, Tübingen 2015

**Dreier, Ralf:** Widerstandsrecht im Rechtsstaat? Bemerkungen zum zivilen Ungehorsam, in: Recht und Staat im sozialen Wandel, Festschrift für Hans Ulrich Scupin zum 80. Geburtstag, Hrsg. Achterberg, Norbert / Krawietz, Werner / Wyduckel, Dieter, Berlin 1983, S. 573 – 599

**Ders.:** Widerstand und ziviler Ungehorsam im Rechtsstaat, in: Ziviler Ungehorsam im Rechtsstaat, Hrsg. Glotz, Peter, Frankfurt am Main 1983, S. 54 – 75

**Eidam, Lutz:** Klimaschutz und ziviler Ungehorsam, JZ 2023, 224 – 230

**Epping, Volker / Hillgruber, Christian (Hrsg.):** BeckOK Grundgesetz, 54. Edition, München (Stand: 15.02.2023)

**Eser, Albin:** Wahrnehmung berechtigter Interessen als allgemeiner Rechtfertigungsgrund, Bad Homburg vor der Höhe 1969

**Esser, Robert / Wasmeier, Anna:** Anfängerklausur – Strafrecht: Aktivismus in der Klimakrise, JuS 2022, 421 – 427

**Expertenrat für Klimafragen:** Prüfbericht zur Berechnung der deutschen Treibhausgasemissionen für das Jahr 2022, 17.04.2023, https://expertenrat-klima.de/content/uploads/2023/04/ERK2023_Pruefbericht-Emissionsdaten-des-Jahres-2022.pdf, abgerufen am 20.04.2023

**Fischer, Thomas:** Notwehr gegen Blockade-Demonstranten? Eine Frage an Thomas Fischer, LTO, https://www.lto.de/recht/meinung/m/frage-an-fischer-notwehrrecht-klimaaktivisten-blokkade/Eine/, abgerufen am 08.04.2023

**Ders.:** Strafgesetzbuch mit Nebengesetzen Kommentar, 70. Auflage, München 2023

**Gandhi, Mahatma:** Ziviler Ungehorsam, in: Ziviler Ungehorsam, Texte von Thoreau bis Occupy, Hrsg. Andreas Braune, Stuttgart 2017, S. 72 – 76

**Geppert, Klaus:** Repetitorium Strafrecht: Wahrnehmung berechtigter Interessen (§ 193 StGB), JURA 1985, 25 – 33

**Göllert, Lisa:** Umfrage: Klimaschutz ja, radikaler Protest nein, NDR, 19.01.2023, https://www.ndr.de/ndrfragt/Umfrage-Letzte-Generation-geht-Mehrheit-zu-weit,ergebnisse1158.html, abgerufen am 28.04.2023

**Görs, Judith:** Debatte verzerrt, Ziele verfehlt: Das tiefe Dilemma der „Letzten Generation", ntv, 02.12.2022, https://www.n-tv.de/politik/Das-tiefe-Dilemma-der-Letzten-Generation-article23759619.html, abgerufen am 25.04.2023

**Habermas, Jürgen:** Ziviler Ungehorsam – Testfall für den demokratischen Rechtsstaat. Wider den autoritären Legalismus in der Bundesrepublik, in: Ziviler Ungehorsam im Rechtsstaat, Hrsg. Glotz, Peter, Frankfurt am Main 1983, S. 29 – 53

**Hassemer, Winfried:** Ziviler Ungehorsam – ein Rechtfertigungsgrund?, in: Festschrift für Rudolf Wassermann zum sechzigsten Geburtstag, Hrsg. Broda, Christian, Darmstadt 1985, S. 325 – 349

**Heintschel-Heinegg, Bernd von (Hrsg.):** BeckOK StGB, 56. Edition, München (Stand: 01.02.2023)

**Herzog, Roman / Scholz, Rupert / Herdegen, Mathias / Klein, Hans H. (Hrsg.):** Dürig/Herzog/Scholz Grundgesetz Kommentar, München 2022

**Hilgendorf, Eric / Joerden, Jan C.:** Handbuch Rechtsphilosophie, 2. Auflage, Berlin 2021

**Kaufmann, Arthur:** Der BGH und die Sitzblockade, NJW 1988, 2581 – 2584

**ders.:** Vom Ungehorsam gegen die Obrigkeit, Heidelberg 1991

**Karpen, Ulrich:** „Ziviler Ungehorsam" im demokratischen Rechtsstaat, JZ 1984, 249 – 262

**Kindhäuser, Urs / Neumann, Ulfrid / Paeffgen, Hans-Ullrich:** Nomos-Kommentar Strafgesetzbuch, 5. Auflage, Baden-Baden 2017

**Kindhäuser, Urs / Schramm, Edward:** Strafrecht Besonderer Teil I (Straftaten gegen Persönlichkeitsrechte, Staat und Gesellschaft), 11. Auflage, Baden-Baden 2023

**Kindhäuser, Urs / Zimmermann, Till:** Strafrecht Allgemeiner Teil, 10. Auflage, Baden-Baden 2022

**Klein, Hans H.:** Ziviler Ungehorsam im demokratischen Rechtsstaat?, in: Freiheit und Verantwortung im Verfassungsstaat, Festgabe zum 10jährigen Jubiläum der Gesellschaft für Rechtspolitik, Hrsg. Rüthers, Bernd / Stern, Klau, München 1984, S. 177 – 197

**Kröpil, Karl:** Ziviler Ungehorsam und strafrechtliches Unrecht, JR 2011, 283 – 287

**ders.:** Ziviler Ungehorsam und Whistleblowing – Begriffe und rechtliche Bezüge, Recht und Politik 2013, 193 – 198

**Kühl, Kristian:** Strafrecht Allgemeiner Teil, 8. Auflage, München 2017

**Lackner, Karl / Kühl, Kristian / Heger, Martin (Bearb.):** Strafgesetzbuch Kommentar, 30. Auflage, München 2023

**Laker, Thomas:** Ziviler Ungehorsam (Geschichte – Begriff – Rechtfertigung), Baden-Baden 1986

**Leipziger Kommentar:** Strafgesetzbuch Großkommentar: Hrsg. Cirener, Gabriele / Radtke, Henning / Rissing-van Saan Ruth / Rönnau, Thomas / Schluckebier, Wilhelm, 13. Auflage, Berlin-Boston 2019

**Leitmeier, Lorenz:** Ziviler Ungehorsam und autoritärer Legalismus?, HRRS 2023, 70 – 73

**Lenckner, Theodor:** Strafrecht und ziviler Ungehorsam – OLG Stuttgart, NStZ 1987, 121*, JuS 1988, 349 – 355

**Letzte Generation:** Rechtliches, https://letztegeneration.de/rechtliches/, abgerufen am 24.04.2023

**Maurach, Reinhart / Schroeder, Friedrich-Christian / Maiwald, Manfred:** Strafrecht Besonderer Teil, Teilband 1, Straftaten gegen Persönlichkeits- und Vermögenswerte, 10. Auflage, Heidelberg 2009

**Montag, Miriam:** Kleber und Kartoffelbrei: Rechtliche und gesellschaftliche Einordnung der Klimaproteste, Redaktion beck-aktuell, becklink 2025233, 07.11.2022, https://beck-online.beck.de/Dokument?vpath=bibdata%2Freddok%2Fbecklink%2F2025233.htm&pos=9&hlwords=on, abgerufen am 13.04.2023

**Münchener Kommentar zum Strafgesetzbuch:** Erb, Volker / Schäfer, Jürgen (Hrsg.),4. Auflage, München 2020 ff.

**Nestler, Nina:** Fehlende Rechtfertigung einer „aus Klimaschutzgründen" begangenen Sachbeschädigung, JURA 2022, 1508

**Noll, Peter:** Tatbestand und Rechtswidrigkeit: Die Wertabwägung als Prinzip der Rechtfertigung, ZStW 1965, 1 – 36

**Pabst, Andrea:** Ziviler Ungehorsam: Annäherung an einen umkämpften Begriff, APuZ 25-26/2012, 23 – 29

**Pietsch, Benedict:** Alles, was Recht ist (?) – Die Klima-Protestaktionen der „Letzten Generation" im Spiegel (verfassungs-)rechtlicher und ethischer Rechtfertigungsgrundsätze, Kriminalistik 2023, 137 – 143

**Preuß, Tamina:** Die strafrechtliche Bewertung der Sitzblockaden von Klimaaktivisten, NVZ 2023, 60 – 74

**Radtke, Henning:** Überlegungen zum Verhältnis von „zivilem Ungehorsam" zur „Gewissenstat", GA 2000, 19 – 39

**Ders.:** Ziviler Ungehorsam – Rechtsphilosophische Grundlagen und strafrechliche Bedeutung, in: Strafrecht in der Zeitenwende, fundamenta iuris, Schriftreihe des Leipziger Instituts für Grundlagen des Rechts, Band 8, Hrsg. Kleszeweski, Diethelm / Müller-Mezger, Steffi / Neuhaus, Frank, Paderborn 2010, S. 73 – 84

**Rengier, Rudolf:** Strafrecht Allgemeiner Teil, 14. Auflage, München 2022

**Rawls, John:** Eine Theorie der Gerechtigkeit, Frankfurt am Main 1979

**Rönnau, Thomas:** Grundwissen - Strafrecht: Klimaaktivismus und ziviler Ungehorsam, JuS 2023, 112 – 115

**Roxin, Claus / Greco, Luís:** Strafrecht Allgemeiner Teil Band I: Grundlagen – Der Aufbau der Verbrechenslehre, 5. Auflage, München 2020

**Roxin, Claus:** Strafrechtliche Bemerkung zum zivilen Ungehorsam, in: Festschrift für Horst Schüler-Springorum zum 65. Geburtstag, Hrsg. Albrecht, Peter-Alexis / Ehlers, Alexander P.F. / Lamott, Franziska / Pfeiffer, Christian / Schwind, Hans-Dieter / Walter, Michael, München 1993, S. 441 – 457

**Rueter, Gero:** Expertenrat: Deutschland braucht mehr Tempo beim Klimaschutz, DW, 18.04.2023, https://www.dw.com/de/expertenrat-deutschland-braucht-mehr-tempo-beim-klimaschutz/a-65350577, abgerufen am 25.04.2023

**Satzger, Helmut / Schluckebier, Wilhelm / Werner, Raik:** StGB – Strafgesetzbuch Kommentar, 5. Auflage, Köln 2021

**Satzger, Helmut / Maltitz, Nicolai von:** Das Klimastrafrecht – ein Rechtsbegriff der Zukunft, ZStW 2021, 1 – 34

**Schmidt, Finn-Lauritz:** Der „Klimanotstand" als rechtfertigender Notstand?, KlimR 2023, 16 – 20

**Schönke, Adolf / Schröder, Horst:** Strafgesetzbuch Kommentar, 30. Auflage, München 2019

**Schüler-Springorum, Horst:** Strafrechtliche Aspekte zivilen Ungehorsams, in: Ziviler Ungehorsam im Rechtsstaat, Hrsg. Glotz, Peter, Frankfurt 1983, S. 76 – 98

**Schwarz, Kyrill-Alexander:** Rechtsstaat und ziviler Ungehorsam, NJW 2023, 275 – 280

**Staatslexikon:** Oberreuter, Heinrich / Haring, Sophie / Schreyer, Bernhard, 8. Auflage, Freiburg im Breisgau 2021

**Tagesschau:** „Letzte Generation": Haftstrafe für Klimaaktivisten, 06.03.2023, https://www.tagesschau.de/inland/letzte-generation-haftstrafe-101.html, abgerufen am 26.04.2023

**Tiedemann, Klaus:** Bemerkungen zur Rechtsprechung. in den sog. Demonstrationsprozessen, JZ 1969, 717 – 726

**Ders.:** Verfassungsrecht und Strafrecht, Heidelberg 1991

**Weißeno, Georg / Buchstein, Hubertus (Hrsg.):** Politisch Handeln: Modelle, Möglichkeiten, Kompetenzen, Bonn 2012

**Werkner, Ines-Jacqueline / Ebeling, Klaus (Hrsg.):** Handbuch Friedensethik, Wiesbaden 2017

**Wessels, Johannes / Beulke, Werner / Satzger, Helmut:** Strafrecht Allgemeiner Teil, 52. Auflage, Heidelberg 2022

**Wessels, Johannes / Hettinger, Michael / Engländer, Armin:** Strafrecht Besonderer Teil 1, Straftaten gegen Persönlichkeits- und Gemeinschaftswerte, 46. Auflage, Heidelberg 2022

**Winter, Gerd:** Die strafrechtliche Undeterminiertheit von Aktionen des „Aufstands der Letzten Generation" und wie damit umzugehen ist, Verfassungsblog, 06.01.2023, https://verfassungsblog. de/die-strafrechtliche-undeterminiertheit-von-aktionen-des-aufstands-der-letzten-generation/, abgerufen am 20.04.2023

**Wolf, Jana:** Zum Freispruch von Klimaaktivist:innen durch das Amtsgericht Flensburg, Klimaschutz als rechtfertigender Notstand, Verfassungsblog, 14.11.2022, Verfassungsblog: https://verfassungsblog.de/klimaschutz-als-rechtfertigender-notstand/, abgerufen am 20.04.2023

**Zeit Online:** Mehrheit der Deutschen verurteilt Proteste der Letzten Generation, 08.11.2022, https://www.zeit.de/politik/deutschland/2022-11/klimaschutz-umweltschutz-proteste-letzte-generation, abgerufen am 28.04.2023

# Autorenverzeichnis

**Paul Dittrich** studierte Rechtswissenschaften an der Friedrich-Schiller-Universität Jena und spezialisierte sich im Schwerpunktbereich auf Wirtschaftsrecht. Seit September 2022 promoviert er am Lehrstuhl für Bürgerliches Recht, Wirtschaftsrecht und Medienrecht und arbeitet dort als wissenschaftlicher Mitarbeiter. Die Konrad-Adenauer-Stiftung unterstützt sein Promotionsvorhaben mit einem Stipendium.

**Gioia Großmann**, geboren 2002, ist Studentin der Rechtswissenschaft an der Universität Leipzig und Stipendiatin der Studienstiftung des Deutschen Volkes. Im Jahr 2022 wurde sie für eine staatsrechtliche Arbeit zum Thema „Die Öffentlichkeitsarbeit der Bundesregierung im Vorfeld von Bundestagswahlen" mit dem universitären Wolfgang-Scheuffler-Forschungspreis für hervorragende Forschungsarbeiten von Nachwuchswissenschaftlern für rechtswissenschaftliche Forschungsarbeiten an der Juristenfakultät der Universität Leipzig ausgezeichnet. Sie engagierte sich 2021 bis 2023 im „Legal Lab Jura und Journalismus", einem interdisziplinär ausgelegtem Projekt der Rechtswissenschaftskommunikation am Lehrstuhl für Deutsches und ausländisches Strafrecht, Strafprozessrecht, Wirtschafts- und Medienstrafrecht von Prof. Dr. Elisa Hoven. Aus Interesse entschied sie sich für den Schwerpunktbereich Rechtsphilosophie, Rechtssoziologie und Rechtsgeschichte. Insbesondere die Auseinandersetzung mit der Rechtsphilosophie inspirierte sie zu dem Ansatz des hiesigen Aufsatzes.

**Georg Roeder** studierte von 2018 bis 2023 Rechtswissenschaften an der Friedrich-Schiller-Universität Jena. Seit 2023 ist er dort wissenschaftlicher Mitarbeiter und Promovend am Lehrstuhl für Bürgerliches Recht, Wirtschaftsrecht und Medienrecht. Sein Promotionsvorhaben wird durch ein Stipendium der Friedrich-Naumann-Stiftung für die Freiheit gefördert.

**Sebastian Tober** studierte Rechtswissenschaft in Leipzig und Budapest. Er promoviert als Stipendiat der Heinrich-Böll-Stiftung im Strafrecht bei Prof. Dr. Michael Kahlo an der Universität Leipzig. Neben der Promotion arbeitet er als Wissenschaftlicher Mitarbeiter am Lehrstuhl von Prof. Dr. Carl-Friedrich Stuckenberg an der Universität Bonn.

**Fynn Wenglarczyk,** Studium der Rechtswissenschaft an der Universität Hamburg in den Jahren 2014 bis 2019, ist wissenschaftlicher Mitarbeiter und Doktorand am Lehrstuhl für Strafrecht, Strafprozessrecht, Wirtschaftsstrafrecht und Rechtstheorie der Goethe-Universität Frankfurt (Prof. Dr. Matthias Jahn) und Mentor für jugendliche Strafgefangene.

**Deborah Zeh,** geboren 2000 in Leipzig, absolvierte 2018 ihr bilinguales Abitur (Deutsch-Französisch). Sie studiert seit 2019 Rechtswissenschaft an der Friedrich-Schiller-Universität Jena mit einem Schwerpunkt auf Kriminalwissenschaften und verbrachte 2021 ein Auslandssemester in Mailand. Als studentische Assistentin arbeitet sie am Lehrstuhl für Strafrecht, Strafprozessrecht, Wirtschaftsstrafrecht, Europäisches und Internationales Strafrecht von Prof. Dr. Edward Schramm. Ihr Studium wird durch ein Stipendium des Cusanuswerks gefördert.

# Weitere Bände aus der „Schriftenreihe der Hessischen Rechtsanwaltschaft"

## BAND 1

Jan Ischdonat

**Die deutsche Juristenausbildung unter dem Einfluss des Bologna-Prozesses – Eine kritische Analyse der aktuellen Reformmodelle**

ISBN 9783941274402, 26,90 Eur[D], 27,70 Eur[A]

Vor dem Hintergrund des Bologna-Prozess und ausgehend vom gegenwärtigen Jurastudium analysiert die Arbeit die aktuellen Reformmodelle zur Einführung einer Bachelor-/Masterstruktur in der deutschen Juristenausbildung. Die im Detail vielfältigen Reformvorschläge werden durch eine vergleichende Gesamtschau systematisiert und auf die wesentlichen konzeptionellen Fragestellungen zurückgeführt. So können die Vor- und Nachteile der unterschiedlichen Reformmodelle näher beleuchtet werden. Abschließend werden Überlegungen zur Reform des juristischen Vorbereitungsdienstes einbezogen.

## BAND 2

Sarah Sophie Dittmann / Katharina Nowak / Benjamin Beck

**Elektronische Fußfessel – Fluch oder Segen der Kriminalpolitik?**

ISBN 9783941274730, 29,90 Eur[D], 34,90 Eur[A]

Auch 2011 hat die Stiftung der hessischen Rechtsanwaltschaft (SHRA) wieder einen Wettbewerb zu einem hoch aktuellen Themengebiet ausgelobt. Die drei Preisträger Sarah Sophie Dittmann, Katharina Nowak und Benjamin Beck wurden im Mai 2011 auf Vorschlag der Jurymitglieder Dr. Helmut Fünfsinn, Strafverteidiger und Leiter der Strafrechtsabteilung im hessischen Ministerium der Justiz, für Integration und Europa und Herrn Rechtsanwalt Thomas Scherzberg, Vorsitzender der Vereinigung hessischer Strafverteidiger, ausgezeichnet. Dargelegt werden unterschiedliche Voraussetzungen und Möglichkeiten der Ausgestaltung des Fußfesseleinsatzes im Bereich des Jugendstrafvollzugs, der Sicherungsverwahrung und bei Tätern mit einer Alkohol- oder Drogenproblematik; erörtert werden ebenfalls die kriminalpolitischen, rechtlichen und verfassungsrechtlichen Bewertungen und Grundlagen der beschriebenen Anwendungsmöglichkeiten. Damit richtet sich die Publikation vor allem an Rechtswissenschaftler und Politiker, aber auch an gesellschaftspolitisch interessierte Bürger, die sich mit dem Spannungsfeld zwischen dem Sicherheitsbedürfnis der Allgemeinheit und dem Schutz der individuellen Persönlichkeitsrechte fundiert auseinandersetzen wollen. Die Beiträge der Preisträger sind von Dr. Mark C. Hilgard, Vorstandsmitglied der SHRA und Partner von Mayer Brown LLP, als zweiter Band der Schriftenreihe der Stiftung der hessischen Rechtsanwaltschaft im Optimedien Verlag veröffentlicht worden.

**BAND 3**

Yoan Hermstrüwer / Hanjo Hamann / Rahel M. K. Diers

**Schwimmen mit Fingerabdruck? Die biometrischen Herausforderungen für das Recht der Gegenwart und Zukunft**

ISBN 9783863760168, 29,90 Eur[D], 34,90 Eur[A]

Die Stiftung der Hessischen Rechtsanwaltschaft hat ihren studentischen Aufsatzwettbewerb diesmal unter einen ungewöhnlichen Titel gestellt. Biometrie ist sicherlich kein Thema, mit dem sich junge Juristen in ihrer Ausbildung intensiv beschäftigen. Dennoch, oder gerade deswegen, hatte dieses Thema seinen ganz speziellen Reiz. Die bei der Stiftung eingereichten Beiträge wurden von Frau Prof. Dr. Viola Schmid, LL.M. (Harvard) vom Fachgebiet Öffentliches Recht (Schwerpunkt Cyberlaw) der TU Darmstadt begutachtet. Auf ihre Empfehlung wurden zwei der preisgekrönten Aufsätze für diesen Band ausgewählt.

## BAND 4

Jan Nicolas Höbel / Constantin Blanke-Roeser / Sophia Klimanek / Lara Ueberfeldt / Konstantin Chatziathanasiou / Constantin Hartmann

**Kulturflatrate, Kulturwertmark oder Three strikes and you are out: Wie soll im Internet mit Kreativität umgegangen werden?**

ISBN 9783863760403, 29,90 Eur[D], 34,90 Eur[A]

Die Stiftung der Hessischen Rechtsanwaltschaft schrieb im Jahre 2012 einen studentischen Aufsatzwettbewerb zum Thema 'Kulturflatrate, Kulturwertmark oder Three strikes and you are out: Wie soll mit Kreativität im Internet umgegangen werden?' aus und forderte Studenten auf, die Defizite des geltenden Rechts oder zumindest eines der gegenwärtig diskutierten Modelle de lege ferenda aus rechtlicher Sicht darzustellen. Der vorliegende Band enthält die Beiträge der fünf Preisträger Jan Nicolas Höbel, Constantin Blanke-Roeser, Sophia Klimanek, Lara Ueberfeldt, Konstantin Chatziatanasiou und Constantin Hartmann. Sämtliche Beiträge wurden durch Professor Dr. Alexander Peukert, Goethe-Universität Frankfurt am Main, Exzellenzcluster Normative Orders, Frankfurt am Main begutachtet. Nach „Die deutsche Juristenausbildung unter dem Einfluss des Bologna- Prozesses" (Band 1), „Elektronische Fußfessel – Fluch oder Segen der Kriminalpolitik" (Band 2) und „Schwimmen mit Fingerabdruck" (Band 3), der sich mit den biometrischen Herausforderungen für das Recht der Gegenwart und der Zukunft beschäftigte, setzt die Stiftung der Hessischen Rechtsanwaltschaft mit Band 4 ihre Schriftenreihe zu aktuellen Brennpunkten der politischen Diskussion fort.

## BAND 5

Matthias Friehe / Julia Hagenkötter / Martin Heuser / Falko Maxin

**Von der Kontrolle des Gerichts zur Befriedigung des Informationsbedürfnisses der Gesellschaft. Gibt es einen Funktionswandel der ‚Öffentlichkeit des Gerichtsverfahrens' (§ 169 GVG)?**

ISBN 9783863760762, 29,90 Eur[D], 34,90 Eur[A]

Band 5 der Schriftenreihe der Stiftung der Hessischen Rechtsanwaltschaft beruht auf einem von der Stiftung im Jahr 2013 ausgeschriebenen studentischen Aufsatzwettbewerb zum Thema „Von der Kontrolle des Gerichts zur Befriedigung des Informationsbedürfnisses der Gesellschaft – Gibt es einen Funktionswandel der 'Öffentlichkeit des Gerichtsverfahrens' (§ 169 GVG)?". Prof. Dr. Dr. h.c. Ulfried Neumann, Professor für Strafrecht, Strafprozessrecht, Rechtsphilosophie und Rechtssoziologie an der Universität Frankfurt am Main und Dekan des Fachbereichs Rechtswissenschaften an der Goethe-Universität Frankfurt am Main wählte vier Arbeiten aus über 50 Einsendungen im Aufsatzwettbewerb aus ganz Deutschland aus.

**BAND 6**

Martin Göttgen / Christina Schlepp / Stephan Klenner / Barbara Reid / Tobias Wickel / Rebekka Schütz

**Deals im Strafverfahren. Darf sich ein Angeklagter im Strafverfahren "freikaufen"?**

ISBN 9783863761523, 34,90 Eur[D], 39,90 Eur[A]

Band 6 der Schriftenreihe der Stiftung der Hessischen Rechtsanwaltschaft beruht auf einem von der Stiftung im Jahr 2014 ausgeschriebenen studentischen Aufsatzwettbewerb zum Thema "Deals im Strafverfahren" - Darf sich ein Angeklagter im Strafverfahren "freikaufen"? Prof. Dr. Britta Bannenberg, Professur für Kriminologie, Jugendstrafrecht und Strafvollzug an der Justus-Liebig-Universität Giessen hat die sechs hier vorgestellten Arbeiten aus den vielfältigen Einsendungen aus ganz Deutschland im Aufsatzwettbewerb ausgewählt.

**BAND 7**

Ute Teichgräber / Dr. Benedikt Beckermann / Dr. Benjamin Bröcker / Helene Opris / Christoph Klang / Julian Gericke / Marina Promies

**Von Brokdorf zu Blockupy und Pegida – Ist das derzeitige Versammlungsgesetz noch zeitgemäß?**

ISBN 9783863761769, 34,90 Eur[D], 39,90 Eur[A]

Band 7 der Schriftenreihe der Stiftung der Hessischen Rechtsanwaltschaft beruht auf einem von der Stiftung im Jahr 2015 ausgeschriebenen studentischen Aufsatzwettbewerb zum Thema „Von Brokdorf zu Blockupy und Pegida. Ist das derzeitige Versammlungsgesetz noch zeitgemäß?". Dr. Rainald Gerster, Präsident des Verwaltungsgerichts Frankfurt am Main und Dr. Stefan Fuhrmann, Leitender Magistratsdirektor, Leiter des Rechtsamtes der Stadt Frankfurt am Main, haben die sechs hier vorgestellten Arbeiten aus den vielfältigen Einsendungen aus ganz Deutschland im Aufsatzwettbewerb ausgewählt.

**BAND 8**

Turmandach Zeh / Sven Lehmann / Annemarie Hoffmann / Bianca Biernacik / Alexander Claudius Brandt / Dr. Sebastian J. Golla

**Die Internetkriminalität boomt – Braucht das Strafgesetzbuch ein Update?**

ISBN 9783863761950, 34,90 Eur[D], 39,90 Eur[A]

Band 8 der Schriftenreihe der Stiftung der Hessischen Rechtsanwaltschaft beruht auf einem von der Stiftung im Jahr 2016 ausgeschriebenen studentischen Aufsatzwettbewerb zum Thema „Die Internetkriminalität boomt – Braucht das Strafgesetzbuch ein Update?". Dr. Benjamin Krause, Staatsanwalt bei der Zentralstelle zur Bekämpfung der Internetkriminalität (ZIT) der Generalstaatsanwaltschaft Frankfurt am Main, hat die sechs hier vorgestellten Arbeiten aus den vielfältigen Einsendungen aus ganz Deutschland im Aufsatzwettbewerb ausgewählt; die Stiftung der Hessischen Rechtsanwaltschaft hat sie mit einem Geldpreis ausgezeichnet und freut sich, diese mit dem vorliegenden Band einer breiteren Öffentlichkeit zugänglich zu machen.

**BAND 9**

Michael Göbel / Rebecca Aigner / Carsten Klaus Klang / Christoph Klaus Klang / Isabell Härer / Philipp Orphal / Philipp Steckel

**„Hilfe – meine Richterin trägt eine Burka"**

ISBN 9783863761998, 34,90 Eur[D], 39,90 Eur[A]

Band 9 der Schriftenreihe der Stiftung der Hessischen Rechtsanwalt-schaft beruht auf einem von der Stiftung im Jahr 2017 ausgeschriebenen studentischen Aufsatzwettbewerb zum Thema „Hilfe – meine Richterin trägt eine Burka".

Dr. Klaus Maier, Richter am Oberlandesgericht Frankfurt am Main, hat die sieben hier vorgestellten Arbeiten aus den vielfältigen Einsendun-gen aus ganz Deutschland im Aufsatzwettbewerb ausgewählt; die Stif-tung der Hessischen Rechtsanwaltschaft hat sie mit einem Geldpreis ausgezeichnet und freut sich, diese mit dem vorliegenden Band einer breiteren Öffentlichkeit zugänglich zu machen.

**BAND 10**

Neel Herold / Lennart Franke / Laura Maria Wastlhuber/ Hao-Hao Wu / My Hanh Pham / Julian Seidl / Pia Reinhold / Julius Adler / Martin Meier

**„Vorschläge zur Reform des Asylrechts in Deutschland"**

ISBN 9783863762124, 39,90 Eur[D], 44,90 Eur[A]

Der Band 10 der Schriftenreihe der Stiftung der Hessischen Rechtsan-waltschaft beruht auf einem von der Stiftung im Jahr 2018 ausgeschrie-benen studentischen Aufsatzwettbewerb zum Thema „Vorschläge zur Reform des Asylrechts in Deutschland".

Rechtsanwalt Prof. Dr. Roland Fritz, M.A., Präsident a.D. des Verwal-tungsgerichts Frankfurt am Main sowie Dr. Stefan Fuhrmann, Leitender Magistratsdirektor und Leiter des Rechtsamtes der Stadt Frankfurt am Main, haben die sieben hier vorgestellten Arbeiten der neun Preisträger aus den vielfältigen Einsendungen aus ganz Deutschland im Aufsatz-wettbewerb ausgewählt; die Stiftung der Hessischen Rechtsanwalt-schaft hat sie mit einem Geldpreis ausgezeichnet und freut sich, diese mit dem vorliegenden Band einer breiteren Öffentlichkeit zugänglich zu machen.

## BAND 11

Dr. Kevin Bork / Johannes Knierbein / Lukas Straub / Michael Knierbein / Monique Peitzmeier / Nebahat Cakir / Nils Winkler

**„Viel Rauch um nichts? Ein Feuerwerk an Argumenten zu Kollektivstrafen im Sport"**

ISBN 9783863762674, 34,90 Eur[D], 39,90 Eur[A]

Der Band 11 der Schriftenreihe der Stiftung der Hessischen Rechtsanwaltschaft beruht auf einem von der Stiftung im Jahr 2019 ausgeschriebenen studentischen Aufsatzwettbewerb zum Thema „Viel Rauch um nichts? Ein Feuerwerk an Argumenten zu Kollektivstrafen

im Sport". Prof. Dr. Anne Jakob, Fachanwältin für Sportrecht, sowie Dr. Jörg Dauernheim, Mitherausgeber des „Reichert-Handbuch des Vereins- und Verbandsrechts", haben die vier hier vorgestellten Arbeiten aus den vielfältigen Einsendungen aus ganz Deutschland im Aufsatzwettbewerb ausgewählt; die Stiftung der Hessischen Rechtsanwaltschaft hat sie mit einem Geldpreis ausgezeichnet und freut sich, diese mit dem vorliegenden Band einer breiteren Öffentlichkeit zugänglich zu machen. Die Schirmherrschaft übernahm Axel Hellmann, Vorstandsmitglied der Eintracht Frankfurt Fußball AG.

### Band 12

Clemens Hufeld / Paul Bruno Hartwig / Lukas Quack / Marvin Ruth / Constantin Luft

**„LegalTech - Fluch oder Segen für die Anwaltschaft?"**

ISBN 9783863762728, 34,90 Eur[D], 39,90 Eur[A]

Der 12. Band der Schriftenreihe der Stiftung der Hessischen Rechtsanwaltschaft beruht auf einem von der Stiftung im Jahr 2020 ausgeschriebenen studentischen Aufsatzwettbewerb zum Thema „LegalTech: Fluch oder Segen für die Anwaltschaft? Wenn Recht automatisiert wird - was bedeutet das dann für den Beruf des Anwalts?"

Christian Solmecke, LL.M., Geschäftsführer der cloudbasierten Kanzleimanagement-Software Legalvisio und einer der profiliertesten Anwälte im Bereich der Digitalisierung, hat die in diesem Band gesammelten Arbeiten ausgewählt. Die Stiftung der Hessischen Rechtsanwaltschaft hat sie mit einem Geldpreis ausgezeichnet und freut sich, diese mit dem vorliegenden Band einer breiteren Öffentlichkeit zugänglich zu machen.

**Band 13**

Dr. Martin Meier / Valeria Werner / Karl Eduard Riesenhuber / Lea Schirmer / Max Müller / Dr. Katharina Weidl / Johannes Forck

**„Englisch, Gender-Deutsch oder Maschinen-Code - Brauchen wir eine neue Rechtssprache?"**

ISBN 978-3-86376-274-2, 34,90 Eur[D], 39,90 Eur[A]

Der Band 13 der Schriftenreihe der Stiftung der Hessischen Rechtsanwaltschaft beruht auf einem von der Stiftung im Jahr 2022 ausgeschriebenen studentischen Aufsatzwettbewerb zum Thema „Englisch, Gender-Deutsch oder Maschinen-Code – Brauchen wir eine neue Rechtssprache?".

Prof. Dr. Matthias Friehe, Qualifikationsprofessur für Staats- und Verwaltungsrecht an der EBS Universität für Wirtschaft und Recht (Wiesbaden), hat die in diesem Band gesammelten Arbeiten ausgewählt. Die Stiftung der Hessischen Rechtsanwaltschaft hat sie mit einem Geldpreis ausgezeichnet und freut sich, diese mit dem vorliegenden Band einer breiteren Öffentlichkeit zugänglich zu machen.